教师教育课程与教学模式改革研究

黄 涛 著

中国纺织出版社有限公司

内 容 提 要

本书深度剖析了教师教育制度的产生与发展、教师教育管理相关理论以及教师的专业化发展与教师教育，又对教师教育信息化展开研究。最后，对学校教学改革与发展的背景、任务、问题、方向做进一步分析，并对高校教育教学模式提出了创新建议，又结合智慧课堂的背景对混合式教学模式改革策略展开研究。

本书有助于读者更好地理解教师发展与教师教育的阶段性和复杂性特点，可以引导职前与在职教师重视职业生涯规划，也可以为教师在职培训课程设置和师范院校教育专业课程设置改革提供参考。本书可供教师教育研究人员、教师教育管理人员、教师培训人员参考使用，也可供教师学习使用。

图书在版编目（CIP）数据

教师教育课程与教学模式改革研究/黄涛著.
北京：中国纺织出版社有限公司，2024.6. -- ISBN 978-7-5229-1935-5
Ⅰ.G652
中国国家版本馆CIP数据核字第2024UJ4628号

责任编辑：张　宏　　责任校对：王花妮　　责任印制：储志伟

中国纺织出版社有限公司出版发行
地址：北京市朝阳区百子湾东里A407号楼　邮政编码：100124
销售电话：010—67004422　传真：010—87155801
http://www.c-textilep.com
中国纺织出版社天猫旗舰店
官方微博 http://weibo.com/2119887771
河北延风印务有限公司印刷　各地新华书店经销
2024年6月第1版第1次印刷
开本：710×1000　1/16　印张：13
字数：197千字　定价：98.00元

凡购本书，如有缺页、倒页、脱页，由本社图书营销中心调换

　　立德树人是发展中国特色社会主义教育事业的核心所在,是培养德智体美劳全面发展的社会主义建设者和接班人的本质要求。课程是教育思想和教育内容的主要载体,是学校开展教育教学活动的基本依据,直接影响人才培养质量。学校教学是促进学生发展的重要方式,是落实立德树人根本任务的主渠道,是实施素质教育的主途径,是培养学生核心素养的主阵地。

　　21世纪不仅是信息时代,还是知识经济时代,在此背景下,必须推动高校教育教学的创新发展。高校作为顶尖人才的培养平台,影响着未来经济和社会的发展。因此,在高校教育教学过程中,要不断改进教育的模式和人才培养的方法,培养出高水准的社会人才;要深入分析高校人才培养与当前教育管理过程中存在的具体问题,加强时代特色的融入,明确改革方向,提出方法和策略。

　　本书共七章,第一章为教师教育制度的产生与发展;第二章为教师教育管理研究;第三章为教师的专业化发展与教师教育;第四章为教师教育信息化研究;第五章为学校教学改革的背景分析及历程反思;第六章为高校教育教学模式创新建议;第七章为智慧课堂背景下混合式教学模式改革策略。

　　作者在撰写本书的过程中,得到了许多专家学者的帮助,在此表示衷心的感谢!衷心期待本书帮助读者在学习、生活以及工作实践中获得满意的学习体验。本书还存在一些不足之处,恳请前辈、同行以及广大读者斧正,以便改进和提高。

黄　涛
2024年3月

目 录

第一章 教师教育制度的产生与发展 ········· **001**
   第一节 教师教育机构的萌芽和早期发展 ········· 001
   第二节 中等师范教育的发展 ········· 003
   第三节 高等师范教育的发展 ········· 006
   第四节 综合性大学实施教师教育的发展和嬗变 ········· 009
   第五节 "师范教育"和"教师教育"的术语分析 ········· 012

第二章 教师教育管理研究 ········· **017**
   第一节 教师教育的管理理念 ········· 017
   第二节 教师教育的管理制度 ········· 023
   第三节 教师教育的管理机构 ········· 038
   第四节 教师教育的管理模式 ········· 044

第三章 教师的专业化发展与教师教育 ········· **055**
   第一节 教师专业化发展的历史进程 ········· 055
   第二节 结构功能主义的专业观 ········· 058
   第三节 结构功能主义专业观下的教师专业化处境 ········· 060
   第四节 教师专业化发展的争论与趋向 ········· 068

第四章 教师教育信息化研究 ········· **073**
   第一节 教师教育信息化的时代内涵 ········· 073
   第二节 教师的信息素养 ········· 084
   第三节 教师教育技术能力标准 ········· 102
   第四节 教师教育信息化的建设路径 ········· 115

第五章 学校教学改革的背景分析及历程反思 …… 127
第一节 教学的内涵 …… 127
第二节 教学改革和发展的新方位、新问题及新任务 …… 130
第三节 学校教学改革的问题分析 …… 138
第四节 学校教学改革的路径分析 …… 140

第六章 高校教育教学模式创新建议 …… 145
第一节 高校教育教学模式的发展趋势 …… 145
第二节 高校教育教学中MOOC模式的创新建议 …… 146
第三节 高校教育教学中创客教育模式的创新建议 …… 160
第四节 高校教育教学中人本化教育模式的创新建议 …… 168

第七章 智慧课堂背景下混合式教学模式改革策略 …… 183
第一节 智慧课堂与智慧学习环境 …… 184
第二节 教学方法 …… 188
第三节 智慧教学评价 …… 190
第四节 混合式教学模式改革方案 …… 191

参考文献 …… 199

第一章

教师教育制度的产生与发展

第一节 教师教育机构的萌芽和早期发展

尽管自有人类社会及其教育活动以来就有了教者，职业教师的形成也已经有了几千年的历史，但直到17世纪下半叶之前，教师从业者从来都是在教育和教学实践中自然产生的。除对教师的任教学科有程度不一的要求外，教师在教育和教学的专业知识和技能上是无须经过专门的学习和训练的。在人类历史上，最早针对教师的教育和教学方面的专业训练产生于17世纪末，法国与德国走在了世界的前列。

法国天主教神父拉萨尔于1681年创建了训练小学教师的"教师讲习所"，注重宗教知识和教学法的学习，并组织学生进行班级教学实习。虽只是短期培训班性质，只存在了几个月，却是世界教师教育的开端。17世纪90年代，法国国王路易十四同意天主教的要求，允许天主教在巴黎的一些教区为加强宗教信仰的恢复和传播而兴建培养教师的学校，天主教所办的这些教师培训机构"是法国乃至欧洲最早的师范教育设施"。

法国教师教育的萌芽与教会组织和神职人员的努力是分不开的。经过百余年的发展，法国教师教育从教会或教士手中转到政府手中，这是在法国资产阶级大革命的背景下由新兴资产阶级强制实施的。尽管这一转变在其后的历史中随着法国政坛的动荡更替而时有起伏，但其趋势已不可阻挡。

法国资产阶级大革命在教育方面推行的一个重要原则就是世俗化原则，要求教会与教育分离。与中世纪整个欧洲教会教育一统天下的局面相比，这是一个历史性的进步。学校的世俗化，要求有新型的世俗化的教师来承担学校的工作,因此,改变教师的培养由宗教组织负责的局面,并将这种权力收回到国家手中,成为法国大革命时期教育改革的重要内容之一。为此,法国新兴的资产阶级政权于1794年以法令的形式指定在巴黎开设师范学校。次年,第一所公立师范学校在巴黎正式开学。巴黎师范学校创设之初并不是为了直接培养小学教师,而是有着更为深远的考虑,它的任务是培养小学教师的教师,学生毕业后一般分配到各大区去筹建各省的师范学校,每区三人,以此解决整个法国的教师培养问题。由于热月政变,巴黎师范学校仅存在4个月就被关闭,直到1808年拿破仑执政后才恢复招生,但其职能已改为培养国立中学教师,学校也易名为巴黎高等师范学校。

德国是世界上最早实施义务教育的国家。17—18世纪,在庄园经济向资本主义经济的过渡中,德国初等教育的管理权就从教会转移到了政府手中。在"富国强兵"的口号下,普鲁士等邦国十分重视对公民的初等教育,推行了义务教育制度。义务教育制度的实施必然对教师产生大量的需求。不过,这一时期,由于初等学校的教学内容较为简单,算术、自然与历史等知识增长缓慢,以至于人们认为教授如此简单的内容并不需要多少专门的能力,再加上巨大的财政压力,"普鲁士政府干脆采用了利用现成的僧侣和手艺人特别是有久坐习惯的手艺人为教师的方针"。在这一背景下,教师质量连同义务教育的实施质量都存在问题。

一些教会人士开始试图改变这种局面。1695年为对教师进行基本的培训,虔诚派教育家弗兰克用自筹资金和教会捐款创办了师资养成所,也称"教员养成所"。该所招收志愿服务孤儿院、从事牧师和教师工作的学生,进行教学法方面的训练,学生可免交学费和膳食费,是世界上最早的师范教育机构之一。

德国正式的师范学校产生于18世纪30年代。1738年,弗兰克的学生赫克在普鲁士设立了第一所正式的师范学校,培养小学教师;1763年,普鲁士政府又颁布了有关师范教育的最早法令,规定教师从事教学活动必须获得教学执照。

尽管在18世纪,教师教育已获得了初步的发展,初等和中等师范学校也相继出现,但总的来说,18世纪及其之前的师范学校还不是完全独立的机构,通常附属于"模范"的初等学校。在性质上,它们不过是一些短期训练班,进行的是短期的职业训练而非专业教育;在程度上,只相当于初级和中级职业教育水平;在培养规模上,教师培养数量和学校规模都较小;在培训方式上,主要采取"学徒制"的方式,注重的是教学方法的训练,不过是"有经验的小学教师展示其如何教学而已,类似于先开出处方,然后让学生在工作中尝试、模仿"。而且师范学校只是零星个别地存在着,时有时无、时断时续,没有制度化,其作为教会教育的组成部分,常处于教会的严格控制之中。

教师教育的萌芽,无论是在法国还是在德国,都是与教会学校和教会教育联系在一起的,其主办者往往都具有宗教背景。这与当时的初等教育的情况相似,其后又都经历了一个从教会或教士主办向世俗的政府主办的过程。这一过程从发生的时间上看,德国比法国要早些,但在推行的力度和彻底性方面,法国要强于德国。

第二节 中等师范教育的发展

中等师范学校虽然在19世纪之前就已经出现,但它的长足发展主要是在19世纪,是与工业化大生产的出现和义务教育的普及联系在一起的,是工业化大生产和义务教育普及的产物。从19世纪开始,人类社会进入工业化时代,普通劳动者具备起码的读、写、算能力是工业化社会的基本要求,西方不少国家意识到了这一问题,先后着手普及义务教育,建立国民义务教育制度,并为此设立师范学校,建立教师培训制度,教师教育也在此基础上迅速发展起来。师范学校的发展是与西方近代普及义务教育的过程相伴随的。

首先,普及义务教育制度的实施带来了入学人口的膨胀,社会对教师的数量需求大大增加,要满足普及义务教育所带来的对教师的需求,最有效的手段还是建立专门的培养教师的学校。其次,18世纪后半叶以来,教育和心理学理论都有了长足的发展,现代教学方法渐成体系,这也为师范学校开设教育学、心理学课程提供了基础,对教师进行专门的教育训练和建立一整套的相应的制度被提上了议事日程。于是,欧美各国相继出现了师范学校并颁布了师范教育的法规,包括师范学校的设置、教师的训练、选定、教师资格证书的规定以及教师的地位、工资福利待遇等,师范教育开始出现系统化、制度化的特征。

由于德国推行义务教育较早,德国的教师教育机构的发展也最为完善,其教师教育制度在19世纪一直处于世界领先地位,以至于其师范学校一度成为美国及欧洲其他国家竞相效仿的楷模。19世纪最初的十几年里,德国在洪堡德的教育改革之后,师范学校得到了快速的发展。19世纪德国的师范学校主要招收国民学校毕业生,学制一般为6年,前3年学习基础文化知识和任教所需的科目知识,后3年学习教育理论知识和教学法,教学方法的培训主要是在实践中进行的,还附设了小学供学生实习之用。

到19世纪20年代,较为严格的教师教育制度在德国建立起来。小学教师必须毕业于师范学校,中学教师必须经过国家考试制度的选拔。早在1810年,普鲁士政府就规定,中学教师必须通过国家考试才能从事教师职业,这是历史上最早的由政府对教师的从业资格提出的明确要求。不过,这里的要求只是对教师任教科目知识掌握方面的要求,而不是对教师教学专业方面的要求。要求教师接受国家考试的科目,是指文科中学开设的全部科目,与教育的知识和技能无关。这一时期德国的小学教师主要来自社会底层,这些人担任教师后,再由他们对同样来自社会底层的儿童进行教育,教师的地位是不高的。教师所获得的证书相当于初中毕业性质,师范学校与高等教育不衔接。

法国是世界上较早形成师范教育初步体系的国家之一,也是世界上较早建立中小学教师证书制度和会考制度的国家。从1808年开始,法国就形成了培养小学教师和中学教师的两种途径。小学教师主要由开设在中学里的师范班来培养,中学教师则由法国巴黎高等师范学校培养。1816年,法国第一次以法令的形式对小学教师提出了能力证书的要求。规定未达标的教师都必须到"短期师范学校"进行观摩学习。1833年的《基佐法案》是法国初等教育的完整立法,并对教师教育做出了明确的要求,规定各省均设师范学校一所,所有小学教师必须接受师范教育,只有通过考试获得国家颁发的证书才能任教。因此,法国在19世纪前半叶就初步形成师范教育系统。

与德国和法国相比,英、美、日等国的教师教育的出现和发展要稍晚些。英国的第一所师范学校建立于1840年,到1850年私立的教师训练学院已发展到30多所,在发展师范学校的同时,英国政府也着手对教师的任职资格和相应的经济待遇进行规范和管理。1846年,英国政府规定,获得合格资格证书的教师,由国库从所发的教育补助中拨付薪金,这一措施使得英国教师的经济报酬和社会地位都有了一定程度的提高,有力地促进了英国教师教育的发展。教师职业开始摆脱了由神职人员和未接受过专门教育训练的人担任的局面,英国初等学校的教师逐步过渡到由师范学校毕业生担任。

但上述私立教师训练学院规模较小，修业年限短，在数量上无法满足初等教育发展对师资的需要。加之"导生制"和"见习教师制"分别在19世纪上、下半期的英国教师培养中占据着重要的地位，英国公立的正规师范学校制度发展缓慢，直到20世纪初才正式确立下来。1904年，英国建立第一所公立师范学院——赫里福德郡训练学院，自此才开始逐渐形成由大学训练学院（系）、地方公立训练学院和地方私立训练学院三种不同性质的机构组成的较为完善的现代师范教育体系，并于"二战"前夕开始向大学靠拢而步入高等师范教育阶段。

考虑到英国20世纪80年代以来，教师教育不断回归中小学、回归实践的趋势，这里有必要对英国历史上的"见习生制度"作一简要介绍。

英国在19世纪后半期形成的"见习生制度"，也被译为"门生制"，是在导生制的基础上发展起来的。具体做法是，在初等学校中选出优秀的13岁左右的少年作为见习生，由接受国家视察的学校的校长用师傅带徒弟的方式将学生培养成教师，见习生一般要与校长签订为期5年左右的契约，在这5年中，见习生担任校长的助手，跟随校长见习学校事务与教学，每周有5天在学校放学后，由校长为其讲授一个半小时的各科知识。见习生以从事勤务劳动所获得的收入充当学费。5年见习期满后，见习生可成为助理教员，也可以再考入师范学校继续深造。"见习生制度"最初是进行学生个别培训的，从1857年开始，这种个别培训见习生的制度发展为集体培训的制度。集体培训的场所一般设在人口集中的城镇，对见习生进行普通教育和师范教育两方面的训练，19世纪60年代，这种形式的培训在英国各地都较为普遍。

19世纪美国的小学教师培养出现了两种模式，一种是模仿德国，建立独立的师范学校培养教师（如在马萨诸塞州）；另一种是在中学里设置教师培训职能。文法学校等一类的中学教师则是另外一种培养途径，教师在任教科目方面都必须接受系统的高等教育，这类教师在教学技能和方法方面的学习则很少。"至于大学教授，他们把任何强制的教育理论和实践的学习视为是一种侮辱。这种看法至今也没有完全消逝"。

日本从1872年起也开始建立师范学校。在各国普及初等义务教育的高潮中，初等和中等师范学校的发展达到了高峰，例如，19世纪末法国建立的师范学校近180所。

从学校形成和发展史上看，西方的学校大致包括两个系统，一个是从中世纪大学和古典文科中学逐步演变而来的学术性学校系统,包括大学和完全中学;另一个是在普及教育过程中产生和发展起来的群众性学校系统,包括国民小学、初级中学和职业学校等。这两类学校对教师的要求是不同的,对教师要求的不同带来了这两个系统中教师身份和准入条件的不同:在学术性学校工作的教师是具有大学学历的僧侣、学者和专家;在群众性学校工作的教师大多是劳动群众中的一些懂得读、写、算知识的人。

最初的师范教育只是为群众性学校培养教师,后来才开始为学术性中学培养教师。师范教育最初是初等和初等后教育,是群众性学校的一部分。

普及义务教育早期,初等学校主要是为社会中的中下层群体开设,可被视为群众性学校。这类学校与贵族子弟所上的中等学校,在学校的质量、师资的素质和来源上都有着巨大区别。中学教师(为升大学做准备的学术性中学,如公学和文法中学)大多由大学培养。尽管这一时期的大学还没有承担教师培养的职能,但大学所提供的学科知识的学习和人文学科的熏陶,使得大学毕业生在任教之前已经具备了与这个时代对教师所提要求相适应的知识和素养;教育知识和技能则是在实际的教学中,通过教学实践和老教师"传、帮、带"的学徒制方式学习的。群众性学校的教师,从社会来源上看,地位较低。有些是由僧侣担任的,但更多的则是由识点字的教堂执事助理、商人、退伍军人、残疾人、家庭主妇甚至刑满的罪犯担任。他们在学科知识、人文知识和教育知识与技能方面的不足,严重地影响了普及教育背景下初等教育的质量。

职业中等教育的产生要稍晚些,主要是培养未来的中产阶级。直到20世纪初,职业学校的社会地位仍是非常低的,并被严格地与普通教育区分开来。这些学校的实践定向使其不需要有受过大学教育的教师(绝大部分来自中产阶级)。

至于19世纪出现的幼儿园或保育学校,最初不过是"育婴院"性质,是穷人的学龄前孩子在母亲上班时被托寄的地方。"育婴院"中看管孩子的妇女(恐怕还不能称作老师)根本无须接受教育,她们的职能有如今天的看车人,只不过是看管对象换成孩子而已。

第三节 高等师范教育的发展

高等师范学校在各国出现的时间不一,它与中等师范学校的一个重要不同就是不再招收高小毕业生,而改招高中毕业生,学制2—4年。应当指出的是,高等师范学校的出现是对原有的中等师范学校模式的延续,只是将它提高到了高等教育水平,是对中等师范学校在办学层次上的提升,办学模式并没有本质的变化。

促成中等师范教育向高等师范教育转变的主要因素如下:①19世纪末,特别是20世纪初以来,由于义务教育的普及逐渐从初等教育延伸到了中等教育,社会对具有高等学历的中学教师的需求急剧增加,仅靠大学培养而不进行教师职业的专门训练,从数量和质量上都无法适应中等教育对教师的要求。②中等师范学校在培养初等教育师资方面学科程度较低、专业知识面狭窄等弱点日益暴露出来。随着各国普及初等义务教育任务的完成,对师资的需求也从数量的扩张转向质量的提高。提高培养层次是作为提高质量的一个重要方面来进行的,要求初等学校的教师具备更高的学历自然就被提上了议事日程。③将中小学教师的工资与接受教育的程度挂钩的制度,激发了小学教师接受高等师范教育的热情。

在这一背景下,高等师范学校迅速发展起来,原来的中等师范学校或被撤销,或被升格。中等师范学校迅速向高等师范学校过渡,并随着普及初等义务教育的完成和公众对师范教育质量要求的提高而最终为高等师范教育所取代。

高等师范教育兴起的时间大约是在19世纪80年代,率先产生于美国。1882年,亚拉巴马州立师范学校率先升格为师范学院,拉开了高等师范教育的发展序幕。此后,其他各州纷纷效法,形成了中等师范学校升格为师范学院或教育学院以及师范学院并入综合性大学的风潮。美国高等师范学校在1910年还只有12所,到1948年就达250所,以每10年2—4倍的速度增长。自此,美国高等师范教育体系已基本形成。美国师范学院的修业年限1—4年不等,以4年制为主。

欧洲国家高等师范教育的发展过程早晚不一。德国发展较早,20世纪20年代末,在德国的大部分地区,高等师范教育机构取代旧制的师范学校的历程就已经展开。魏玛时期,德国的《宪法》做出了要求师范教育归高等教育的原则来进行的规定,并建立了新型的教育专科学校(也译为师范学院),招收完全中学毕业生,学制2年,实施教师职业教育,培养国民学校教师。到20世纪60年代,教育专科学校纷纷升格为教育学院,修业年限延长为3年,培养基础学校、主要学校以及特殊学校的教师。20世纪70年代开始,教育学院纷纷升入大学。

法国、英国和日本也纷纷在第二次世界大战以后推进这一过程。

当然,中等师范教育向高等师范教育的转化存在着一个过渡期。在过渡期内,中等师范学校与高等师范学校两者是共存的,只是消长各异罢了。而在高等教育性质的教师教育领域中,独立设置的师范学院是主要的存在形式。

可见,在高等师范教育发展阶段,美国迅速赶上了德、法,走在了世界前列。美国高等师范教育的快速崛起,除前述的一般性背景因素外,还与美国社会的自身特点有关。作为一个移民国家,美国向来推崇自由平等的理念,不存在欧洲国家那样根深蒂固的双轨制教育的传统意识。因此,在南北战争后,随着美国工农业生产快速发展和国力快速增强,美国普及初等和中等教育的工作推进得很快,尤其是在中等教育的普及方面,更是走在了世界的前列,由此对培养中学教师的需求比其他任何国家都要大。在自由平等的理念下,美国中等师范教育向高等师范教育的转化也受到了美国各界的广泛支持。美国最大的教育专业团体"全国教育协会"就曾于1908年发表声明,敦促各州以师范学院取代师范学校,建议教师培训机构应招收高中毕业生,培养小学和中学教师;当时的专业认可团体也规定在团体所属中学任教的教师必须毕业于该团体认可的高等学校。这些都对美国的师范教育由中等教育层次上升到高等教育层次发挥了很大的作用。

19世纪后期,师范学校的发展在理论上受到前后两个时期不同的办学指导思想的影响。在发展的前期,主要受重视教学实践经验的裴斯泰洛奇的办学思想的影响。从19世纪后半叶开始,主要受以实证主义哲学为代表的科学主义思潮的影响,这种影响很快将师范学校带上寻求教师培养的理论化和科学化的道路。师范学校开设的课程更加重视理论性和科学性,教学实践被看成是教育科学理论的应用,近代"科学的教学理念"开始形成,并成为近代以来的主流理念。

师范学校转向注重理论和学术的过程也正是教师教育的制度模式从中等师范学校上升为高等师范学校的过程,这两个过程在当时的认识论范式下被有机地耦合在一起。应当说,促使中等师范学校向高等师范学校的发展有多种因素,其中,教育理论的形成和体系化,以及它在实证科学影响下的发展和分化,发挥了很大的作用。因为它不仅为教师的训练提供了理论性的课程,从而使教师的培养摆脱日常经验的模式,为教师的培养像医学和法学人员的培养一样进入高等教育领域提供了理论资源,而且,它还使教师教育在进入高等教育领域之时,就深深地打上了重理论、轻实践的烙印。

教师教育发展到高等师范教育水平,使教师的基本学历普遍达到更高的水准,有力地促进了教师培养质量的提高,这在教师教育史上无疑是历史性的进步,对提高教师的社会地位也具有积极的意义。当然,这只是相对而言的,人们对教师职业的观念并没有发生根本性的变化。

在美国的传统观念中,教师职业似乎总是这样一种社会形象:受过一定教育的年轻女性或母亲在家庭般的环境中对孩子所做的那些事情。这种状况在19世纪30年代的整个美国、在20世纪20年代的美国部分地区以及在20世纪40年代许多美国人的心中依然存在。"至于大学教授,他们把任何强制的教育理论和实践的学习视为是一种侮辱。这种看法至今也没有完全消逝"。

教师职业声誉和地位的提高即便是在法国巴黎高等师范大学这样誉满全球的教师教育机构,也多少具有表面性质。巴黎高师在世界上享有极高声誉,给人的印象是这所高校的教师培养很成功。可实际上巴黎高师的"成功"与它的师范性质并没有什么关系,它誉满全球的声望并不是由它在基础教育领域的贡献带来的,而是因为它在法国政坛和基础教育领域以外的社会人才输送方面展现出"骄人的成就"。

巴黎高师每年一般只招110名左右的新生。自1975年以来,理科约在500多名考生中录取57名,文科约在350名中录取44名。较少的招生数量和充足的生源保证了其高水准的毕业生素质。可见,巴黎高师是一所优秀的学院,但它的优秀似乎与它的师范性质没有什么关系。

第四节 综合性大学实施教师教育的发展和嬗变

第二次世界大战后,由于现代科学技术的迅猛发展和社会整体文化水平的不断提高,社会对人的科学文化水平的要求也越来越高,西方发达国家的义务教育开始进一步向高中和高中后阶段普及,对教师的知识和能力的要求也进一步提高。这种要求并不只是对高中阶段的教师的,同时也是对基础教育领域所有教师的要求。表现为教师不仅要在教育方面得到良好的训练,还要有宽广的视野和广博的科学文化知识,以适应知识日新月异的时代对教师提出的要求。

第二次世界大战以来许多发达国家如美、英、德、法等,都相继改革了师范教育模式,将师范学院纳入大学或文理学院,使之成为综合性大学或文理学院中的教育学院、师范学院或教育系科,有的直接升格为综合大学。教师教育成为大学教育的一部分,或与大学教育具有更密切的联系。

因此,到20世纪70年代,国际教师教育的发展出现了这样的局面:教师教育突破了单一的、独立的、封闭的培养体系,朝多样化、灵活化、开放化、综合大学化的方向发展;独立设置的师范院校逐渐退出了历史舞台,教师教育开始由综合性大学或其他高等教育机构共同承担,开始由封闭转向开放,由定向型转向非定向型,或转向定向型与非定向型两者的结合;所有的教师一律由综合大学采取开放式非定向型模式培养,中小学教师的学历被提高到大学及其大学以上水平,教师教育的发展由此又进入了一个新的阶段。

从历史上说,美国无疑是最早倡导综合性大学主办教师教育的国家。早在1832年,美国纽约大学就开设教育哲学讲座,培养中小学教师。之后,不少州立大学设立了教育系。20世纪前半叶,随着美国高等教育的迅速发展,在主流的实证科学的学术观和专业观的影响下,教育被视为一门独立的"科学"学科,受到了大学的重视。各大学纷纷把原来的教育系扩展为教育学院,其职能也从培训中小学教师进一步发展成为兼顾培养师资与教育行政管理及教育研究人员,加强了教育科学研究工作。

但美国真正开始全面由综合性大学实施教师教育的进程主要发生于20世纪,特别是在第二次世界大战后。"二战"后,美国加快了师范学院升格为大学文理学院或并入综合大学的进程。据统计,20世纪70年代,美国专门培养教师的师范学院已从1948年的250所降至16所,到20世纪80年代中期,仅有7所。同时,全国有80%以上的高等教育机构开设教育课程,承担教师培养任务。综合性大学的教育学院已成为美国教师教育的主体,在美国的中小学教师中,有94.9%的教师是由综合性大学的教育学院培养出来的。

因此,可以认为,美国教师教育在20世纪七八十年代已基本实现了综合性大学化。在这一基础上,20世纪80年代以来的美国教师教育,在办学方向上又发生了新的变化,校本教师教育出现,综合性大学独立实施教师教育的格局被打破,取而代之的是以大学和中小学结成的"伙伴关系"在教师教育中发挥越来越重要的作用。

在"二战"后,英国也打破了长期存在的师范教育机构孤立封闭的局面,20世纪60年代开始将教师训练学院改为教育学院,提供4年制教育学士学位课程,教师教育开始被正式列入高等教育系统。20世纪70年代以来,出生率的下降使中小学人数减少,教师教育体制因此进行了重大的变革和改组,原有的教育学院被关闭或合并。20世纪80年代,一大批地方教育学院和多科技术学院教育系消失,代之而兴起的是由大学、多科技术学院和高等教育学院构成的新的师范教育体系。至此,英国形成了由多种高等教育机构参与培养的教师教育体系。与美国类似,英国教师教育在实现了上述格局后,也于20世纪80年代后期出现了强调大学和中小学合作的校本教师教育的趋势。

法国在1969年和1979年对师范学校进行了两次重大改革。前一次改革要求师范学校对招收的高中毕业生进行两年的教师培训,师范学校开始成为中等后教育机构,大学开始介入了师范学校的教学;后一次改革,将学制延长为3年,举办大学和师范学校双重考试,分别授予大学第一阶段文凭和初等教育教师证书,使法国各级各类教师都须具备高等教育的学历。

20世纪70年代,世界上一些主要发达国家都发生了类似的转变。联邦德国的许多州在70年代末期也实施了由大学培养中小学教师的制度。日本深受美国的影响,在战后不久就结束了师范学校培养教师的历史,将师范学校归并于或升格为学艺大学或综合大学的一部分。

当然,对另一些国家来说,这一变化出现较晚。20世纪70年代,我国就没有出现这种变化,直到90年代后半期,我国的综合型大学才开始进入教师教育领域。至今独立的教师教育机构还是处于主导地位,将教师教育纳入综合型大学在我国还处于起步阶段。

总之,专门的师范教育机构和制度的产生以及师范教育事业的大规模发展是近代以来两三百年的事情。教师教育作为一种社会现象和实践活动,是随着大工业的发展和教育的普及而产生的,并将随着后工业化时代的来临和义务教育的进一步普及以及社会对教育质量的进一步要求而变化,我们正处于这一新的转变的起点上。

从世界师范教育的发展历程来看,教师教育经历了如下转变:从无到有;从萌芽到创建;从私立到公立;从初等和中等师范教育到高等师范教育;从独立封闭的师范教育到综合性大学中进行的开放式教师教育。呈现出从初级到高级,从数量增加到质量提高,从单一封闭到多元开放的历史发展轨迹。

20世纪80年代之后,在承接上述趋势的基础上,又出现了进一步注重教师职前、入职和在职教育的一体化和强调教师的培养机构"合作化""伙伴化"的趋势,"大学为本"的教师教育开始转向了由大学和中小学合作的多元开放的教师教育。

第五节 "师范教育"和"教师教育"的术语分析

在英语国家,早期的教师教育机构被称为"师范学校"。根据《美国传统英文词典》对"师范学校"一词的词源考证,该词是由法语的 école normale 一词转译而来的。法文 normale 源于拉丁文"norma",原意为木工的"矩规""标尺""模型",意指评价事物所依据的标准。école normale 指的是"培训教师的学校,主要是指培养小学教师",而培训教师的学校之所以被称为"师范学校",是因为最早的教师训练学校为使自己的学校成为他人效仿的模范而有意使用这样的称呼。

另有学者考证,norma 一词用于师范学校并非法国为最早,"该词用于教师培训,把教师学校称为师范学校的背景是:在神圣罗马帝国天主教地区,主要是在哈布斯堡王朝奥地利、意大利和德国,学校依然是传统与保守的,处在教会的强有力的控制下,奥地利女皇玛利亚·特丽沙命令阿伯特·费尔卑格根据普鲁士新教学校 Real schole 的模式(该模式以非经典的、近代课程为特点)创办学校。阿伯特·费尔卑格 1774 年在西里西亚把他的奥地利教师训练学院称为示范(即师范)学校 Normalschule。巴黎师范学校的一个宗旨就是建立使教学能力能有评价的标准,并按此标准去训练符合标准的教师"。

由瑞典著名教育家胡森主编的《国际教育百科全书》也指出,师范学校名称的出现与 18 世纪奥地利的 Normalschule 和德国的 Lehrerseminar 有关。"Normalschule 并不是一个独立的机构,而是在模范的初等学校中为教师或有志向做教师者提供的从数周到几个月不等的短期课程"。

不管"师范"一词的使用是源于"效仿"之意,还是"标准"之意,"师范学校"这一名词产生之后,在相当长的一段历史时期内成为英语国家指代中等及中等以下教师培养机构的普遍用语。随着办学层次的上升,"师范学校"开始被"师范学院""师范大学"等取代。至今,在国际互联网上,我们仍然可以看到冠以"××师范"(noraml)之名的教师培养机构,不过,其数量已是凤毛麟角。在教师教育由初等和中等性质转变为高等教育性质的过程中,"师范"一词已逐渐被人们弃用。在西方发达国家,以"教师学院""教师大学"或综合性大学的"教育学院"取代"师范学校"的用词在20世纪30年代前后已经达到了相当的程度,取而代之的是人们更多地使用"教师教育"。有论者指出:"美国到1940年,'师范学校'已经过时……州立教师学院也经历了很短的时间,从20世纪60年代开始发展成为多目标的州立学校或州立大学,既颁发人文学科学位,也颁发教育学位。"自此,"师范学校"和"师范教育"在英语国家逐渐成为一个历史上的名词。

但"师范学校"和"师范教育"这一称谓对我国教师教育有着很大的影响,直到今天,我国仍然还在以"师范"一词来指代和标识教师教育,教师的培养和培训都被称为"师范教育"。我们通常把 teacher's college 和 teacher's university 分别译为"师范学院"和"师范大学",而没有直译为"教师学院"和"教师大学";teacher education 被译为"师范教育"而不是"教师教育"。这里舍弃直译,是为了与我国近代教师教育制度在酝酿和形成中产生的"师范"用语相耦合。百余年来,将教师的培养和培训称作"师范教育"并没有使我们觉得有什么不妥。

然而,从20世纪90年代下半期起,这种局面发生了变化。我国教育学术界出现了以"教师教育"替代"师范教育"概念的趋向。如顾明远、梁忠义、罗正华等编写的《世界教育大系》《教师教育》分卷,曾是国家"八五"哲学社会科学中华基金重点课题,课题的名称是"师范教育比较研究",在该课题1998年作为正式成果出版时,改用《教师教育》为书名,该书还在前言中说明了改名的缘由。与此同时,20世纪90年代下半期以来,不少教育专业杂志发表的相关论文都采用了"教师教育"而不是"师范教育"的概念。有论者还专门撰文,讨论了从"师范教育"到"教师教育"话语转变的可能性和必要性。

为什么长期以来我国一直把对教师的培养称作"师范教育"呢?在汉语中,"师范"一词是由"师"和"范"两字构成的,据国内学者考证,我国最早将"师"与"范"两者作为一个词来用者乃后汉时代的赵壹。赵壹在《报皇甫规书》中曾写道:"君学成师范,缙绅归慕。仰高希骥,历年滋多。"在这里,"师"指的是"教师",后被引申为"效法"的意思;"范"指的是"模子""榜样",合起来即为"学习的榜样"的意思。在清末之前,大凡古籍中使用的"师范"一词都是当作"学习的模范"或"效法"的意义使用。

"师范"成为教师培养的代名词在我国是近代才出现的。据称,这种用法最早出现在清朝末年的一些文章、著作、上谕、奏折、章程及法规中。如梁启超的《论师范》就曾写道:"故师范学校立,而群学之基悉定。"由此"师范"一词被赋予了新的含义。我国师范学校的建立,是近代学制的一部分,属舶来品,是借鉴西方国家的教育制度形成的。因此,"师范教育"用语的形成与学习西方教育体制过程中的语言借鉴和在中国特有的文化背景下的转译有着重要的关联。

我国的教师教育制度,从其开端看,是从国外传来的。对19世纪后半期的中国来说,人们最早或更多接触到的是 normal school 而不是 teacher education 概念,因为从西方英语国家的情况看,normal school 的产生早于 teacher's college、teacher's university 及相应的 teacher education 概念,后者是在教师教育向高等教育的升格过程中以及之后才产生的,出现于19世纪末,真正的大发展是在20世纪上半期。正如前文已述的,20世纪30年代前后,西方主要发达国家才完成"教师教育"对"师范教育"的话语替代,因此,清末学者们接触的英文教育文献中,normal school 出现的频率可能要远远高于 teacher education。normal school 一词的翻译就是"师范学校",如果人们已经习惯将培养教师的机构称为"师范学校",那么,将实施这种性质的教育领域称"师范教育"也就是顺理成章的事,这就造成了我国的"师范教育"与英文的 teacher education 即"教师教育"在称谓上的不同。

将 normal school 译为"师范学校"并进而产生"师范教育"的概念,有两大推动因素值得我们关注。

一是在我国这样一个具有深厚儒家文化背景的国家,尊师重道的历史传统源远流长,"师""道"并存,师不仅是道统的象征与代表,还肩负着传道的重任,是人们学习的道德楷模,正如古人所云:"师者,教人以道者之称也。""师者,人之模范也。"因此,将对教师的教育称为"师范教育",既切合当时英文的词义,又符合尊师重道的儒家文化传统对教师的伦理定位,这是易于为当时的国人所接受的。

二是清末的教育改革是在救亡图存的背景下展开的,鸦片战争后,中国封建社会长期的闭关锁国政策被打破,落后要挨打的道理迫使清政府内部的开明派发起包括洋务运动在内的改革运动,这种改革是以"师夷长技以制夷"和"中体西用"为指导思想的。在这种思想的影响下,中国更早接触和学习的是西方"坚船利炮"之类的有形之物,而非思想层面,准确地说,清政府内部的改革者拒绝接受西方之学,而宁愿接受西方之技。"师范学校"显然比"教师教育"实在、具体，前者指的是一种实体，后者则是一种概念。在这种背景下，即便"师范学校"和"教师教育"同至踏来，中国更倾向于接受的恐怕也还是实体的"师范学校"而不是"教师教育"的概念。

同时，对缺乏近代学校根基的中国来说，清末的教育改革更为迫切地需要解决的是包括教师教育在内的近代学校体制建立的问题，而不是教育思想的研究和讨论问题。换句话说，当时中国更为需要的是 normal school，而不是关注 teacher education。

正是上述种种因素造成了我国一开始就将对教师的培养工作称作为"师范教育"，并沿用至今。"师范教育"概念是与特定的历史背景和教师培养性质与水平相联系的，从概念形成的原本意义上说，它指的是一次性完成的职前教育，在办学程度上通常是指中等及中等以下水平性质（在我国，这一概念后来也被扩展到包括中等后水平的教师教育），在办学模式上是独立、封闭的。

20世纪以来，教师的培养和培训已发展成为内涵极为丰富的教育活动。在教学内容上，它包括内容广泛的知识和技能的学习，人文科学教育、学科教育、专业教育和教育教学实践都是重要的组成部分；在教育时段上，它已不仅仅指一次性的职前教育，而是囊括人的整个职业生涯，包括职前、入职和在职教育；在组织方式上，既包括正规的学校教育形式，也包括各种形式的非正规的教育形式；在办学层次上，既有专科、本科层次，也有硕士、博士层次。显然，如果说"师范教育"的概念在办学程度的维度上还可以通过扩大自己的外延来自我更新的话，那么，随着"教师教育"在办学性质和模式上的变化，这一概念变得似乎不那么适用了。

于是，20世纪80年代后期，我国学术界曾尝试以"大师范教育"和"小师范教育"的概念将新旧教师教育观念区分开来，认为"小师范教育"就是我国近代以来传统的师范教育，"大师范教育"应是立体的、开放的、广义的、高质量的师范教育。可以认为，"大师范教育"是人们在一时难以找到适合的称呼之前，指代新的教师教育活动及系统的一种过渡性的选择。

直到20世纪90年代后期，"教师教育"才逐渐成为我国教育学术界的强势话语，但远没有像西方国家那样普遍通用，"师范教育"的概念现仍被大量使用。有人认为这仅仅是用语不同的问题，只要将"教师教育"的新性质赋予"师范教育"就行了，没有必要再换名词。应当说，这种见解有一定的道理，未必不是一

种解决问题的思路和方法,但对两者进行权衡,可能以"教师教育"替代"师范教育"更为妥当,原因有三:

其一,"教师教育"的提法具有国际性,与英文的 teacher education 在字面上和含义上都相吻合,有利于国际交流。尤其是在全球化时代,在我们已经加入 WTO 的背景下,尽可能地与国际接轨,消除交流的人为障碍是十分必要的。要知道"'师范教育',在发达国家的有关文献和研究资料中已经绝迹,西方许多人现在已经不理解'师范'有'教师教育'的含义了"。其他开放程度高的国家和地区都已经把教师的培养和培训称为"教师教育"。

其二,与其在旧名词下更换新内容,不如将新的内涵用以新的、更为贴切的用词来表示,因为前者的做法容易模糊人们对新内涵的了解,后者的做法则使概念本身就提醒人们对新意的认识。

其三,"师范"一词在我国近代的使用是有其特定的历史背景的。历史发展到今天,前文分析的那些因素,如西方教师教育发展早期 normal school 用语的流行、体用之说下的借鉴观、师道为重的儒家教师观都已成为历史,或需要重新诠释和更新(如儒家文化下的尊师重道),因此,与时俱进,根据教师培养和培训的新内涵,以"教师教育"概念替代"师范教育"概念是符合历史发展潮流的。当然,鉴于使用上的习惯和观念更新的非同步性,完全的替代还需要一个较长的过程。

第二章

教师教育管理研究

第一节 教师教育的管理理念

师范教育是 20 世纪中国师资培养与培训活动的认识范式。师范教育这一概念的产生与使用已有一百多年的历史,我国从西方引进师范教育概念的同时也融入了我国文化元素和价值理念。这些价值理念也体现在我国师范教育的管理理念之中。21 世纪以来,我国社会对教师培养与培训提出了更高的专业要求,独立封闭的师范教育体系开始发生重大变化。在国际教师教育理念和教育思潮冲击下,越来越多的教师教育研究者与实践者开始思考如何将世界教师培养培训的优秀成果运用于中国教师教育的实践中。在借鉴吸收外来成果与本土创新发展的过程中,我国教师教育管理理念也随之发生变化。

一、教师教育管理理念的发展

马克思主义认为,历史是有规律的,这种历史规律本质上也是历史不断进步的规律。这种规律是可以被我们在某种程度上加以把握和认知的。因此,我国教师教育管理理论的研究与发展是建立在不同历史背景下对教师教育管理规律的历史性认识之上。对教师教育管理基本规律的认识与追求既是教师教育研究的重要目的,也是教师教育管理理论与实践发展的根本依据。改革开放前,我国对教师教育管理缺乏自觉、科学、理性的认识。1989 年张济正发表《我国教育管理学科的过去、现在和未来》,在对我国教育管理研究过去 40 年的回顾时指出,我国教师教育管理研究几乎处于一种停滞状态,在实践中总结的经验规律也无法上升到指导教育管理实践的理论。朱旭东等从政治经济体制与教师教育管理体制的关系角度指出,我国根据国民经济和社会发展的需要自上而下地建立起包括幼儿师范学校、中等师范学校、高等师范院校和教育学院、教师进修学校在内的庞大的教师教育体系。在社会经济领域普遍实行集权式的管理体制的背景下,教师教育也形成计划导向的管理特征,即整个教师教育管理实行集中安排,统一管理,上行下效的政府主导的方式。在教师教育、建设尚未成熟阶段,自上而下强有力的领导有利于教师教育系统平稳运作,但是随着我国庞大的教师教育体系的日益完善,"上面怎么说,下面就怎么办"的管理理念益显违背教师教育管理的规律,教师教育自主性缺失,整个教师教育管理陷入一种机械、死板的循环状态。

改革开放后,教师教育管理研究日渐复苏,研究者以尊重教师教育基本规律为前提,采用科学严谨的态度对待教师教育管理。教师教育管理系统的多层次性导致教师教育管理规律的复杂性。教育现象原本复杂,因此规律的探索过程中要避免将教育现象简单化、简约化的倾向。正如一些学者所言,教育规律是非线性规律。教育中不存在严格的线性关系,教育具有因果非等当性,是必然与偶然、确定与随机交混的统一体。我国学者提出按照教师教育规律管理教师教育的根本前提是全面把握教师教育的本质特征和内在需求。只有把握了事物的根本性质才能够有效规范人们沿着特定思路去寻求相应问题的恰当方法。教师教育的本质属性是师范性,其根本目的和任务是培养和培训各级各类学校的师资。教师教育管理除具有一般管理的共性外,还具有其自身特性。

第一,教师教育管理是一种有目的、多层次的涉及学校行政部门、教职工、学生三边共同活动的过程;第二,教师教育管理更加强调管理育人,因为它培养的是教师,所以教师教育管理是教育管理的基础;第三,教师教育管理是一种有系列的、有成果的目标管理过程。学校管理的核心是学校目标管理,将对预期目标成果的实现作为效益测定的依据。张兆芹 1999 年编著的《现代师范教育管理》中提出,教师教育管理的规律受到多种科学规律的制约,其中主要受教育规律与管理规律的综合制约。教师教育的组织和管理过程要合乎规律地向前发展,不仅要处理好教师教育与外部要素的关系,也要处理好自身内在要素的关系。在处理教师教育与社会关系的过程中,坚持社会适应规律;在处理教师教育与个人发展的过程中,坚持以人为中心规律;在处理教师教育管理内部诸要素的关系过程中,坚持动态相关规律;在处理系统内资源要素配置时,坚持效益优先规律;在内部原动力激发方面,遵循行为激励规律;在适应客观环境变化和系统内更新优化方面,要坚持竞争发展规律。我国教师教育管理突破经验主义、教条主义转向尊重教师教育管理规律是内外因共同作用的结果。第一,在以经济建设为中心的社会主义现代化建设背景下,教师教育管理面临新的挑战和时代使命,急需通过科学的教师教育管理研究,按规律办事解决现实中的教师教育问题。第二,随着思想的解放,教师教育管理研究的视野更加广阔,触及许多未曾接触的领域和主题,不断深化对基本规律的认识是教师教育管理作为研究领域不断向前发展的内在动力。

二、教师教育治理理念的转型

治理概念来自当代政治学,起先作为一个政治分析概念使用。1998年英国著名政治学家格里·斯托克以治理作为核心概念提出了治理理论,并在《国际社会科学杂志》发表奠基性的文章——《治理理论的五个命题》。这五个命题分别是:第一,治理主体是出自政府,但又不限于政府的一套机构和行为体;第二,治理理论承认解决社会和经济议题的过程中存在界限和责任的模糊性;第三,治理理论认为机构间共同的集体行为与权力依赖相关联;第四,治理理论是关于体系中行为主体自我控制、自我管理的理论;第五,治理理论认为各项事务的落实效率不取决于政府行政权力的大小或是权威的使用。政府作为重要治理主体可以选择采取新的方法和技巧实现调动和引领作用。21世纪初,我国学者开始将治理理论引入教育领域,促进教育管理向教育治理的转变。盛冰认为,在高等教育领域推行教育治理已成为许多国家教育改革的追求。治理理论强调公共事务的管理权限和责任从行政主体中解放出来,形成多元主体共治的局面。龙献忠认为,在治理理论视野下,教育管理要实现"由管制型向服务型,从政策治校到依法治校,从政府的单边治理到政府、社会和公民共同参与的多边治理,从'善政'到'善治'的根本性转变"。

(一)教师教育治理的理论内涵

教师教育管理向教师教育治理的转向有着深刻的社会背景。21世纪初,我国加入WTO后,社会进入了以改革开放和高速发展为特点的社会转型期,我国高速的现代化进程必然会导致现代化因素与传统因素、新旧体制与规范暂时的、全方位的冲突。2007年,中国共产党第十七次全国代表大会召开,党的十七大报告将教育的相关表述放在了社会建设发展的范畴,这标志着在政策实践上,教育由文化发展领域拓展到整个社会发展和社会治理的领域。与之对应的是我国师范教育的观念和体制也在这一时期开始向教师教育转型。体制与观念的转型对教师教育管理造成了巨大的影响,本质上是教师教育管理转向教师教育治理的再造过程。

教师教育治理研究是教育治理研究在教师教育领域的延伸。我国学者对教育治理这一外来概念的认识源于国外教育治理的研究成果,21世纪初,我国学者进行大量国外教育治理比较研究,在治理理论研究方面引入黑格尔的国家干预理论、法人治理理论、"合作网络"治理理论等,为教师教育治理研究提供了丰富的理论视角。在研究范式上,学习了国外结构主义范式和问责主义范式。近些年来,现代教育治理体系成为我国教育发展迫切需要解决的问题。我国教育研究者不断深化对教师教育治理理论的认识。厘清教师教育治理的内涵和逻辑是推动教师教育治理实践的前提。明确教育管理与教育治理概念的关系是认识教师教育治理理论的前提。褚宏启认为,教育治理是对传统教育管理方式的超越,是教育管理民主化的集中体现,是教育管理的现代形态。教育治理与教育管理不是否定和取代的关系,前者是后者的高级形态。多元主体和民主参与是教育治理的典型特征。谢仁业认为,教育治理理论的本质是科学、民主决策和权利共享。最大限度地发掘和发挥教育机构的改革、创新的潜能和积极性是教育治理的宗旨,实现人的现代化和人的发展现代化是教育治理的目标,实现每一个人的终身发展是教育治理的核心价值。关于教育治理的内容体系,学者从不同角度进行了归纳。徐辉从国家教育治理能力提升的角度出发指出,教育治理有三个层次,即国家治理、社会治理、学校治理。国家治理层面涉及法律体系、行政体系、监督体系的治理;社会治理层面涉及教育社会投入、终身学习等社会中教育问题的治理;学校治理层面涉及院校自主办学、多元评价、模式创新等。左崇良基于对高等教育治理系统结构的研究指出,高等教育治理的核心问题是决策权力的分配和系统的协同共治,可进一步分为系统层级的治理、大学层面的治理和基层学术组织的治理。随着教师教育培养层次的上移,教师教育治理与高等教育治理具有相近的内涵,即以多元化、民主化和平等化为特征,以促进教师专业发展,提升教育质量为宗旨。我国学者立足于我国教师教育改革发展的实际,提出适应制度、机制改革的教师教育治理内涵。郑红苹、李森认为,教师教育治理是指以促进教师专业发展、提升教师教育质量为目的,多维主体协同参与,通过协商、审议、合作等方式,推进教师职前培养、入职指导和职后进修一体化发展的教育活动。杨跃认为,教师教育治理是政府、大学、市场、社会及公民等多元主体共同参与、协作应对教师教育公共事务并承担相应责任的新型管理和服务模式。我国教师教育已形成多元化的格局,教师教育治理要明确治理主体的公共责任,避免责任界限模糊的治理缺陷。概括来说,我国教师教育治理不仅要服务于实现培养高素质、专业化、综合型教师这一目的,而且要通过权利主体的多元化和权利客体的多样性改革实现教师教育由行政权力主导转变为遵循制度逻辑、专业逻辑、法制逻辑的多元治理结构体系,从而实现公共利益的最大化。

(二)教师教育治理的现代化改革

我国社会治理体系改革推动教师教育治理变革,也促进教师教育治理现代化改革的相关研究。关于教师教育治理现代化的研究主要涉及三个方面。

1.教师教育治理现代化内涵的研究

教师教育治理现代化是一个具有多重内涵的名词。其基本内涵是教师教育主体多元化,治理性质在于协商性和审议性,治理的权力来源于法律与契约授权,权力运行机制既可以是自上而下的,也可以是平行的。刘洁辉认为,教师教育治理现代化内涵要求科学化、多元化、民主化、人性化、法制化。其本质要求是在治理主体上,政府不越位,赋予高校自主性,实现主体参与的多元化;治理依据上,遵循教育类法律法规和与公众的契约;治理手段上,实施法治,利用信息;治理运行机制上,发展协商、合作,治理现代化的最终目的是促进"管、办、评"分离,提升教师教育质量。张炜认为,在公共治理视域下,教师教育治理现代化的关键指标是候选教师和教师教育者的专业化发展和自主创新。就教师教育对生命个体的全面发展的角度而言,治理理念的贯彻扭转了统一标准化管理理念下对教师生命个体的忽视。姜勇等人认为,师范生、准教师和教师作为教师教育的参与主体有了自我表达的权利和路径,因此教师教育治理在教师队伍培养与建设的过程中会注重教师专业发展的"自主性",在对教师个体生命成长的关照中会坚持"良善性",在程序设计与执行中会关切"正义性",进而让每一位教师实现充分的发展。教师教育治理现代化作为社会治理现代化的一环,要凸显教师教育的公共属性,同时也要坚守以人为本的教育属性,在教师个体充分发展的基础上实现其对公共服务的使命。

2.教师教育治理体系现代化的研究

教师教育治理体系现代化与教师教育的内涵相关。教师教育是指基于终身教育理念和全面发展思想,对教师进行职前培养、入职指导和职后进修的一体化教育。教师教育一体化、专业化、开放化、多元化、整合化等特点决定了教师教育治理体系现代化的结构系统必然是为了促进教师的专业发展,由多元主体共同参与,通过协商、合作等形式,推进教师职前、职中和职后一体化学习的新型教师教育体系。在教师教育治理体系建构的研究中,朱旭东认为,教师教育体系存在诸多问题,应从九个方面重建教师教育的结构体系,即重建以本科分数线为基准的教师教育专业招生体系,以现代大学的专业学院为组织机构的教育学院体系,以现代大学课程、教师专业标准为基础的教师教育项目体系,以教师的教育教学能力为目标的教学体系,以学校、教研室和教师教育学院三位一体的师范生教学实习体系,以供需求关系相对平衡为导向的师范生就业体系,以教师教育专业考试为前提的学位证书和资格证书双证统一的教师执照体系,以教师专业需求和高等学校所在地为空间原则的教师培养和培训一体化的多模式体系,以教师资格证书更新、职称晋升和荣誉授予三位一体的教师专业发展体系,进而实现新型教师教育体系的建构。李森认为,尽管我国教师教育转型发展以来取得了巨大成就,但是仍然存在办学规格缺失、教养规格缺失、教师教育课程缺失、财力保障缺失等问题,难以适应教育现代化的需要。建构教师教育治理体系的目的是通过多维主体协同参与,通过协商、审议、合作等方式,推进教师职前培养、入职指导和职后进修一体化,促进教师专业发展、提升教师教育质量。教师教育是以一定目标为导向,教师教育主体之间相互协作,以特定的教师教育机构为载体、教师教育内容为中介,有序展开的一种教育活动。基于目标、主体、课程、评价与机构五大要素,李森等人将教师教育治理体系分为目标体系、主体体系、课程体系、评价体系与机构体系五个部分,各部分之间并非相互割裂,而是密切相关、有机整合的系统。

  黄晓芝也认为,教师教育存在开放程度较低、师资培训模式单一、教师教育过程观念方法滞后等问题,教师教育治理体系应反映教师教育专业性、开放性、系统性等特征,并借鉴李森等人建构的教师教育现代化治理体系结构的理论框架,对教师教育现代化治理体系的建构路径进行了阐释。这些紧密联系我国教师教育发展实际的研究对于促进我国教师教育治理体系现代化具有重要的指导意义。

3. 教师教育治理能力提升的研究

  教师教育发展中存在的关键难题是治理主体间的协作问题。伍红林认为,由师范性与专业性矛盾引发的师范院校内部协同问题,以及教师教育与基础教育割裂引发的教师教育外部协同问题共同构成教师教育的"协同难题"。因此,教师教育治理能力提升路径主要依靠政府、高校、社会机构等教师教育参与主体以及主体间协同治理能力的提升来实现。有学者从教师教育治理机制出发,探索提高治理能力的路径。刘冬冬、李想认为,突破教师教育治理困境可通过"多元合作、民主制衡"方式增强参与主体的合作效率,采用统一领导、分级管理的方式实现集权与分权的统一,从"管、办、评"分离实现教师教育治理机制的优化,协调和保障参与主体的功能的实现。师范教育转型教师教育的过程中,教师培养层次进一步提高,实现了教师机构向高等教育的完全上移。在教师教育一体化、综合化时代,办学主体已转向由师范高校和综合性大学共同分担的格局。教师教育治理能力提升与高等教育治理能力的现代化密切相关。有学者尝试从师范院校、承担教师培养功能的综合高校内部协同治理能力提升路径中探索教师教育治理能力提升的关键因素。有学者认为,教师教育机构组织结构的变革可以推动治理能力的提升,通过建立教师教育的专业学院、教师教育研究中心,由专业机构来配置教师教育各个环节的资源,完成教师教育的任务。这种组织变革以及资源格局的调整要求把教师教育的事权下放到教育学院、教师教育学院,由专业学院来负责教师教育实施的全过程。龙宝新认为,高校教师教育力的核心构成是教育专业吸引力、教育人才培养力与教育市场竞争力,因此教师教育治理能力的提升要围绕这三个方面展开。总之,关于教师教育治理能力的提升需要以共同愿景、共同发展为导向,提升专业实践能力为基础,通过教师教育参与主体之间相互交流合作、同质促进、异质互补实现教师教育质量的提升。

第二节　教师教育的管理制度

　　制度通常是技术性和价值性的统一体。从技术性角度来说,教师教育管理制度是用来整合和规范教师教育实践的工具;从价值性角度来说,制度作为一种权利义务关系分配的社会结构具有价值特质。教师教育管理制度是一个多级嵌套的系统,是整合和规范高校、各级政府、教研机构、各级各类中小学以及其他社会机构主体参与教师教育活动,为实现教师教育质量提升、向社会提供对口的人力资本等目的而设计的组织规范。教师教育管理制度在根本上代表了教师教育的客观、稳定的社会关系结构,并解释这种框架结构内所涉及的运行机制与程序。从教师教育管理的宏观视角来看,我国教师教育管理制度经历了由独立定向的师范教育管理制度向灵活开放的教师教育管理制度的转型发展。

一、教师教育管理制度的发展演变

新中国成立以来,我国教师教育管理制度体系在发展中不断完善。有学者通过国际比较研究将世界各国教师教育管理划分为两种类型:中央集权制和地方分权制。我国教师教育行政管理制度属于前者,其特征表现为把教师教育事业视为国家的事业,由国家直接进行干预,教师教育的权力主要集中在中央,由中央一级的教育权力机构主管,有关教师教育的方针政策、发展规划以及教育内容、教学工作都由中央统一规定。地方权力居于次级地位,需要遵循中央的方针政策。随着教师教育政策制度逐步取代师范教育制度,我国对应的行政管理制度也发生结构性、功能性的变化。从我国教师教育行政管理的历史发展角度看,大体经历了由集中领导管理到"统一领导,分级管理"再到教师教育领域"放管服"改革的三阶段。

(一)集中领导的管理制度

中华人民共和国成立后,教育领域面临的重大问题是原有教师教育体制、发展规模都难以满足我国社会主义建设的需要。在国家统一集中的领导管理下,我国制定了《关于高等师范学校的规定(草案)》《师范学校暂行规程(草案)》《师范教育学院教学计划(草案)》《师范专科学校暂行教学计划(二年制)》《师范学校教育实习办法》等系统的管理制度。这些制度对教师培养机构设置、目标任务、招生办法、学习年限、学生待遇、服务年限做出了明确规定,统一了全国教学计划和教学大纲。这些制度设计为我国教师教育管理走向现代化、制度化、科学化奠定了基础。

中华人民共和国成立后到20世纪60年代,我国教师教育管理的主要特点是自上而下的集中管理。第一,保证党对教师教育的统一领导;第二,保证教师教育满足国民经济发展的需要;第三,保证教师教育教学秩序稳定。在教师教育办学主体上,坚持国家办学,统一领导的原则,私人或私人团体不得设立师范学校或任何师资培训机构。各省、市师范学校或是师范学院附属师范学校的设立、变更、停办,由省市人民政府决定,上报大行政区教育部批准后,转报中央教育部备案。1950年政务院《各大行政区高等学校管理暂行办法》明确规定,华北区高等学校由中央教育部直接领导,其他各大行政区高等学校暂由大行政区教育部或文教部代表中央教育部领导。

1956年中央教育部修订后的新的《师范学校规程》规定,"师范学校是国家的中等专业学校,师范学校的设立、变更与停办,都由省市自治区教育厅、局根据国家既定的教育方针、政策、规章、制度统一领导"。集中领导的教师教育管理制度是促进我国教育事业百废待兴走向有序稳定、规模化、现代化的必然选择。为解决师资匮乏这一严峻问题,同时培养具有社会主义政治觉悟、辩证唯物主义世界观、共产主义道德、扎实专业技能的师资队伍,我国实行统一管理、定向培养的教师管理制度,师范生从招生到就业分配由国家统一计划安排。在教师教育机构设置上,1951年《关于第一次全国师范教育会议报告》确定了中华人民共和国成立初期教师教育机构的设置与领导管理制度。高等师范学校设置的原则为,每一大行政区至少设立一所健全的师范学校,由大行政区教育部直接领导,以培养高级中等学校师资为主要任务,各省和大城市原则上设立一所健全的师范专科学校,由省、市教育厅、局直接领导。1957年,全国共有师范院校58所,形成了布局均衡的高等师范教育网络。1956年《师范学校规程》规定每一专署区及省辖市设立一所师范学校,条件不够时可设置初级师范学校。师范学校由省、市、自治区依据国家既定教育方针政策、规章制度统一领导,改变了1952年《师范学校暂行规程(草案)》规定的中等师范教育由县一级设置的规定,强化了对中等师范教育的统一领导。

(二)集中与分层相结合的管理制度

高度集中的学校事业体制、计划体制、财政体制过分强调统一管理,影响和限制了各级地方教育行政部门和教师教育机构的积极性。"统一领导与分层管理"是对集中化领导管理方式的改进与调整,前者是后者的演化而非推翻重建或突变的结果,因此二者不存在一个明确的时空界限。早在1953年,时任教育部部长张奚若在全国高等师范教育会议就指出,高等师范学校的领导关系应重新加以规定,高等师范教育学校的领导关系应根据"统一领导,分层管理"的原则来规定。提出中央教育部统一领导高等师范教育的方针、政策、发展计划、院校和科系设置、教学计划的拟定、教学大纲和教材编译的组织和审核工作。

1958年我国首先从高等教育开始"改变过去条条为主的管理体制,根据中央集权和地方分权相结合的原则"。1958年中共中央、国务院颁布了《关于教育事业管理权力下放问题的决定》,规定除少数综合大学、某些专业学院仍由教育部或者中央有关业务部门直接领导外,其他的高等学校都要下放给省、市、自治区领导。1963年中共中央、国务院颁布《关于加强高等学校统一领导、分级管理的决定(试行草案)》,进一步明确"对高等学校实行中央统一领导,中央和省、市、自治区两级管理的制度"。中央教育部和中央各业务主管部门主要负责教育方针政策和教育规章制度的制定、全国教育发展事业规划、高校主要领导人事任免、高校招生工作和毕业分配等顶层设计工作。地方省、市、自治区根据中央方针、政策、制度对本区内高校进行具体的管理。由中央部委和省、市、自治区两级管理的"统一领导,分级管理"制度初步形成。这对加强国家对教育工作的宏观管理和指导,同时调动各方面办学的积极性起了积极作用。

党的十一届三中全会以后,我国重新确立了"统一领导,分级管理"的教育管理体制。1979年9月,中共中央转批教育部《关于建议重新颁发〈关于加强高等学校统一领导、分级管理的决定〉的报告》,1980年教育部发布一系列政策文件:《关于加强高等师范学校师资队伍建设的意见》《关于大力办好高等师范专科学校的意见》《关于办好中等师范教育的意见》《中等师范学校规程(试行)》《关于进一步加强中小学在职教师培训工作的意见》等,1986年《关于加强和发展师范教育的意见》进一步强调各级教育行政部门要把教师教育作为发展教育事业的重点,中央和地方对教师教育实行分级管理的领导制度。国家教委直接管理几所师范大学,以利总结经验,发挥骨干作用。其余师范院校由省、自治区、直辖市管理。师范专科学校由省、地共管,以省为主。中等师范学校省、地共管,以地为主。各地要建立健全适当的机制,统筹规划,加强管理。20世纪80年代初,教师教育管理制度得以重建,基本恢复了20世纪60年代前后逐步形成的"统一领导,分级管理"的管理体系。这对克服领导管理体制混乱,恢复教育秩序,发展教育事业起到重要作用。有研究者指出,这一时期的教育管理制度仍存在决策权过度集中,教育自我封闭、与社会缺乏联系,管理方式以垂直领导为主,学校和下级部门缺乏自主性等问题,因此教育领导管理体制仍需进一步改革。

1993年中共中央、国务院发布的《中国教育改革和发展纲要》强调"继续完善分级办学、分级管理的体制"。1996年全国师范教育工作会议确定了20世纪末、21世纪初师范教育改革和发展的方针是坚持方向,深化改革,优化结构,提高质量,促进发展,提高效益。在教师培养培训体系方面,推动职前培养体系由三级师范向二级师范过渡,在职培训要健全"省—地—县—乡—校"五级培训网络。鉴于教师教育结构体系的变化和各地区对教师教育发展规划的自主需求,在教师教育管理方面,会议确定要进一步完善中央宏观管理、宏观调控,以省、自治区、直辖市统筹为主,分级管理的教师教育管理体制,进一步理顺中央和地方、政府和学校的关系。强化地方对本地区教师教育的统筹权、决策权、管理权,扩大学校依法办学的自主权。随后国家教育委员会发布相关文件明确了教师教育改革和发展的指导思想是以建设中国特色社会主义理论为指导,坚持"教育面向现代化、面向世界、面向未来的方针",建立中央宏观管理、宏观调控,以省统筹为主,分级管理的教师教育管理体制。总结新中国成立近半个世纪以来教师教育管理制度的发展历程,有学者认为,其发展轨迹大致可以归纳为在发展中调整,在调整中发展,不断地总结经验,吸取教训,从而使盲目性逐渐减少,自觉性逐渐增加。

(三)"放管服"的管理制度

21世纪以来,我国教育管理制度体系改革日益强调消除深层次的制度障碍。2010年发布的《国家中长期教育改革与发展规划纲要(2010—2020年)》针对教育管理改革提出"以转变政府职能和简政放权为重点,形成政事分开、权责明确、统筹协调、规范有序的教育管理体制"。为优化调整教师教育管理制度建设中政府行政权力与教师教育机构治学权的关系,2015年5月,全国推进简政放权放管结合职能转变工作电视电话会议,首次提出"当前和今后一个时期,深化行政体制改革、转变政府职能总的要求是:简政放权、放管结合、优化服务协同推进"。在对"放管服"教育管理制度改革的认识上,有学者提出,"放管服"既是对政府职能转变认识的深化,也是我国行政体制改革走向成熟和系统化的体现。教师教育管理"放管服"改革的内在逻辑是,简政放权、放管结合,优化服务。善政必简,简政放权是前提。有学者指出,管理改革首先要解决的是行政权力配置的科学性和效率性的问题。权力下放不充分就会影响教育发展的活力,应建构"政府管教育、学校办教育、社会评教育"的新型关系。放管结合是在"放"的基础上,对"管"进行变革和创新。在破解体制机制弊端的同时,提高教育服务水平,满足社会对教育的需求。优化服务是改革的目的。对优化服务主要有两重涵义,其一是指政府通过转型服务型政府、优化教育服务水平,达到加强事中事后监管,构建有效教育领导管理制度和监督机制的目的。其二是指政府、教师教育机构等教育相关主体作为这一教师教育公共产品的提供者,要建立以服务教师培养培训为目标的政、校及相关主体联合的管理、监督、评价制度和共建机制。随着中师退出历史舞台,教师教育机构通过升格、合并等转制方式实现大学化。在现代大学结构里,教师教育要实现教学、科研、社会服务的基本功能。教师教育机构要考虑在"放管服"的改革背景下,自身如何运用自主发展权与外围主体形成优势互补、资源共享共建的协同机制,以及如何在学校内部构建高效且具有活力的教学管理制度、科研管理制度、学生评价制度、教师评价制度等核心制度。针对如何在现代大学管理制度下实现教师教育管理制度变革的问题,孙绵涛等学者指出,现代大学制度的建设不仅是学校内部的事,还是一项内外兼修的工程。范国睿认为,现代学校制度的建立完善应包括两个层面,即构建有利于学校组织发展的外部环境和建立学校组织发展的自组织机制。

二、教师教育管理制度的发展趋势

我国以师范院校、其他高等学校为教师培养培训主体,逐步形成培养培训相衔接的开放的教师教育管理体系。开放灵活的制度体系需要变革以行政干预为导向的管理方式,建立以标准化、法制化、专业化、一体化为特点的规范管理制度。只有以标准化、法制化、专业化、一体化为导向的管理制度才能够保障教师教育机构的自主办学权,保障教师教育培养教师的专业性,适配社会对教师专业能力与素养的需求,保障教师终身发展需求的实现。

(一)教师教育管理的标准化

自1985年《中共中央关于教育体制改革的决定》颁布以来,我国教师教育管理在教育体制改革的推动下走向创新发展的道路,逐渐破除以计划为导向,以行政命令为手段的管理形态,走向以标准为导向的程序化、规范化管理。管培俊在《关于教师教育改革发展的十个观点》中提到,教师教育应转换运行机制,由过去单纯政府行为转变为以政府为主导,政府行为、学校行为、教师个人行为三者的结合,在管理方式上转向规范化,为教师教育营造良好的制度环境。建立教师教育标准体系是教师教育管理标准化导向的基础,有学者提出,我国教师教育标准体系建设以教师资格证书制度的建立为开端。在教师资格制度基础上,逐步形成了整套的教师教育标准体系。王宪平、唐玉光认为,教师资格证书制度的实施,是我国教育制度改革的一项重要举措。它的改革与完善必然引发教师教育制度的改革与创新。为保障教师教育质量,我国也逐步开始建立和完善教师资格标准、教师专业标准、教师教育课程标准、教师教育机构认证制度,以实现教师教育在标准化管理上有据可依。还有学者指出,教师教育管理走向规范化、标准化是教师教育转型发展的要求。教师教育相关的各类标准的建立直接或间接引导教师教育管理模式由行政主导控制转向以标准规范为引导与监督的模式。还有学者通过比较世界各国教师教育制度内容,指出教师教育标准化已成为国际教师教育改革的基本趋势。朱旭东在《教师教育标准体系的建立:未来教师教育的方向》一文中提出,教师教育在各个环节都需要建立标准制度,进而实现标准化管理。包括教师专业发展标准、教师教学标准、教师教育课程标准、教师教学能力标准、教师教育技术能力标准、教师教育机构标准、教师教育质量评估标准、教师资格证书标准、教师专业发展学校标准、教师校本培训标准等。只有建立健全教师教育各项标准制度,才能在开放、多元的教师教育体系中激活标准导向的教师教育管理功能,促进教师教育管理与决策活动的科学化、规范化。

(二)教师教育管理的法治化

教师教育管理法治化是我国教育法治的要求,也是推进教育治理体系和治理能力现代化的重要一环。我国已经颁布的与教师教育管理相关的法律、法规主要有《中华人民共和国教育法》《中华人民共和国高等教育法》《中华人民共和国教师法》《教师资格条例》。这些法律、法规、规章制度的出台与实施,为促进教师教育管理的法治化奠定了基础。政府和教师教育机构的管理部门遵循依法行政的原则,依法行使职权,实现了教师教育管理的法治化转向。教师教育管理法治化研究主要集中于法律法规体系建设、实施与监督机制和保障体系建设这几个方面。董立平等学者指出,教育法治化的功能和价值在于形成系统的法律法规体系,确保有法可依;形成高效的教育法制实施体系,确保有法必依;形成严密的教育法治监督体系,确保执法必严、违法必究;形成有力的教育法治保障体系,确保各方主体的合法权益。随着教师教育管理法治化水平的提升,其运行机制也随之发生根本性的变化。严毛新认为,在依法治国进程中,教育行政权力导向模式将会逐步转变为教育行政法规导向模式。教师教育管理的法治化发展塑造了教师教育行政法治化的新型管理机制，一方面将政府及教师教育机构权责等重大基本事项纳入教育法规体系之中，依据法律完善教师教育管理制度，做到依法行政，实现内部监督与外部监督、行政监督与基层监督相结合。另一方面，能够切实维护国家依法治教的权威性，同时保障教师教育机构等相关主体的合法权益，有助于政府行政管理的规范性，发挥教师教育机构自主管理的积极性和创造性，确保教师教育管理制度建设和改革有章可循。

(三)教师教育管理的专业化

专业的教师需要专业的教师教育，专业的教师教育要求构建相应的专业化的管理制度。20世纪90年代，我国提出"科教兴国"战略，"百年大计，教育为本；教育大计，教师为本"成为我国教育界的普遍共识。随着基础教育对教师需求由数量需求转向质量需求，教师教育进入以质量为本的新的发展时期。曲铁华等学者认为，教师专业化不仅是一种理念，更是一种制度。它的完善和发展必须以建立健全一套完备的教师教育制度作为保障。更有学者提出，高质量的教师就是专业的教师。唯有从严格的专业标准出发才能引导、规范教师教育活动，培养出高质量的教师。21世纪以来，教师教育专业化制度建设成为研究的热点。教师教育各类专业标准的出台推动了教师教育管理制度的专业化。教师专业化一方面推动教师教育管理的专业化，另一方面专业化的教师教育管理反过来促进教师专业化水平的提高。在学术研究方面，教师教育管理制度专业化问题被提了出来，我国学者致力于不断完善教师教育管理制度体系。陈晓力认为，我国各类教师管理制度还需要不断完善，教师教育机构认定制度、教师教育课程认定制度、教师教育质量评估制度、教师继续教育制度等还需要进一步建立健全。王建磐在对我国教师教育专业化制度建设的内容进行总结时指出，当前我国教师教育专业化管理制度要补齐短板，第一，建立教师教育机构认证制度，将专业资格证书的资格培训与发放分开，政府教育行政部门审定有资质进行教师教育的机构。第二，建立教师教育课程的认定制度，确保教育学科课程水平与教师教育质量的不断提高，包括课程结构、课程内容、教材、教学安排等，都要通过严格的认定程序。第三，建立健全教师资格证书制度，教师资格的认定管理，既要有全国统一的行业标准，同时也要顾及区域差异。专业化已成为教师教育改革的重要目标，加强教师教育专业化管理制度建设既是提升教师职业品质的要求，也是保障教师专业化水平不断提升的措施。

（四）教师教育管理的一体化

随着我国教师教育实现职前职后一体化，教师的专业发展贯穿于职前培养与职后培训全过程。这标志着作为阶段性、总结性的师范教育转型为终身性、发展性的教师教育。师范院校和教育学院彼此独立的制度体系被打破，职前与职后教师教育机构走向融合。教师教育管理制度也要与时俱进，适应一体化的运行机制，在制度设计上突出连续性和整体性。任何教育机构的改革与创新都不是孤立进行的，它的建立和运行都是为了实现一种新的教育设想，并需要一套与之相适应的教育规范。刘义兵等学者认为，教师教育职前职后一体化发展是当前我国教师教育改革与发展中的重大战略主题，而一体化过程中面临的重大挑战就是教师教育职前职后一体化缺乏制度管理规范。教师教育一体化管理制度应与教师教育一体化的发展格局相适应，在制度管理层面要整合各类主体的权责，形成优势互补的协同管理体系。陈时见等指出，教师教育一体化涉及高校、政府、教研机构和中小学。因此在管理制度设计方面要与教师教育协同型培养机制相适应，要明确各个主体的功能，避免同质化管理。政府在一体化的管理体系中承担为教师教育一体化提供政策支持和服务保障的职能，同时利用政府公信力做好资源配置，领导和协调各方主体形成紧密联系。高校作为协同培养机制的核心主体，应在教师职前、入职、在职培训校地一体化协同管理机制中承担协调管理的纽带功能。教研机构则要承担对中小学教师教育指导过程的管理职责。中小学校作为基础教育主阵地，应担负教师在实习和见习基地的管理责任，以及组织管理教师定期参与职后培训的功能。教师教育一体化转型是教师教育的一次重大变革，其制度不仅是宏观管理模式的变革，还涉及具体的教学工作管理、课程管理、师资队伍管理等诸多具体的制度内容。教师教育研究者意识到原有教师教育几年一贯制的"静态"管理必然要退出历史舞台，需要建立适应教师教育发展的"动态"的管理体系和运行机制。

三、教师教育管理制度的改革路径

教师教育管理制度改革的方向是将原来计划行政式的教师教育管理制度转变为监督、指导、服务式的教师教育管理制度。以往我国教育主管部门在教师教育发展中起主导作用，直接领导和管理学校事务。在管理制度转型的背景下，政府需要转变其职能，由直接管理转向宏观管理，由全能型政府转向服务型政府。教师教育管理制度改革意味着制度内容体系需要根据变化进行完善和补充,随着教师教育结构体系的变革,其管理制度也要跟进和完善,从而适应教师教育开放化、专业化、一体化发展。在教师教育管理机制上,打破科层式管理形态,建立开放、协商、包容的多主体协同的机制也成为发展趋势。

(一)转变政府管理职能

随着我国教师教育体制从单一的定向型师范教育向开放化、大学化、专业化的教师教育转变。我国逐步实现师范院校向综合性大学转型,在制度建设上继续进行深刻的改革,以解决教育宏观管理中存在的问题,不断完善中央、省两级管理的制度体系。有学者指出在教育管理制度历程主要是解决以下三个方面矛盾的过程,在制度层面,第一是要解决部门办学体制问题,实际上是解决"条块分割"问题;第二是要解决中央与地方的关系,就是如何扩大省级政府发展高等教育的自主权和决策权;第三是要理顺政府与学校的关系。从相关主体的关系来看,行政管理制度的变迁主要围绕各级政府和教师教育机构二者间的权力关系。政府职能的实现方式决定了教师教育行政管理制度的基本形态。

政府职能属于社会上层建筑领域,随着社会经济基础的变化,转变政府职能具有客观的必然性。教师教育由独立定向走向开放多元的根本原因也是我国经济体制改革对教师教育发展形态提出的要求。计划经济体制下的教师教育是供给型的封闭体系,各级政府直接出资办学,政府扮演教师教育的投资者、办学者、管理者三位一体的角色。因此在管理制度设计上,各级政府作为组织力量将教师教育发展与计划经济社会发展编织在一起,就需要通过行政命令的方式直接管理教师教育的各项具体事务。潘懋元、邬大光指出,在以国家为主体的办学模式下,政府集投资者、办学者、管理者为一体,在教育管理中占据决定性地位。尽管这种教师教育行政管理制度为我国的教育事业发展壮大作出了巨大贡献,但是在高度集中化的管理制度下,师范院校缺乏自主权,与市场经济的自主、开放的原则不适应。改革开放以来,随着计划经济向市场经济的转轨,我国教师教育的办学模式也发生了巨大的变化。1993年《中国教育改革和发展纲要》提出深化教育体制改革,在中央和地方关系上,确立中央与省(自治区、直辖市)分级管理的教育管理体制。从历史制度主义视角来看,我国教师教育行政管理制度的动态调整受国家宏大制度背景与政治变量序列的影响。刘湉祎在回顾改革开放40年我国中央与地方教育管理权限的发展脉络和改革趋势时指出,高等教育管理权限总体上由中央集权向地方分权转变。在政府与学校的关系上,政府要转变职能由直接管理转向宏观管理,并形成民主科学的决策程序。在政府职能转型推进教育行政管理制度创新的研究方面,杨跃认为,政府应明确其职能定位。教师教育作为教育事业的"工作母机",国家及各级政府在其中的地位非常重要,既不能"缺位",也不能"越位""错位",学界需加强对政府的教师教育公共事务的研究。从教师教育管理制度变革的趋势来看,在行政管理权分配上由集中领导走向简政放权,具体表现为从中央集中管理向中央指导地方负责的分级管理转变,教育行政部门的职能从全面管控向调控与服务转变。还有学者针对过往我国教育改革中存在的"收放"怪圈的问题,提出政府在简政放权,落实高校自主权过程中要平衡集权与放权、自主与责任的关系,从而避免"一放就乱、一收就死"的改革怪圈。

以政府行为为基础的制度环境中,集中管理与强制服从是我国高等教育管理制度的主要特征。随着我国由师范教育转向教师教育,实现教师教育开放化、大学化后,教师教育也面临同样的境遇。针对如何通过政府职能转变实现我国教师教育管理制度的创新这一问题,我国学者在管理制度建构方面进行了多样化的探索。在高度集中统一的教育行政制度下,教育主管部门直接领导和管理师范院校的事务,包括学校领导的选拔任命、教职工人事调动、专业的设置、学校招生名额、毕业生的分配等方面的事务都在政府的主导下进行。薛天祥、张金福从建构多元、开放教师教育体系的角度提出,教师教育行政管理制度应从宏观管理和微观管理两方面分层建构。在宏观管理层面,确立"中央和省(自治区、直辖市)人民政府两级管理、分工负责,并逐步过渡到以省(自治区、直辖市)人民政府统筹为主,管理者与办学者职责分明,在政府统一规划和宏观管理下,高等学校面向社会依法自主办学"的宏观管理制度。在微观管理方面,根据教师教育机构性质进行分类管理,加强综合性非师范院校与师范院校的合作,促进"优势互补、资源共享"。朱旭东、胡艳总结了中华人民共和国成立以来从"集中领导"体制到"分散领导"体制,再到"统一领导,分级管理"体制的教育管理体制。我国教师教育体制所呈现的改革与发展趋势可概括为"从计划导向转变为以标准为导向"。以标准为导向的教师教育管理制度要求政府转变职能,政府以指导者、协调者、监督者的身份参与教师教育管理,基于教师及教师教育各类标准与规范来统领教师教育的管理,办学自主权则由教师教育院校掌握。

(二)完善教师教育管理制度体系

20世纪末,保持独立设置的教师教育体系架构逐步瓦解,表现为非师范院校广泛参与教师培养培训活动,师资培养层次向高等教育提升,职前职后培养一体化,教师质量由学历教育向专业认证转变。这些变化要求教师教育管理制度体系中教师教育学科管理制度、教师培养培训制度、教师教育机构认证制度、教师资格证书制度建设起来。

1.教师教育学科管理制度的研究

20世纪90年代中期以来,封闭、独立、单一的师范院校构成的教师体系开始瓦解并走向师范院校综合化。非师范院校的参与改变了教师教育的排他性,动摇了教师教育活动是师范院校专门工作的观念。教师教育的运行机制由师范院校体系服务教师培养转变为在现代大学制度下基于学科建制培养教师。由此,原来独立设置师范院校定向培养教师的管理制度就需要转向建构现代大学专业教育制度下的教师教育管理制度。朱旭东认为,现代教师教育管理制度可从两个方面来建构,在宏观层面,以国家出台的教育法律法规、认证标准为基础建构现代大学教师教育的办学管理制度,从而明确办学体制、投资体制和管理体制。在微观层面,现代教师教育管理制度是对传统师范教育垂直管理的改造与重构,以现代大学的组织逻辑建构教师教育的专业化组织机构,实现对现代教师培养课程和教学体系的管理和运行。现代教师教育管理制度实质是大学教育学院的教师教育专业建制。朱旭东等学者指出,在现代大学的组织管理体系下,教师教育管理制度内容和运行方式取决于大学制度环境。从大学的功能逻辑看,大学需要实现教学、科研、社会服务三大功能,因此教师教育也要围绕教学、科研、社会服务三个方面进行管理制度体系的建构。

2.教师培养培训制度研究

中华人民共和国成立以后,我国逐步建立了具有中国特色的教师职前培养与职后培训两个平行的三级师范院校和进修院校体系。然而这种分立、平行的职前职后体系也存在缺陷,一方面无法为教师的终身学习和专业发展提供制度保障,另一方面两个互相独立的体系造成职前职后隔离、体制机构各自为政、教育内容重叠交叉、资源配置不合理等问题。要实现教师教育培养培训一体化就必须解决管理制度建构的问题。有学者认为,不能将教师教育一体化局限于高校与教育学院、教师进修学校机构的一体化,要加强与政府、中小学、教研机构等相关主体的联系,才能有效处理好教师生涯阶段性发展与持续性发展的关系,应该基于"高校、地方政府、教研机构和中小学四位一体"教师教育体制,创新教师教育运行管理体制。

3.教师教育机构认证制度研究

教师教育的多元开放发展拓展了教师教育参与主体。非师范院校的参与,以及我国基础教育对教师专业素质提出更高要求的客观现实要求我国尽快建立教师教育机构认证制度,以保证教师培养的质量。鉴于美、英、日等国教师教育机构认证制度相对成熟,我国学者在教师教育机构认证制度研究方面,引介国外的专业认证制度设计经验。我国学者对英美等国教师教育机构认证制度的发展进行跟进研究。王保华主编的《国际教师教育机构认证制度研究》对美国、日本、英国的教师教育机构认证制度、历史演进及发展现状等进行了介绍,并提出中国建构教师教育机构认证标准的基本原则、标准框架和具体指标。除传统发达国家外,我国还对葡萄牙、印度、南非等国家教师教育机构专业认证进行了广泛的研究。21世纪以来,我国学者也不断尝试进行教师教育机构的资质认证和评价制度的本土建构。任红娟、汪建华等诸多学者在深刻认识教师教育机构认证制度的时代价值和正视我国教师教育机构资质认证存在的缺陷和不足的基础上,在教师教育机构质量评价指标体系设计、教师教育机构管理和质量保障机制等方面进行了充分的学术讨论。这些研究成果对于推动我国教师教育机构认证管理制度的健康发展产生了积极的影响。

4.教师资格证书制度研究

建构教师资格证书制度的目的一方面是从制度层面规范教师的任职资格,明确教师准入门槛,确保教师的社会地位,另一方面教师资格制度是教师职前教育的尺度,对教师教育人才培养活动质量实施监控,从而保证教育质量。建立教师资格制度已成为各国教育改革的趋势。《中国教育改革和发展纲要》《中华人民共和国教育法》《中华人民共和国教师法》等政策和法律规定我国要实行教师资格证书制度。在教师资格制度建构的研究方面,许多学者提出了框架性的建议,如黄崴指出,世界各国都重视教师资格证书制度的建设。教师资格证书制度是保证教师教育专业化和教师专业化的重要措施。在实行教师资格证书制度时要处理好以下几个问题:第一,严格按照不同层次和不同类别教师专业的要求制定教师资格标准;第二,对现行的各类教师教育机构进行全面的评估整顿;第三,建立教师资格考试制度;第四,教师培养和资格考试分属两个部门进行。范冰基于对我国教师资格证书制度政策的分析,归纳出教师资格制度的构成要素包括四个方面的内容:第一,资格认定条件,即对资格认定者的学历要求与教育教学能力要求;第二,资格认定与资格证书管理,即应对符合资格认定条件的申请人进行的教师资格认定的方式和管理机制;第三,资格分类与适用,即对所取得教师资格的类型和适用范围的界定和认证;第四,教师教育专业培训,即资格申请者应具备教师职业的专业性,非师范专业申请者应补修教育学和心理学等专业课程。总体而言,教师资格证书制度由教师资格条件、教师资格考试、教师资格认定三部分组成。其中教师职业标准与教师资格制度是教师资格证书制度的核心内容。有学者认为,教师职业作为专业必须有统一的专业标准,在教师资格认定管理方面,教师职业标准既是教师准入门槛,也是规范管理教师队伍,促进其专业发展的依据。教师资格考试是教师资格证书制度另一核心内容,它是保障教师资格认定公平性、公正性、专业性的重要程序。因此如何合理设置教师资格考试的形式与内容是研究的重点。有学者提出,教师资格考试应强调多元化导向、专业化导向、能力导向、实践导向,突破知识本位观的局限。笔试与面试二者应是有机统一的整体,互为补充,既要重视对必备知识的考查,也要兼顾实践能力素养。

(三)创新多主体协同管理机制

在独立定向的教师教育体制下,我国实行政府垂直管理的教师教育管理制度。从系统观点来看,这种垂直封闭的管理系统强调对内部各要素的控制。各级政府既是管理制度的供给者,也是直接管理者,因此在其中发挥决定性作用。在我国社会转型的宏观背景下,我国教师教育制度发生了根本性的转变,传统的教师教育管理秩序同样面临挑战。作为高等教育体系的一部分,教师教育改革的步伐明显加快,由封闭走向开放,其规模、层次、内涵均发生巨大变化。教师教育变革的复杂性也在挑战单向性、强制性、刚性特征的传统教师教育管理模式。在教师教育管理机制上,打破科层式管理形态,建立开放、协商、包容的多主体协同的机制成为新的改革趋势。

如何建构教师教育多主体协同管理机制是一个系统性的问题,需要各主体间建构起一系列相互关联的规则、程序,进而形成整体秩序。多主体协同管理机制建立的前提是在教师教育制度实践层面实现政府职能转变,即政府减少不必要的干预，充分发挥办学自主性、积极性，保护或释放学校办学活力，进而促进学校发展、教师专业成长和学生全面发展，这是一个"以共治求善治"的过程。周洪宇认为，政府职能转变体现在"放管服"改革。"放"是政府部门角色定位问题，厘清政府、学校、社会的边界和相互关系；"管"的核心是政府监管转型问题，涉及管理体制、政府层级、部门职责、运行机制、法制保障等方面，目的是激发学校的活力和社会创造力；"服"的核心是政府不断优化教育服务水平。如何建构具有可操作性的协同管理机制成为研究者关注的热点。教师教育开放化以来，教师教育涉及的管理主体呈现出多样化趋势，包括政府、高校、科研机构、中小学等。陈正华、刘复兴指出，原来教师教育政事一体化的管理制度和机制无法适应教师教育体制变化带来的挑战，如政府如何对传统师范院校和新参与到教师培养工作中的非师范院校进行统一管理，政府如何引导教师教育的有序竞争，如何制定不同类型教师教育的质量认证标准，如何对现行教师教育管理机构职能做出适应教师教育发展需要的调整。随着教师教育制度改革向标准化、法治化、专业化、一体化方向改革，政事一体的管理机制被打破，教师教育相关参与主体在明确权责和定位的前提下，形成紧密的组织关系。在制度供给侧改革方面，有学者提出建设多元主体、能进能出的供给参与制度。宋萑认为，在坚持师范院校主体地位不动摇的情况下，鼓励高水平综合大学、优质中小学和地方教师进修机构共同参与到教师教育管理之中，打破政府、高校、基层学校等主体间的壁垒，才能形成多层次、多功能的教师培养机制。除教师教育相关主体间的协同机制研究外，教师教育机构内的管理协调机制也是重要的研究领域。20世纪末就有学者提出师范院校综合化后教师教育如何办的问题。郭桂英指出，与独立设置师范院校谋求自身发展不同，大学举办教师教育会面临许多的挑战。我国师范院校和其他综合大学内部管理基本一致，采取校、院、系三级管理方式。师范院校作为最主要的教师教育机构，在综合化发展进程中衍生出独特的"亚制度环境"，有学者提出，教师教育机构要担负起其内部"亚制度环境"的治理职责。游海认为，应强化教师教育管理，完善高校内各职能部门、各相关学院与教育学院的协调管理机制，共同建立相应的配套政策和措施，为高水平教师教育人才培养和高水平基础教育研究提供支持与保障。师范高校也开始对本校的教师教育进行管理上的创新，通过整合校内教师教育资源，实现校内教师教育的协同管理。

第三节 教师教育的管理机构

在20世纪末,我国的教师教育经历了从定向型向开放型转变,教师教育朝向专业化方向不断发展,中等师范学校逐渐被高等师范学校和综合大学取代。教师教育机构大学化是教师教育大学化发展的结果。我国教师教育机构大学化研究大致经历了定向型教师教育体制下教师教育机构大学化的探索研究、混合型教师教育体制下教师教育机构大学化的改革研究、开放型教师教育体制下教师教育机构大学化的发展研究三个阶段。

一、教师教育大学化管理的探索

定向型教师教育体制是指设置独立的师资培养机构对学生进行文化科目、专门科目、教育科目和教育实践的混合训练,以达到特定的培养目标。学生毕业后被分配或推荐到中小学从事教育工作。在中华人民共和国成立初期,我国教育学界普遍主张将教师教育机构从旧有的体制庞杂的综合大学的系科中分离出来,以高等师范专科学校和师范学院作为独立封闭的高等师范教育体系内的主体机构。独立设置师范院校的优点在于易于适应国家师资培养计划的需要,培养目的和过程更具方向性和目的性,学生接受的教师职业训练较为系统完整。但是缺点也是显著的,师范院校课程设置狭窄、学术程度偏低造成学生知识基础不够宽厚,统招统分造成师资来源单一而且使教师职业出路受到局限。20世纪80年代,越来越多的学者立足比较视野,通过跨国或跨地区性的教师教育制度研究探索适合我国教师教育机构综合化发展的路径。20世纪80年代,我国学者通过教师教育比较研究开始关注西方国家教师教育体制的变革与发展。

我国学者开始关注世界教师教育大学化的发展轨迹,逐步厘清教师教育大学化的历史源头与发展背景。20世纪50年代后世界教师教育进入开放化发展阶段,在全球化和第三次科技革命影响下,人才成为综合国力竞争的核心。教育越来越受到世界各国的重视,未普及义务教育的国家开始普及义务教育,已实施义务教育的国家开始延长义务教育年限。这进一步对教师职业的专业化水平提出了更高的要求。时代不仅要求教师在学科领域和教育领域具备专业水平。我国学者在研究以美国为主的西方发达国家师范教育发展变革的过程中注意到师范教育机构大学化的现象。在明确以美国为代表的西方教师教育大学化历史发展趋势的前提下,我国学者从理论层面深度研究教师教育大学化的理论内涵。美国的教师教育大学化引领了西方教师教育机构大学化改革的思潮。

有学者认为,随着教师教育学术性和专业性的不断增强,教师教育从内容到形式、从理念到体制都发生了重大变革,大学教育学院在教师教育中发挥着越来越重要的作用,教师教育大学化是教师教育适应现代社会对高素质人才需求和高质量教育开放式发展的结果。例如,何军梳理了美国教师教育大学化形成的三个理论基础:大学的公共哲学性质、教师教育的学术传统、教师教育思想,并指出综合性大学培养教师是教师教育发展的历史必然。美国教师教育大学化是教师教育系统为更好地适应社会发展变化自我调适的结果,教师教育机构的大学化也促进了美国现代开放型师资培养体制的建立。也有学者指出,应一分为二地全面看待教师教育大学化转型带来的影响。美国教师教育大学化转型一方面拓展了教师教育的职能和层次,强化了教师教育中通识课程的比重,促进了教师个体发展和专业发展,推动了教育学科的规范化,但另一方面,美国教师教育大学化转型也导致教师教育的边缘化和身份丢失,这值得教育学者进一步反思教师教育大学化的有效性和适切性。

二、教师教育大学化管理的深化

1993年《中国教育改革与发展纲要》一方面提出到20世纪末"小学和初中教师中具有专科和本科学历者比重逐步提高""进一步扩大师范院校定向招生的比例"的要求。另一方面要求"其他高等院校也要积极承担培养中小学和职业技术学校师资的任务"。这标志着我国教师教育不断顺应社会发展对教师专业水平提升的需要,开始着手改革教师教育机构设置,提升教师教育机构的层次。20世纪90年代后半期,中国高等教育按照"共建、调整、合作、合并"的方针进行结构调整,促使高等师范学校向多科化和综合化发展,并开始向包含师资培养活动的多学科综合院校转型。一方面,师范教育院校本身的学科水平和人才培养层次不断提升;另一方面,师范院校的综合化转型以及其他高等学校参与师资培养活动导致我国教师教育独立设置的专门性师范教育体系发生动摇,事实上走向以师范院校为主体,其他高等院校参与的混合型教师教育体制。

我国教师教育机构大学化的相关实践研究是从中等师范学校大专化转型开始的。中等师范学校大专化转型是曲折的探索过程。我国中等师范学校大专化的动因不是满足社会对高素质、高学历、专业化教师的需要,而是地方政府在20世纪80年代初为解决当地中学教师的供应不足问题，尝试让中等师范学校通过举办大专班替代高等师范教育的功能。1981年教育部发布《关于中等师范学校招生工作的通知》，并在附件公示《河北省教育局师范教育处关于中等师范学校招收高、初中毕业生利弊比较的调查》，指出中等师范学校招收高中生产生的弊端，取消了中师参与中等教育教师培养的活动。随着我国社会经济的整体发展，经济发达地区不断进行"五年一贯制""三二分段制"等大专程度的师资培养改革。1996年原国家教委发布《关于师范教育改革和发展的若干意见》，提出实现"普九"的地区可以"适度扩大专科学历小学教师的试验规模"。这也标志着我国教师教育机构设置即将由中等、高等教育的复合结构上移至高等教育体系。陆道坤指出，尽管中等师范教育在中国教育发展中起到了极其重要的作用，但是随着社会对劳动力标准要求的提高，中等师范教育失去了存在的必要性。20世纪90年代末至21世纪初，中等师范学校通过合并组建师范专科学校，改办教师培训机构或其他中等学校，被撤销建制等方式退出中国教师教育体制。

20世纪末，我国教师教育机构再次迎来新的变革，教师教育大学化研究重点落在了高师升本问题。1996年第五次全国师范工作会议提出"逐步增加培养本科学历初中教师的比重"。师专升本成为这一时期我国教师教育大学化的重要体现。李学农等认为，师专升本对教师教育培养体系产生了深远的影响，第一，进一步提升了教师教育机构的层次，把所有的教师教育培养活动都纳入高等教育体系。第二，彻底扭转了教师教育的专业化思维，教师教育理念开始与国际教师教育接轨，打破根据基础教育层次分层培养教师的传统，转向以专业领域为划分的纵向深度的培养。第三，加快了教师教育职前职后一体化的步伐。师专升本过程中，对职前与职后教师教育资源进行了整合，促使职前与职后分设的两个体系走向融合。师专升本后我国师资培养机构纳入高等教育体系，并且部分师范学院和师范大学开始扩展自己的功能开设非师范专业，向综合大学化发展。

师范院校综合化转型是师范院校发展中长期争论的主题。在20世纪60年代、80年代、90年代，我国学界展开过三次关于"师范性"和"学术性"的争论，其争论的焦点为师范院校是走专门化发展道路还是综合化发展道路。张明芸等学者支持师范院校综合化转型，认为高师办学体制改革应以国家统一计划为主，引入市场调节机制，在保证完成国家计划的前提下，灵活主动地适应市场需要，增办非师范专业，使高等师范教育切入社会大循环。张明芸指出，我国师资结构中有相当一部分教师并非来源于师范院校,而且许多发达国家教师教育已实现大学化。基于我国师资培养现实和域外经验,她大胆提出未来在实现以市场调控为主的体制转轨之后可以取消师范生,让师范院校与其他高校一同进入社会大循环,参与平等的竞争。但是直到 20 世纪 90 年代中期,我国在国家政策层面仍是支持教师教育保持独立性与专门性,无论是教育政策决策层还是教育学界的主流观点仍是坚持传统高等师范教育模式。例如,在第五次全国师范教育工作会议上,任然提出"必须坚守以独立设置的师范院校为主体的师范教育体系"。1995 年原国家教委印发《关于高等师范院校设置非师范本科专业的几点意见》的通知,指出"为适应我国社会主义市场经济体制建立与发展的需要,有相当多的高等师范院校相继设置了一批非师范本科专业。这在一定程度上给高等师范院校的改革和发展增强了活力。但由于科学论证不够,以致一些专业出现了不必要的重复设置,影响了专业结构优化,也难以保证人才培养质量,个别学校甚至影响了师范专业的建设"。

从 1993 年《中国教育改革与发展纲要》的出台到 2001 年《国务院关于基础教育改革与发展的决定》的颁布,我国实现三级师范向师范专科学校和师范学院组成的二级师范过渡。师专升本、师范教育综合化转型以及综合大学内设置教师教育机构是我国教师教育大学化发展过程的层级和形态变化。教师教育大学化将会在此基础上进一步促进教师教育机构在师资培养层次上朝向新二级即本科和研究生层次师资培养发展。

三、教师教育大学化管理的系统化

2001 年《国务院关于基础教育改革与发展的决定》提出,"完善现有师范院校为主体,其他高等学校共同参与、培养培训相衔接的开放的教师教育体系"。政策的转向为教师教育机构大学化发展提供了良好的政策环境。进入 21 世纪后,师范院校综合化趋势更加显著。曾煜指出,自 20 世纪 90 年代以来,无论是部属师范大学、省属师范大学还是地方师范院校普遍开始向综合化方向转型,并发展成为综合性大学。例如,北京师范大学设有本科专业 60 个,硕士学位授权二级学科点 148 个,博士学位授权二级学科点 108 个,覆盖军事学以外的所有学科门类,成为完整的综合性学科布局。2005 年西南师范大学在与西南农业大学合并后,成为涵盖 12 个学科门类的综合性大学。教师教育机构大学化作为一种制度变迁,对师范院校而言,在制度创新的同时也伴随着因制度异步性带来的管理风险和问题。

第一，教师教育机构大学化背景下教师教育学科管理制度建设研究。大学基于学科制度进行管理，以学科划分为依据进行行政确认。所有的学术、教学组织机构均建立在学科划分的基础上。只有经过行政性的学科设置，才能在大学中实现学科建制，获得人员编制、资金资助、资源保障等发展条件。教师教育机构大学化直接引发了学术界关于教师教育学科建设的思考。朱旭东、李学农、陈永明、杨天平、郝文武等学者撰文指出教师教育作为学科存在的紧迫性、必要性、合理性。朱旭东等学者以教师教育在大学制度环境中面临适应性问题为切入点，提出教师教育学科建设的紧迫性。他指出在以师范院校为名的时代，教师教育机构以教师培养为专门功能不必考虑学科建制，但当教师教育进入到大学的制度环境后，没有学科身份就难以在大学中以一种建制的形式固定下来，进而面临被边缘化的危险。从教师教育机构在大学制度环境下的生存与发展的视角来看，教师教育机构就必须进行学科制度的建设以兼容大学的管理制度。李学农指出，20世纪与21世纪之交，教师教育机构大学化标志着中国教师教育机构正在全面进入现代大学体系之中，教师教育传统在新的组织结构体系下不一定是被认可的传统。当学校不再是教师教育的单位，教师教育作为高等学校教育活动的组成部分要在整个国家高等教育管理体系下生存，就不能不考虑如何重新整合和提升教师教育资源，组织起在大学学科专业体系中具有相对独立性的教师教育专业团体等学科建设问题。我国学者也从学科建设规律性和教师教育学科建设的可行性出发论证其学科建设的合理性。杨天平强调，教师教育建设独立建制的学科既是一个绕不开的前提性问题，也是关涉该学科建设价值向度和现实意义的核心命题，必须给予系统的研证与论说。陈永明、王健从学科发展规律的视角出发，认为建立"教师教育学"二级学科是我国百余年教师教育演变以及当今教师教育事业发展的必然产物，"教师教育学"的建立符合教师教育专业化、大学化和教育学学科分化的逻辑。在现代大学之中，"教师教育学"作为一门有关教师教育活动和教师教学工作的基本原理或是方法论的学问，在许多高校已成为面向本科生和研究生的必修课程。因此，教师教育学的学科建设无论从理论逻辑还是客观事实上均具备了合理性。在教师教育学术共同体的努力下，教师教育知识体系框架得以搭建和完善，教师教育学术规范制度得以建设，教师教育专业学科队伍得以形成。

第二，教师教育机构大学化背景下教师教育一体化管理研究。在20世纪90年代师范学校大专化和高师升本过程中，就有许多地市一级的教育学院与师范专科学校或其他学院合并，大多数的省级教育学院并入师范大学或其他大学。到2010年，全国仅存北京、吉林、黑龙江、江苏、福建、江西、河南、广西、重庆、四川、陕西、新疆12家省(直辖市)级教育学院。陈时见等学者认为，教师教育大学化不仅涉及教师的职前培养机构，也将教师职后的培训体系纳入其中，促使教师教育形成职前教师专业培养、入职教师专业实践和职后教师专业发展为一体的新体系。从而改变长期以来师范院校与教育学院独立设置，职前培养与职后培训彼此脱节造成的效率低下甚至资源浪费或者混乱的状况。我国学者在研究和实践中也意识到机构整合有利于一体化，但并不等于自然实现一体化。真正实现教师教育一体化还需要统一协调的管理，改变教师教育机构职前职后管理二元割裂的状态，实现职前职后实施机构与培养方案的统一。有学者指出，教师教育主体之间缺乏操作上的一致性。尽管教师教育大学化促进了原本分离的职前职后教育机构在大学体系内的联系，如高校内建立或教育学院下设教师继续教育机构实现形式上的关联，但是即使机构实现了整合，在功能上仍是分离状态，职前培养和职后培训在培养方式、培养计划上未能有效进行对接。从教师教育一体化理论来看，教师教育应处于开放、多元、合作的场域。教师教育一体化参与主体不仅是某一特定的教师教育机构，还包括其他师范院校、综合性大学内的教师教育机构、政府、中小学、教研机构等。郄海霞认为，教师教育大学化是建立在开放化的教师教育体制基础之上的，实现了职前培养和职后培训、校内教育和校外实习、学术训练和教学实践、教师教育和大学教育的真正统一。因此，大学内部的教师教育机构要实现权责与职能的统一，同时在教师教育一体化运行中要在一体化管理框架下建设多元主体参与的组织管理体系。在教师教育机构一体化改革方式上，有学者提出综合性大学应积极进行院系调整和结构重组，增设或改进教师教育研究项目，建立教育学院或教育研究生院等教师教育机构参与教师教育。同时我国教师教育应立足于我国教育发展的本土特点，继承现行教师教育制度的经验和优势，促进师范大学、教育学院为主的各类教师教育机构与综合性大学取得联系并建立合作关系，通过寻求大学的综合优势弥补专门机构的不足。

第三，教师教育大学化背景下教师教育评价管理研究。教师教育大学化还必须考虑教育学院制度内的学术倾向与专业倾向之间的关系。在独立设置的教师教育体制下,师范院校整体服务于教师教育活动,而在教师教育大学化改革后,教师教育仅仅是作为大学内的一个学科存在。作为教师教育学科的实体化存在,教师教育机构由单一师资培养功能向多元功能转变。在制度功能上从属于大学的制度管理规范,承担科研、教学、服务等职能。这引发教师教育的专业倾向与大学以研究为导向的学术倾向之间的矛盾。在以研究为导向的评价制度管理下,教师教育机构不得不屈从于大学的研究功能,造成教师教育机构重研究而忽视专业与实践,最终导致专业与学术之间的严重分离。大学的研究性导向、评价的学理化的单一标准导向,使得教师教育研究者注重理论的研究,轻视专业实践,造成无法与入职、职后教育的需求相匹配。因此,有学者提出"分类评价,动态管理"的评价机制。刘艳春认为,学科在发展过程中有不同的发展逻辑、价值取向,采用"一刀切"的评价标准不利于学科多样化发展。许多教师教育研究者也提出通过建立教师教育机构的资质认证和评价制度,完善教师教育组织机构、实施程序、认证的标准和评价指标体系,以此推动大学分类评价的实施。陈时见指出,教师教育的大学化并不意味着削弱而是大大增强教师的专业化水平和专业发展。培养教师的大学必须建设和营造教师教育专业发展的文化环境,绝对不能以其综合性、高水平的学术发展取代、压制、否定教师教育的专业性和独特性,而是把综合性、多样性的大学文化同教师教育文化有机地结合起来,充分考虑发展教师教育所需要的文化背景,形成在大学的框架或基础上教师专业培养与发展的制度文化,在大学学术平台的基础上强调和加强教师专业的学科与队伍建设。教师教育大学化不是大学统治教师教育的过程,而是大学自身公共哲学性自觉要求和接纳教师教育功能,同时教师教育机构主动融入大学学术生态的双向互动的融合过程。教师教育与大学内其他各类学科特质不同,功能不同,知识生产模式不同,因此应采用适当的评价体系与方法。

第四节　教师教育的管理模式

从世界各国教师教育发展的体系来看,教师教育体系大体可分为定向型和非定向型两类。新中国成立后我国实行定向型的教师教育体系。改革开放后,我国学者结合国内外教师教育发展形势认为,在世界新技术革命兴起的背景下,我国定向型教师教育体系面对普及九年义务教育的艰巨任务表现出落后性和不适应性,无法有效解决教师数量的供需矛盾,也无法保障师资质量。因此我国不断有学者提出改革教师教育管理体系,打破单一定向型体系,建立以师范院校为主、其他学校为辅的"广开学路"的培养与培训一体化的新体系。随着教师教育由定向型向非定向型转变,教师教育管理模式也要做出调整。在教师教育管理模式探索过程中,我国学者主要对政府控制型、政府主导型和管办分离型三类教师教育管理模式展开研究。

一、政府控制型管理模式

在计划经济体制下我国实行政府控制型的教师教育管理模式。政府控制型教师教育管理模式建立在独立封闭教师教育体系的基础之上,在政府控制型管理模式中,教师教育被看作是一项为国家利益服务的公共事业,从教育宗旨的制定到教育目标的明确,均以推动社会发展、满足社会需求为根本指向,这种指向带有明显的工具价值取向。我国学术界关于控制型教师教育管理模式的研究主要集中于主体权责、领导关系、管理方式等方面。随着我国教师教育由集中化管理向"统一领导,分级管理"的政府主导型管理模式改革,关于政府控制型教师教育管理模式研究转向经验的总结和反思。

(一)政府控制型管理模式的内涵

政府控制型教师教育管理模式自身的价值和实践逻辑,是特定时代和历史的产物。我国学者对政府控制型教师教育管理模式的本质的认识扎根于具体的时代背景和社会发展现实。教师教育工作是全社会工作的基础,是确保社会教育事业复兴的根本。在当时教育资源紧缺的情况下,国家对教师教育的有效干预与控制使得教师教育事业得以恢复和受到保障,在改革与发展的过程中,教师教育的层次与规模不断提升。刘晓波和陆道坤指出,我国教师教育建设的价值取向中"用"的层面居于首要地位,而"学"的层面同教育学等专业学科相比,相对淡化。其原因在于产生于现代生产的现代教育,为生产服务的职能越来越重要。教师教育在促进社会现代化发展和提高国民素质上发挥根本性的作用,解决我国师资供需矛盾是当时教师教育的核心问题。政府控制型教师教育管理模式的本质是发挥社会主义集中力量办大事的制度优越性,在教师教育发展滞后的背景下,以国家强制力为保障,政府集中社会资源并发挥资源配置作用,促进教师教育整体规模化、规范化发展,以满足社会对人才培养和素质提升的紧迫要求。

在新中国教师教育体系形成时期以及改革开放后体系重建时期,政府控制型教师教育管理模式有力地促进了我国教师教育的发展。政府强有力的干预与管理保证了教师教育政策的贯彻和管理制度执行的效率。新中国教育界在理念层面、制度层面和运作管理层面塑造了与政府控制型管理模式相得益彰的教师教育理念、独立的教师教育体系、对接基础教育的实习机制、扎根中小学的科研机制和统包统分的就业机制。

(二)政府控制型管理模式的机制

陈正华、刘复兴在《政府控制型教师教育管理模式面临的问题与挑战》一文中对政府控制型教师教育管理模式的特征进行了系统性的总结:"政府控制型教师教育管理模式的总体特征是政府对教师教育实施高度集中统一的控制管理;政府与教师教育机构的关系是管理与被管理的关系,政府是师范院校的所有者、经营者和管理者;政府直接管理师范教育机构,主要以行政命令、行政计划作为管理手段;在管理内容上政府统摄宏观、微观管理,在政策、规划引导的同时,直接管理师范院校人事、财务、招生、分配、基建、职工保障等具体内容。"在政府控制型教师教育管理模式中存在两个主体:一是作为管理主体的政府,二是作为实施主体的教师教育机构。表现出鲜明的自上而下垂直管理的权力结构形态。霍东娇指出,这种教师教育的管理模式是自上而下的垂直管理。"在管理方式上,制定和推进教师教育政策是国家行使教育权的主要措施和手段。国家作为教师教育政策制定、推进、实施的唯一机构,对教师教育事业进行掌控、引导和管理。教师教育的机构建设、课程设置、聘任标准等规划和制度均由国家引导和规范。"政府控制型教师教育管理的最重要特征在于国家从源头上把握了社会发展对人才的规格要求。

(三)政府控制型管理模式的反思

随着教师教育体系的成熟,政府控制型教师教育管理模式的弊端也日益显露。孟芯纬、孙存昌等学者指出,从新中国成立到20世纪80年代初,我国不断强化对教师教育的管理,特别是在高等师范教育领域一直在强化管理的行政化。改革开放初期,国家正式确立了各级各类大学校长的行政级别,完成了大学行政化改革。政府控制型教师教育管理模式僵化的行政管理方式和人才培养制度与市场经济的发展要求和人才需求相违背。管理体制改革的呼声越来越高,引发了学界对政府控制型教师教育管理模式问题的反思。我国学者关于政府控制型教师教育管理模式的问题研究主要是基于促进教师教育改革的推进与发展的视角展开的,认为政府控制型管理模式的问题主要集中在三个方面。其一,政府对教师教育的直接控制导致教师教育机构政事一体化。教师教育机构丧失应有的自主权。有学者认为政府控制型管理模式过分强调教师教育的师资培养的专门性而忽视其作为独立办学个体的其他属性和职能。政府"自上而下"地控制高等教育系统的方方面面,将教师教育看作一种公共产品,而非具有多维特质的学术共同体。其二,政府与教师教育机构上下级的封闭权力结构导致教师教育的封闭性。政府对教师教育全过程的干预与管理客观上隔绝了教师教育与社会其他系统的联系,造成教师教育的封闭性,限制了教师教育发展的多样性。其三,政府以行政化的方式管理教师教育,迟滞了教师教育的法制建设。行政化管理以人治的方式实现,存在专业性弱化、主观随意性等缺陷,以管理者的经验决定教师教育的发展带来非理性决策的风险。

二、政府主导型管理模式

随着我国社会主义市场经济体制的完善和对外开放的进一步扩大,我国对人才的需求发生重大变化,社会政治、经济、文化发展对人才素质要求越来越高,人民群众对高层次、高质量教育的需求日益迫切。教师教育作为教育事业的母机在教育发展中起着至关重要的作用。在教师教育由封闭性和单一性向开放性转型的过程中,政府控制型教师教育管理模式的弊端日益显现,不能适应开放发展的教师教育的需要。在"统一领导,分级管理"的政策引领下,学界转向对政府主导型教师教育管理模式的研究。

(一)政府主导型管理模式的内涵

政府主导型教师教育管理模式是对政府控制型教师教育管理模式的调整与改良。为了克服政府对教师教育集中化行政管理造成的问题,中央政府简政放权,与地方政府、教师教育机构合理分权,建立政府主导下的相对灵活的管理模式逐渐成为共识。改革开放后教师教育得以恢复重建并确立"统一领导,分级管理"的管理制度。随着我国政府职能的转变以及政府与学校权力结构关系的改变,政府主导型教师教育管理模式也在不断进行调整。到1996年《关于师范教育改革和发展的若干意见》提出积极推进教师教育办学体制和管理体制改革,理顺中央和地方、政府和学校的关系。政府要简政放权,转变职能,由直接管理转向运用立法、规划、拨款、信息服务、政策指导及必要的行政手段实行宏观管理,进一步强化学校自治,解决政校关系和学校办学自主权的问题。对政府主导型教师教育管理模式的认识变化与我国教育行政学的发展、学校依法办学意识的形成以及以专业标准为导向的管理制度的形成密切相关。

新中国成立后,学界认为"教育行政与学校管理是教育学的一部分,不能成为一门独立学科",中国教育行政学的研究中断了20多年。20世纪70年代末,我国教育管理学开始重建并于1983年成立了全国学校管理研究会(1987年更名为全国教育管理研究会),1985年成立全国高等教育管理研究会。我国教育行政管理研究得以复苏。教育行政学研究者还通过比较研究引进西方教育行政学观点以论证分权管理在市场经济体制中的有效性。随着新公共管理理论的引入,教育行政学研究者进一步指出我国单一、集中化教育行政管理体制的弊端,提出政府适度分权、对教育实行宏观管理,引入市场竞争机制,鼓励社会参与教育管理事务,适当借鉴企业管理理念,强化教育行政的绩效,加强制度和法治建设,实现教育行政法治化等改革建议。

教师教育机构在一定程度上获得办学自主权是政府主导型教师教育管理模式的重要特征。在政府控制型教师教育管理模式中,仅存在政府与教师教育机构两个关系主体,政府包办的管理模式限制了教师教育机构的自主性。20世纪90年代,随着教师教育大学化发展,越来越多的学者呼吁给予教师教育机构更多的自主办学权。1996年《关于师范教育改革和发展的若干意见》明确规定,各级各类师范院校作为独立办学的法人实体具有依法办学的自主权。孙霄兵指出,高等学校是具有部分公共事务管理权的事业法人,所具有的自主权是一种公权力,在某种程度上说,是按照法律规定对于行政机关权力的一种分权。随着教师教育整体纳入高等教育体系,教师教育机构自主办学权在政策法规层面再次得到确认。张斌贤等学者指出,高等师范院校开始自主探索适应我国经济、社会和文化发展形势的教师教育模式,以北京师范大学为代表的传统师范大学提出了"大学+师范"的教师教育模式,在学制管理、课程管理等方面实现与改革相适应的创新,为我国培养学士后中小学师资进行了有益探索。教师教育自主权的获得是建构开放、多元教师教育体系的前提条件。教师教育管理自主权的回归极大地促进了教师教育整体的改革,并开始建构教师教育内部的管理结构和运行规则。

政府主导型与政府控制型教师教育管理模式的主要区别在于采用什么样的方式来领导教育。1992年孙绵涛在《论教育体制及其改革的基本内容》一文中指出，教育管理体制是教育管理机构与一定的规范相结合形成的统一体。教育管理体制的改革要处理好集权与分权的关系，既不能管得过死也不能实行"全通式的分权"，而应实行"半截式"分权，既有利于国家宏观调控，又有利于地方因地制宜地办学。在政府主导型教师教育管理模式下，政府在教育领域中控制范围逐渐缩小，市场与学校自身的力量不断增大。在管理方式上由"统一包办"转变为"标准把关"。朱旭东、胡艳等学者指出政府在教师教育的管理上更多扮演"裁判员"而不是"运动员"的角色，政府的管理职责更多在于宏观调控与监督保障，从直接管理逐步向间接管理转变。随着我国教师教育法制化进程的加快，特别是《教师法》《教师资格条例》等法律法规的实施，标志着我国政府实现了一系列的职能转变：从对教师教育机构的管理转变为对教师教育事业的管理，从教师工作的全面管理转变为对教师质量的间接管理，从以行政手段为主导和控制的管理模式转变为以标准规范为引导与监督的管理模式。管培俊在《关于教师教育改革发展的十个观点》一文中指出，教师教育是国家的事业和政府的责任。在高度集中的计划经济体制下，整个教师教育资源的配置靠行政手段和指令计划。其弊病是缺乏竞争和效率。在市场经济条件下，教师教育要充分利用市场竞争机制有效配置资源，但是市场在公共服务领域的调节功能存在缺陷，政府对教师教育的责任也不能减弱，而应通过法律的、行政的和经济的手段，对教师教育的改革发展进行宏观管理、正确引导，并予以强有力的支持。从上述三个方面来看，政府主导型教师教育管理模式的内涵是在明确政府拥有教育管理主导权的基础上，对各级教育行政部门和教育机构的权责进行划分和确认，明确各级教育行政部门与对应教师教育机构之间的隶属关系，在法律、专业要求等规范性标准的指导下具体实施管理。

(二)政府主导型管理模式的机制

我国教师教育管理模式由政府控制型向政府主导型转变缘起于我国"统一领导，分级管理"的制度改革。如何具体实现政府主导型教师教育管理模式的转型发展是学界关注的焦点。改革开放后我国在教育领域实行"统一领导，分级管理"的管理模式。在管理系统建构上，有学者主张教师教育作为一个复杂而庞大的系统工程，需要统一的规划、调度、指挥协作，因此需要建立一个教师教育的"统一管理指挥中心"。例如，李岱在总结新中国成立后三十多年教师教育实践经验教训的基础上，提出"要打破培养和培训师资完全依靠师范院校、教育学院两种形式而又属于单一的'定向型'师范教育体系，而且要打破师范院校与教育学院分庭独立、互不往来的分割体制，实行师范院校与教育学院联合办学，加强横向联系，形成培养与培训一体化的新体系，逐步建立起符合我国国情的、具有特色的师范教育新体系"。但是在机构设置和领导上，他认为地方各级各类教师教育机构，应在省级教育委员会的统一管理下才能把从幼师到本科院校多层次的职前教师教育机构以及以教育学院为主的职后教师教育机构整合起来，实现人才预测、规划、招生、培养、培训、分配、考核、评估一体化的教师教育体系的建构。省级教育委员会作为"指挥中心"的职责是人才需求监测，地方各级各类师范院校发展规划研制，教学计划、大纲制定和教材建设，教育科研管理指导，师范教育评估检查和指标的制定。

(三)政府主导型管理模式的反思

政府主导型教师教育管理模式在一定程度上实现了政府简政放权，实现了政事分离，学校自主发展推动教师教育转型以及以标准导向促进教师教育管理的法制化与规范化。但是政府主导型教师教育管理模式内外部的管理机制并没有发生本质的变化。在政府与学校依然是单一的自上而下的权力结构。教师教育管理仍未实现职前职后一体化、多元主体参与的管理机制。政府与教育机构之间的关系仍是静态的管理与被管理的关系，由此依然产生条块分割、参与主体对接不畅、教师教育机构管理体制改革受限等问题。政府主导型教师教育管理模式没有彻底解决"政府包揽和教育机构条块分割"的问题。学者刘洁辉在《教师教育治理现代化存在的问题及解决路径》指出，政府在教师教育现代化治理中的能力不足，集中体现在政府对办学自主权下放不够，政府对教师教育机构配置不科学，政府依法治教能力不足，政府推动教育信息化能力不够，政府与其他教师教育参与主体对接不畅四个方面。朱为鸿、曲中林通过实证研究指出，地方本科院校教师教育改革面临诸多问题和阻力，其调研发现教师教育改革存在制度阻力和组织制约，地方本科院校教师教育改革的阻力主要来自国家教育体制和学校管理制度。条块分割管理制造的组织制约和制度阻力造成教师教育组织主体性缺乏和功能边缘化。康晓伟等学者指出，政府在对教师教育宏观管理上未能及时有效地进行调控，导致在教师教育综合化、教师教育大学化的改革过程中,教师教育专业机构的组织管理分散、教师教育专业机构区域分布不均衡等问题。政府主导的利益结构使其他利益相关者参与度不高,教师教育机构在闭合的环境中仍依附于政府。我国教师教育机构自主办学意识薄弱,对政府的行政管理、资源保障和政策支持形成路径依赖。

三、管办分离型管理模式

政府主导型教师教育管理模式的调试没有改变政府包揽教师教育的格局。尽管政府主导型教师教育管理模式在一定程度上给予了教师教育自主办学的权力,但是在封闭的管理与被管理的权力结构中,政府及教育主管部门无法实现由教育管理的垄断者向教师教育服务者、监督者的角色转移。我国学者进而转向对"管、办、评"分离管理模式的研究,基于"管、办、评"分离的逻辑为政府、学校、社会中其他教师教育参与主体提供了多元主体融合共治的框架:政府作为服务者、监督者和支持者,为教师教育提供政策引导和资源的支持,教师教育机构作为主要的师资培养培训的承担者充分发挥人才培养培训功能,社会其他参与主体作为支持者和评价者,向政府、教师教育机构科学评价教师教育的过程与结果,促进教师教育实践的改进,并根据自身条件为师资培养培训提供智力或物质的支持。最终形成政府依法治教,学校自主办学,社会其他参与主体科学评价的教师教育开放管理模式。

(一)管办分离型管理模式的内涵

教师教育"管、办、评"分离改革是实现教师教育治理的基本路径,其核心内容是通过政府简政放权,引入多元主体参与,通过管、办、评权力的分配,发挥多元参与的优势激发治理主体的活力,促进教师教育的发展。曲铁华、姜涛在《高等师范教育改革70年:演进、成就与展望》中对我国70年来高等师范教育改革的历史演进进行了归纳分析,指出随着开放化、高层次化、专业化成为教师教育改革的目标和特征,教师教育进入多元架构与固本拓源的转型创新时期。教师教育作为教育的微观领域,教师教育治理体系现代化是教育治理体系现代化的延伸。教师教育治理体系现代化建设是一项涉及多个方面的复杂工程,在教师教育管理模式变革上表现为向"管、办、评"分离型教师教育管理模式的转变。范国睿指出,传统的教育管理是政府主导的单向度治理模式。教育治理的核心价值追求是实现"善治",教育治理试图通过多元主体共同参与管理,破解权力集中垄断的困境,重构主体间"组织权力关系"结构。根据教育系统的构成关系,教师教育治理相关主体主要为政府、学校和社会三类,分别对应"管""办""评"三种教育行为。关于教师教育"管、办、评"分离内涵的认识主要有以下几种学术观点。第一,有学者从系统论视角出发将教师教育管理系统视作一个有机的整体,即管、办、评主体之间有各自明确的分工,相互之间配合得当。政府、教师教育机构、社会三方主体作为同一系统的不同构成要实现视域融合,在目标上实现统一。在职能设置上实现职责融合,避免出现权力真空、责任盲区和职能重叠。在共治机制上政府、教师教育机构、社会三方要形成相互制衡的闭环制约机制。第二,将"管、办、评"分离的教师教育管理模式看作利益相关者共治的组织形式。利益相关者通过显性或隐性契约和市场机制,运用内、外部激励约束机制,为实现教师教育各方利益相关者责权利的平衡,对各种人或组织之间关系进行调整和控制的行为方式。第三,将"管、办、评"分离的教师教育管理看作推进教育生产力的解放的方式或手段。在政府管理、政府办学、政府评价的一体化模式下,政府对教师教育的过多干预抑制了教师教育机构的办学活力,阻塞了社会参与教师教育管理的路径。教师教育的"管、办、评"分离极大地调动政府、市场、社会三方力量兴教办学的积极性。办学、管理和评价三个环节之间的有效连接和良性循环也为教师教育管理模式创新提供了契机。

(二)管办分离型管理模式的机制

教育管办分离改革的相关政策内容大多散落在其他文件中,导致管办分离改革的政策推力不足。政府管理教育存在越位、缺位、错位问题,学校自主发展、自我约束机制尚不健全,社会参与教育治理和评价还不充分,还需进一步健全中国特色教育管理制度、现代学校制度和教育评价制度。在改革方面提出,推进依法行政,形成政事分开、权责明确、统筹协调、规范有序的教育管理体制;推进政校分开,建设依法办学、自主管理、民主监督、社会参与的现代学校制度;推进依法评价,建立科学、规范、公正的教育评价制度三大改革举措。

管办分离型教师教育管理模式是对政府、教师教育机构、社会等其他利益相关主体权责关系的重建,并基于管办分离的逻辑为多元主体参与教师教育治理搭建协同框架。从根本上来说,教师教育管理模式的合法性、合理性在于是否能够适应当代大规模学校教育对教师的需要。"管办分离"作为解决教育领域中的政府与市场"双重失灵"的方案,一方面通过放权、授权、分权体现了现代教育管理民主化与科学化的内在统一,另一方面基于"管、办、评"分离逻辑促进对教师教育的"善治",实现公共利益的最大化以满足各方对教师培养的多元需求。开放化、专业化、综合化、一体化教师教育转型发展进一步推动"管办分离"这种多元参与的教师教育管理形式的发展。蔡华健、曹慧英、张相学等学者指出,U-G-S合作范式下不仅实现了"管办分离"的基本逻辑,而且强化了主体间合作的功能性。对师范院校而言,既可以在分工中充分发挥办学功能,发挥教师教育学科优势,提高师资培养质量,又能以教师教育智库角色参与合作为地方教育主管部门决策提供智力支持。对政府而言,师范院校、教育主管部门教研机构以及乡村中小学等利益相关方组成的教师教育"智库"能够有效帮助政府科学管理和调控地方师资培养与培训。对中小学来说,作为师资培养培训的需求方,中小学的参与一方面能够向政府、教师教育机构提出师资培养、在职培训的个性诉求,并通过评价促进教师教育培养机构进一步感知和对接现实社会发展对师资的要求;另一方面可以借助合作机制完善支持学校自身教育教学的改进,逐步形成办学特色。管办分离的教师教育管理模式研究与教师教育机构一体化研究、教师教育多元主体治理研究走向融合。

第三章

教师的专业化发展与教师教育

第一节 教师专业化发展的历史进程

教师是一个具有悠久历史的职业,这一职业何时开始自己的专业化进程,人们对此往往有着不同的看法。一种意见将18世纪下半叶教师教育机构的萌芽作为教师职业专业化的开端,认为教师的专门化培养就是教师专业化水准的提升途径,是教师专业化发展的标志。从这一角度看,教师的专业化发展距今不过300余年。我国若从1897年南洋公学师范教育机构创办算起,至今不过100年多一点的时间。以后,随着教师教育经历了从中等教育水平的师范学校教育到高等教育程度的师范学院教育,从师范学院的独立培养到综合大学的本科教育加大学后专门的教育课程训练的转变,教师专业化的水准不断提高,教师的专业化发展得到了进一步的实现。

另一种意见则是将一门职业是否成为大学中正式开设的课程或系列课程作为该职业是否成为专业的标志。以此为衡量标准,神学、医学和法学,应当算是人类历史上三种古老而又典型的专业,它们是欧洲中世纪大学的主要学科,分别培养牧师、医生和律师三类专业人员。随着历史的推进,除神学的专业性质和地位现已不被人们普遍认可外,医学和法学仍是至今被人们公认的具有经典意义的专业。

近代以来,随着工业文明的兴起,人类满足自身生存与发展的途径与手段日益复杂化、现代化和技术化,社会分工带来的职业发展也由此进入了一个新的历史阶段。尤其从20世纪以来,知识的快速增长和技术的不断革新成了推动社会发展的巨大动力,由此带来了与各种职业实践相关的知识体系的拓展和理论的深化,职业培训活动也因此更加复杂化、规范化,这为人类诸多领域的职业活动上升为专业奠定了基础。"20世纪社会变化的一个显著特征就是许多职业跃升到专业的行列"。在20世纪初,会计师就被大学列入了专业,1933年被承认的专业达16种,其中也包括教学专业。到20世纪60年代,被学者们归纳出来的专业已达78种。

以上所述的职业被承认为专业的主要依据是看该职业是否成为大学中的一门课程。从教师教育被纳入大学专业的历史过程看,有两个问题值得我们关注。

第一,各国的教师教育成为大学中的一个专业在时间上虽然不一致,但从西方主要发达国家的情况看,大约是在19世纪末到20世纪70—80年代。而在这一时间段内,实证主义作为弥漫在自然和社会科学研究领域的主流思潮,在大学中占据着绝对优势。教师教育在被大学接纳并接受专业化打造的很长一段时间内,深受实证主义哲学的影响,打上了实证科学的烙印。具体来说,就是按照结构功能主义的专业观来推进教师的专业化进程。

第二,如果说教学在20世纪30年代的16个被承认的专业中之一,那么,应当说教学作为一门专业问世的时间并不比其他许多专业晚,却并没有因为被纳入到了大学专业之中就解决了教师专业化的问题。实际上,在大学专业的系谱中,教学专业的地位始终是不高的,社会也没有真正认可教师工作的专业性质。以至于在20世纪60年代,国际社会又重提了教师专业化问题。

联合国教科文组织(UNESCO)和国际劳工组织(ILO)1966年发表了《关于教师地位的建议》,首次以官方文件形式对教师专业化作出了明确说明,描述了教学专业的特点,指出:"教师工作应被视为一种专门职业。它要求具备经过严格而持续不断的研究才能获得并维持专业知识与专门技能的公共业务;它要求对所辖学生的教育与福利拥有个人及共同的责任感。"从这一官方文件有关教师工作"应被视为一种专门职业"这样的陈述看,教学专业化至少在20世纪60年代还没有成为一个普遍的事实。

20世纪60年代重提教师专业化问题是有其特殊的历史背景的。20世纪60年代中期以后,西方国家出生率的下降导致了对教师需求量的降低,经济的普遍不景气导致了政府开始着手削减包括教师培养机构在内的公共开支。同时,公众对教育质量的不满引发了对教师教育的批评。上述种种因素使得西方国家对教师的需求开始由"量"的急需转向了对"质"的要求,对教师素质的关注达到了空前的程度。在这一背景下,实现教学的专业化,促进教师的专业化发展遂成为教师教育的重要任务,并得到了国际社会的广泛支持。

20世纪80年代以来,旨在大幅度提高教师质量和专业水平的教师专业化运动成为世界众多国家寻求提高教育质量的主导运动。1986年,美国的卡内基工作小组、霍姆斯小组相继发表了《教育作为一种专门职业——国家为培养21世纪的教师做准备》《明日之教师》两个重要报告。同时提出以教师的专业性作为教师教育改革和教师职业发展的目标。如卡内基工作小组的工作报告就指出,应将"教师的权威性建立在专业素质的基础上",并通过创设教学环境,使学校教育工作成为专业性工作,教师成为专业人员,以此来提高教育质量。报告还建议大幅度改善教师的待遇,将教师的培养从本科阶段提升到研究生教育阶段。这两个报告对美国乃至国际教师教育的发展都产生了深远的影响。

欧洲也随即加入提高教师专业化水平的行列,1989—1992年,经济合作与发展组织(OECD)相继发表了一系列有关教师及教师专业化改革的研究报告,如《教师培训》《学校质量》《今日之教师》《教师质量》等。

承继以往的发展势头,20世纪90年代,国际教师教育领域的教师专业化运动进一步深入。1996年联合国教科文组织在日内瓦召开的第45届国际教育大会通过了九项建议,其中第七项建议就是"专业化:作为一种改善教师地位和工作条件的策略",指出"在提高教师地位的整体政策中,专业化是最有前途的中长期策略"。在英国,随着教师聘任制和教师证书制度的实施,教师专业化进程不断加快,20世纪80年代末建立了旨在促进教师专业化的校本培训模式,1998年,英国的"教育与就业部"还颁布了新的教师教育专业性认可标准。

"教师专业化发展"已成为支撑当代国际教师教育改革的主要话语系统。近年来,随着我国基础教育的改革和发展,随着教师需求从数量满足到质量提高的转变,教师专业化问题也受到越来越多的关注。1998年我国在北京师范大学召开的"面向21世纪师范教育国际研讨会"明确提出了"当前师范教育改革的核心是教师专业化问题"。

不过,教师的专业化发展到底具有怎样的内涵,从历史的发展过程看,它经历了怎样的变化,人们的观点也并不一致。

第二节　结构功能主义的专业观

　　结构功能主义形成于 20 世纪上半期，是深受实证主义影响的一种社会学理论。它认为，社会是由各种彼此相互关联的结构所形成的功能体系，结构是发挥某种功能的有着相对稳定模式的系统，"专业化"就是要寻找构成专业化的"结构变量"，由此形成了结构功能主义的专业观。这种专业观倾向寻求专业中普遍使用的标准或准则，其主要代表人物是著名社会学家帕森斯。

　　帕森斯从结构功能主义的角度区分了专业和非专业的 5 对变量：普遍性与特殊性、情感中立与情感性、专门性与泛布性、成就与归属、自我定向与集体定向，指出每一对变量中的前者都是专业工作必备的，而后者则是非专业的特征，常被社会学家称为"二流"的特征。

　　在此基础上，帕森斯还进一步区分了专业中的"技术的"和"非技术的"成分。认为不能忽视专业领域中技术因素与非技术因素的复杂的相互关系，应使影响专业职能的非技术性因素尽可能被"中性化"，以使专家不必过多关心这些事情。帕森斯和他的追随者将能否使非技术因素"中性化"的能力作为区分各类职业专业化程度的依据。例如，神职工作就被看成是专业化程度较低的职业，处于专业化制度的边缘。因为在神职工作中，技术能力的运用仅是其复杂的角色职能中的一小部分。帕森斯认为"知识分子"也存在着类似的情况，因为知识分子不仅具有"表达的象征性"倾向，而且还具有非技术性的道德和政治倾向，这就使得他们不可能达到充分的专业程度。结构功能主义者对"专业"的解释表现出明显的二分法倾向，即把专业角色分为"工具的"和"表达的"两类。只有具备"工具的"特征的才能被划入专业范畴。

　　帕森斯认为典型的专业能力不仅包含实践技能，而且还包含实践技能所立足的"知识的形式"，这种"知识的形式"超越了当下即时的实践情境，是具有普遍性质的知识。专业之所以成为专业，不仅包括对一类科学的特定的应用，而且也包括这些科学本身，即科学的理论的结构和原则。一个理想的专业人员就是超越特殊技能意义上的技术专家。

　　分析教育哲学家奥康纳沿着这一思路，以医生为例，对何为专业做了很好的诠释。奥康纳指出，医生之所以被称为专业人员，不仅在于他们掌握了治疗各种疾病的技术，更重要的是他们掌握了治疗技术背后的科学知识和原理，掌握了病理学、生理学、解剖学、药理学等一类的科学知识。"医学知识的生长点大多是在纯粹科学，即在物理学、化学和生理学方面，而不在门诊室和手术室的日常活动之中。"古代和现代的巫师多多少少都会替人治病，也真能治好不少病——那是他们在实践过程中通过尝试错误的方法学会的治疗之术，"包含着很多的迷信和胡说八道"。而这些人不能被称为专业人员，正是因为他们缺少与治疗之术相关并为之提供解释和支撑作用的科学理论。

结构功能主义的专业观自20世纪上半期到20世纪60—70年代一直十分活跃，成为社会主流的专业观，教师专业化进程也深受这一专业观的影响。其时正值教育学院、商学院等一类的专业学院获得大发展，教师教育开始逐渐成为综合性大学专业教育的一个组成部分。在这一背景下，教师教育的整个办学方向，基本上就是按照结构功能主义的专业观拟定的，也就是要改变以往建立在教育实践基础上的学术程度和技术含量都较低的教育知识状况，设置具有更高学术水平和技术含量的教育课程，让师范生通过理论学习和学术训练成为符合标准的专业人员。于是，教育理论为提高自己的学术水平努力满足结构功能主义者的专业设置标准，追随实证科学。实证主义所崇尚的实验、统计、测量等一类方法的训练成为教师教育中的重要内容，普适、中立、客观的理论被认为是实现教师专业化发展的知识基础，医生、律师等社会公认的成熟专业所包含的一系列的专业特质，成为教师专业化竭力追寻的楷模。

尽管按照结构功能主义的专业观打造教师教育的努力较早就开始了，但效果不彰是公认的事实，这就产生了两种不同的看法。一种看法要求从认识论根基上检讨传统的专业观，树立新的教师专业化理念。而20世纪70年代以来，在整个自然和社会科学研究方面出现的认识论和方法论的大转变，又为建立新的专业理念提供了契机，表现为人们对以结构功能主义为代表的传统专业观的疏离和批判，并试图在这种批判的基础上建立起新的专业标准和规范。另一种则认为长期以来教师专业化发展效果不彰的原因，不是专业观本身有什么过错，而是力度不够，时机不成熟，方向本身是正确的。因此，以医学和法律专业为模式来改造教师教育的思路，在20世纪80年代后期以来仍然受到人们的推崇，至今仍是教师专业化运动中的一个重要方向。不少学者呼吁要加强这一方向的改革力度，美国学者杰克逊1987年在美国哥伦比亚大学《教师学院学报》

上发表的《正视我们的无知》一文,就是要求教师教育进一步效仿医学和法学以实现教师的专业化发展的重要论文;汤姆在同年的《教育政策》杂志发表的《扩展的教师培养原则之批判》也表达了类似的观点。

对美国教师教育改革产生过重要影响的霍姆斯团体的报告也具有这样的性质,这份报告指出:"已被确立的那些专业,长期以来已形成了专门化的知识体系,并通过职业教育和临床实践而被组织和传递,对专业化地位的要求盖在于此。就教师这个职业来说,对这种专门知识的辩护性的要求只是在最近才出现的。因此,对教师培养和教学专业的改革必须从阐述专业的知识基础和形成以这种知识为支撑的专业的手段开始。"

第三节 结构功能主义专业观下的教师专业化处境

一、专业理论中的若干问题

从理论上看,教育理论还不具有像公认的成熟专业那样严密、完善和科学的知识体系,无力为教师的专业化提供有力的理论支持。教育虽然也建立了一套自己的理论体系,但这套理论体系与成熟专业的理论体系相比在逻辑严密性和结论可验证性上都不尽如人意。

对教育理论缺陷的分析,我们可以借用分析教育哲学和元教育理论的言论。可以说,在对教育理论的反省上,分析教育哲学和元教育理论所做的工作是最为精彩和成功的了。

美国分析教育哲学家奥康纳曾对教育理论做了专门的研究,他从认识论的角度对所有教育理论的命题陈述方式进行了分析并指出,现有的教育理论实际上包含着三种不同类型的命题陈述逻辑:形而上学的陈述、价值判断的陈述和经验性的陈述。这里所谓的经验当然不是指我国主流意识形态中常称的那种感性的、初级的、有待于上升为科学形态的经验,而是在实证科学的意义上,代表着对现象间的不变关系予以经验上的一致证实的经验。

奥康纳尖锐地指出,教育理论实际上是一个将三种不同逻辑的命题陈述混杂在一起的大杂烩,根本就称不上是科学的理论,将"科学"的美名冠之于教育理论,实际上只是对它尊称而已。

奥康纳与19世纪中期的实证主义创始人孔德的思路是相近的,即坚信经验的陈述方式是包括社会科学在内的一切理论走向科学化的必由之路。只不过在这方面,自然科学因其学科性质较为单一,前进的步伐快些;社会科学较为复杂,且常常为日常生活经验所蒙蔽,发展的步子慢些。所以,奥康纳在对教育理论的现状表示极度不满的同时,对教育理论沿着实证科学之路最终走向科学的圣殿的未来还是有着殷殷希冀的。

德国元教育理论家布雷津卡也指出,科学理论是描述性的命题体系,是事实陈述,它解释是什么和曾经是什么,而不回答应当做什么等价值判断问题。他认为,教育理论还只是"实践的理论,而不是科学的理论"。实践理论是"规范描述相混合的命题体系",由于它试图在一种相同的命题体系中将实践教育理论规范性任务和科学理论的描述性任务联系起来,教育理论变成了一个大杂烩,既无益于满足科学理论在方法论上的要求,也无益于满足教育实践者对指导规范的期待。

因此,布雷津卡也要求把教育理论分为三种类型:描述性的命题体系、规范性的命题体系和规范描述性的命题体系,教育理论也因此被划分为教育科学、教育哲学和实践教育学三大范畴。布雷津卡虽然承认教育理论具有不同的类型和各自支配的领域,但与奥康纳一样,他也认为科学的即描述性的命题陈述是最为根本和重要的,而教育理论在这方面还不成气候。

分析教育哲学和元教育理论的工作在教育理论发展史上极为重要。说它们是教育理论转向的转折点也不为过,它们在教育理论发展史的作用甚至可与波普和库恩在科学哲学发展史上的作用相提并论。波普的"证伪论"和库恩"范式论"都从根本上否定了长期以来支撑实证科学基础的归纳逻辑,从科学阵营的内部消解了支配自然科学和社会科学一个多世纪的实证主义认识论,加速了人类社会向否认绝对和终极真理、"怎么都行"的后现代社会的转变。奥康纳和布雷津卡所做的工作凸显了教育理论与严密科学理论之间的巨大鸿沟,尽管他们做这个工作的初衷是力图使教育理论更好地走严密科学之路,但在客观上,却使人们更加清晰地看到教育理论与科学理论的巨大不同,加速了人们抛弃或疏远教育中的实证科学逻辑的过程,促使人们拥抱另一类原先被实证科学所否定的东西。

我们注意到,无论是在20世纪70—80年代的西方,还是在20世纪90年代后半期的我国,教育领域中,都出现了力图挣脱科学的话语羁绊,疏离理论,崇尚实践的趋势,都表现出更加突出教育的个别性、差异性、情境性,否定一般性、同质性和普遍性的倾向。这些现象实际上都是在分析教育哲学或元教育理论发展达到巅峰状态之后出现的。可以说,没有分析教育哲学和元教育理论对教育理论认识论逻辑的梳理和对教育实践逻辑的富有保留的承认,人们是不会那么快返回"教育实践"之故乡的。

医学在科学知识方面的基础,使得医生的技能具有广泛地适应性,在本质上,正如帕森斯所分析的是一种具有普遍性质的专业,它超越了特定的时空限制,不受特定情境和个体差异的制约,中国的医生到非洲,加拿大的医生到中国,并不会因语言的差异和文化间的不同而无法进行专业活动。以经典专业所必须具备的科学理论知识基础的标准来衡量教学,可以认为,支撑教学专业化发展的科学理论体系至今没有真正形成,教学还是一个不成熟的专业。教育理论的先天不足已经严重阻碍了教师业化发展的进程,至少是影响了教学向那些现已被公认的成熟专业模式发展的过程。

另外,我们也应看到,在分析教育哲学和元教育理论所做的一番理论清思工作之后,人们似乎更倾向于将教学及其理论归诸于实践和行动范畴,在摆脱科学标准的同时,正努力为教师的专业化奠定一个新的基础,以替代原来所寻求的科学理论的基础。这个基础是什么,现在还不是很明确和一致,可能正处于形成之中。不过,近些年来,前文已有所涉及的被称为"实践学""实践认识论""实践智慧""内隐知识论"等一类东西正被人们广泛地挖掘和推广,它们往往构成了当前教学和教师教育领域一些新的流行观念的新的知识基础。未来的教师专业化将更倾向于从这类与实践有关的认识论逻辑中找到新的界定专业的标准。

二、专业实践中的若干问题

从实践上看,教学是否存在不接受专门的训练就不能掌握的技术或技能也是一个充满争议的问题。教师职业形成以来的大部分时间内,从事教学工作是无须专门训练的,教师任教之前必须接受专门培训的历史不过三百余年,与医生、律师等职业相比要晚得多。在医学和法学领域,人们要求从业者在入职之前接受专门的训练至少从中世纪就开始了。中世纪的大学开设的专业除神学外,主要就是法学和医学。因此医学和法学从业人员接受专门高等教育性质的训练,比教师从业者接受专门训练要早五六百年,比教师从业者接受高等教育层次的入职前训练要早近一千年。当然,这主要是对基础教育阶段的教师而言的,大学教师与中小学教师相比,学历方面的情况有所不同,但在都没有接受教师职业的专门培训方面则是共同的。中世纪的大学教师往往是大学自己培养和留任的,所接受的仅仅是学科知识如医学、法学的教育,并无针对教师职业的专门训练,尤其是职前训练。

教师之所以长期以来没有成为一个需要进行专门训练的职业,是因为一种常识活动取向的教学职业观在人们头脑中根深蒂固。这种教学观认为除所任的学科知识外,教学本身是一种仅凭日常生活中形成的常识和技能就可胜任的活动。其事实依据是在教学活动中,尤其是在高等教育领域,不少教师并没有接受过专门的教育训练,但依然胜任教学工作,有的教学质量还得到了广泛的认可。这一现象不论是在教师教育制度形成之前还是形成之后都一再显现出来。

为什么没有接受过教师教育训练的人能够胜任教学工作呢?存在着两种解释:一是认为担任并胜任教师工作的人,一般都或多或少地受到过教育,具有接受教育的经验,一旦成为教师,这些"被教"的经验往往可以转化为"教"的观念和行为,因此,教师的教学理念和行为完全可以来自自己所接受的教育经验,尤其是求学时代所经历的那些缄默的、当下并未被充分意识到的教育经验。这种解释随着当前对"内隐知识"或"缄默知识"研究的拓展和深入,似乎有被理论化的倾向;另一种解释认为,教学活动总的来说与人类日常生活的活动没有多大分别,构成日常生活所需的技能要素和教学活动所需的基本技能在本质上是一致的,教师是可以通过教学实践而不必经过专门的教育训练而成为成熟的教师的。

如果我们不否认上述事实,也不否认上述解释的话,教师职业是否存在需要经过专门的培训才能掌握的技能倒真成了问题了。因为专业的概念与常识的概念是明显矛盾的,把教学看成是一种在实践中就可形成的常识性的活动与结构功能主义专业观的要求是不相吻合的。换句话说,如果教学是一种常识性的活动,教师就无专业性可言。在近来国际性的教师专业化发展运动蓬勃发展的同时,我们也看到了另一个相反的改革方向:弱化和取消了对教师的正规职前培训。如美国近年来就出现了明确反对教师教育向专业化方向改革的组织和势力,其表现十分活跃,它们主张以替代性途径取代专业化发展,解除教师教育机构而使教师教育非管理化,并在美国掀起了一场有关教师教育改革走向的大争论;英国近来也放宽了教师准入的条件,允许高中毕业生通过培训直接成为中小学教师,尽管这类教师是属于"不具资格的教师",还没有"教师资格身份",但显然,这是一个不同于以往教师准入的新途径。

三、专业服务关系中的若干问题

将教师的工作看成是对学生的服务,把教师与学生的关系设定为服务者和被服务者(客户)间的关系,是现代有关教学专业的一个重要共同特征。教学活动就其产生的早期来看,并不具备这样的性质。

在当代社会,教学中的师生关系也开始和医学和法学那样,被理解成服务与被服务的关系。当然,与医学和法学一样,这种服务更多地被理解为对社会公共利益的服务。

戴维斯和艾利斯顿在合著的《伦理与合法的专业》一书中,就把专业定义为以特定的专长去追求社会和公共利益服务领域。正如医生追求健康,工程师追求安全有效的建筑,律师追求公正,专业本身就蕴含着以特定的专长为社会和公共利益服务的伦理内涵。

近来,澳大利亚的"专业委员会"在对"专业"作界定时,也指出专业有别于"更商业化的职业",专业"应时时将对社会福利、健康和安全的责任放在第一位"。如果说专业的概念本身包含着对社会和公共利益的追求,那么,对教学专业而言,所要追求的公共或社会利益就是"在考虑学生需要、兴趣和能力的基础上,使每个学生的学习机会最大化,并实现知识、个性、文化、情感、体格、道德、精神等各方面的充分发展",将教学看成是"认识和关心"的专业。

在界定了这种关系之后,我们接下来便会遇到一系列的问题。

第一,教师职业的自主性远不如典型的职业。在医学和法学领域,专业人员在为客户服务时,通常具有较大的相对独立的专业自主空间,他们对客户参与的依赖远比教师要低。医生完全可以(实际上也常常是)在病人失去知觉的状态下进行自己的专业活动的;律师也可以在当事人沉默不语的情况下,通过搜集证据和了解事实而为自己的当事人进行成功的辩护;而教师的教学则是完全依赖于其直接客户——学生的参与,没有学生有意识的学习活动,教学过程就不可能发生。教学活动对学生学习活动的依赖关系,正如杜威曾经形象地比喻过的,犹如"卖"与"买"的关系,没有"买"就不可能有"卖",除非学生愿意学习,否则,就谈不上有教师的专业活动,而学生是否愿意学习并不是完全能够由教师控制的,因此,教师职业的自主性受到了其客户意愿和行为的限制。

现代社会义务教育的强迫性又使得教师专业自主性受到限制的问题更加突出。在医学和法学领域中,一般来说,客户及其家属或代理人在要不要接受专业人员的服务以及要谁来服务方面有着较大的自由选择权。当客户选择医生、律师为自己服务时,他们是有与专业人员的合作意向的,即便没有合作意向,正如上文所述,对专业人员的专业行为也没有太大的影响,专业活动照样进行。

另外,教师的职业不仅受到教与学关系的制约,而且,学校教育的公共性质也决定了教师还要受社会的制约,不可避免地要面对来自公共政治和行政权力的干预。从西方发达国家教师争取教学工作专业地位的历史过程看,"在国家权力及其代表它的外控科层组织的压制下,教师是极难确定自己的专业自主权,进而提升自身专业地位的"。社会学研究领域中的"权力模式"理论也认为,在争取专业地位的过程中,医学是较为成功的,"而教师争取对职业的控制权和建立专业自主权的过程是失败的"。可见,教学与社会的关系又从另一个方面限制了教师自主性的发挥。

近年来,国际教育领域推广的校本课程运动、教师即研究者运动和择校运动,在很大程度上就是要改变教师专业自主空间过小的局面,为教师的专业自主发展创造新的学校文化和制度,但它对教师专业自主发展的实际作用还有待于在实践中进一步检验。

第二,教师职业需要情感因素的介入,与典型专业比,缺乏"技术含量"的教学活动是要求教师与学生之间建立情感关系的,没有这种关系,教师就难以有效地激发学生的学习动机和兴趣,就不可能形成"教"与"学"的互动。这种服务者与被服务者之间的关系,与典型专业中的专业人员与客户的关系具有很大的不同。在医学和法学等专业的服务中,专业人员主要关注的是客户所寻求的专业服务的特定问题,并不刻意关注与客户的情感关系,实际上,为使专业服务活动免受无关因素的干扰,他们在情感方面通常还主动保持与客户的距离。

正如帕森斯所分析的,专业的属性之一就是非情感的,或是能将情感和非技术因素加以"中性化"处理。而在教学中,教师不仅要与学生建立密切的关系,以了解学生学习的特点和面临的问题,而且,还要注意与学生的情感交流,激发学生主动参与学习的动机。建立与学生的情感关系不是纯粹的"技术性"问题,没有某种普遍的知识形式可以依赖,指南、手册等记载的规则性知识是很难发挥作用的,这就决定了教师不可能像医生、律师那样在遇到困难之时,可以回到那些已被普遍接受的专业实践的标准上去寻找解决问题的方案,只能靠教师自己在实践中根据自己所处的特定境遇,摸索出特定的方法。

同时,在现代学校中,绝大多数的教学活动都不是像医学和法学领域那样是发生在专业人员和客户的一对一的关系之中。班级授课和集体教学仍是主要的教学形式,这就决定了教师职业的专业服务成效和质量,不可能像医学和法学那样容易界定。

第三,教学效果的长期性和影响因素的多样性以及不确定性使人们对教师服务的质量难以形成明确的判断。在医学和法学领域,医生和律师的服务对象分别是病人和案件委托人,其服务在既定时间中多半是一对一的,服务的成效和质量无论是从服务的过程还是从服务的结果方面都相对容易判断。病人在主治医生的治疗下是否康复,原告或被告在自己聘请的律师的辩护下是否胜诉,这些在专业性活动完成之后都一目了然。医生和律师对客户服务的结果在每一桩病例和案例中能够独立地、直接地体现出来。

教师则不同,教师服务的直接对象是学生,其服务目标是使学生获得发展。在这里,发展本身不仅是一个综合、复杂的概念,而且影响学生发展的因素是多种多样的,很难分离出单个教师的影响,也很难对这种影响进行有效的评估。教师教了学生多少生词、学生掌握了多少,这些当然是可以测量的,但这只是教学的一个局部环节,教学往往具有更广泛的目标,如学生的能力发展状况、创造力状况、富有责任心的公民的准备状况等,这些教学目标都是要在包括教学在内的各种复杂而多样化的影响因素下,经过较长的时间才有可能逐渐显现出来。即便我们把学生的发展简约为以考试成绩作为判断依据,我们仍难以排除教师之外的其他因素对学生考试成绩的影响,如家庭因素、社区因素、学生自我因素等。

第四,教师服务对象和目标的不明确性。教师的服务对象当然是学生,但这只是直接对象,除直接对象外,教育恐怕还要为一些间接的对象服务,最明显的就是家长和国家。家长不仅是公立教育的纳税人,而且对受教育者负有直接的监护责任,他们对教师的教学往往有着具体而直接的要求;而学生又是国家的公民,国家在培养合格的公民和具有生产效力的劳动者方面也有特定的要求。这就使得教学工作到底为谁服务的问题变得复杂和模糊起来。如果三类或者更多服务对象都需要服务,而它们之间的利益和趣旨又有着不可调和的冲突的话,教师如何进行这种服务呢?满足服务对象需要的问题,从另一个角度看,也就是教育和教学的培养目标问题,由于社会对教育目标的不同理解,使得教学在目标上也充满着矛盾,如教育是以促进社会的民主平等为主要目标呢?还是以追求社会效率为主要目标呢?这些目标冲突进一步加剧了教学工作的不确定性。

从以上对教学的理论、实践和职业服务中的问题的分析,可以断定,以典型的专业模式来衡量,迄今为止的教师职业还不是一个真正成熟的专业,因而常被人们称为"二流专业论""半专业""准专业""中位专业"等,不一而足。

即便是在社会学领域对结构功能主义持批评态度的修正学派,在专业观上也同样认为一个真正专业的根本特征是要有具有技术性的知识体系。为此,他们也将专业分为一流专业和二流专业两类,一流专业是指医学、法学一类要求实践者拥有复杂的技术水平和相应的知识体系的专业;二流专业则"可以被归结为这样一个事实:在某种意义上,它们不是'纯'的专业,它们被寄予期望的位置高于了它们占有的,学生进入实践领域所必需的知识基础和能力并不真正是严格的、专门化的"。"二流专业的实践者不像经典的一流专业的实践者那样拥有复杂技术水平的知识,对个人生活重要性也不如古典的一流专业,他们对专业地位的要求和维持有关专业服务的神秘性的优势,不具有像我们所认可的医生或律师那样具有权威性。"以这种观点看教学,教学就像社会工作、护士工作和城市规划一样是一种二流专业,缺乏诸如法律和医学等一流专业具有的本质特征。

一般来说,一个专业不仅需要在性质上属于技术性的一类知识的基础,而且还需要教师专门拥有不断增长的、常人难以掌握的知识基础。这种知识基础无论是从技术的工具价值上看,还是从提高领悟文化的理解力看,对专业工作者的专业化发展都是十分重要的。"小学教师之所以使人感到缺少专业性,正是因为小学阶段教师所传授的内容被人们看作是几乎所有接受过教育的成年人都明白的;而教师又未能使许多批评者,最重要的是未能使立法者确信'方法方面的课程'也构成一种真正的有别于其他的、令人印象深刻的知识体系。"

近些年来，人们在开发"方法类课程"的知识体系方面正在进行新的尝试，这或许是解决教师专业化发展问题的重要途径之一，但离经典的专业化的要求或目标还有较大的距离，依然有漫长的道路要走，成功与否还有待于实践的检验。

第四节 教师专业化发展的争论与趋向

从前述结构功能主义专业观所面临的问题以及我国学者有关教师职业专业化发展过程的描述中，可以看出，无论是教师专业化概念本身，还是人们对其发展的历史过程的概括，都充满着歧义和不确定性。

教师专业化所面临的深层次问题已经反映到了哲学层面，成为教育哲学所关注的一个重要问题。在20世纪90年代后半期，围绕着认识论和教师专业化关系问题，西方教育哲学界展开了一场激烈的争论，以卡尔和亚马拉莱里斯的交锋最为激烈。

卡尔在1998年发表于美国《教育哲学》杂志的《教师专业化教育中教育认识论作用的再评估》一文中指出，教育的专业化"必须追问且是持续地追问自己"有关知识和真理的问题，而不是从这块领地逃避出去。哲学的问题是内在于教学实践中的，无论是教育理论的研究，还是分科或方法方面的课程，都应当进一步发挥哲学的"更为激进的实践"作用。

针对卡尔的观点，亚马拉莱里斯在同样发表在《教育哲学》杂志上的《教师知的权利：认识论的争论和教师专业化的准备》一文中指出，他也反对当前教育领域中存在的对学习和教学技能不加批判的做法，而不加批判的做法本身就包含着重要的认识论因素。不加批判就是对旧有知识和观念的再生产，这有两大缺陷，一是为课程政策决策者和计划者"服务"的概念通常是不适合对教师的教育和培养的；二是课程决策者和理论家提供的概念并不具有普遍的意义，它们也不过是一些特定的知识，且常常是权力关系的体现。

在亚马拉莱里斯看来，当前的教师教育实践中存在着"不幸的理论与实践的二元分离"状况，基础主义者认识论下的实践不鼓励形成教师哲学追问的习惯，因为问题的答案已经被框定了；后现代主义则过于追求对问题及答案的无休止的质问和怀疑，即使答案是合适的也把好的答案看成是下一个，是一种激进的相对主义。"教师教育的认识论必须提供一种无论是在发问上还是在答案上都是完全开放的、有充分依据的框架。"

伴随着这场争论,新的专业观似乎正在形成之中,它不像结构功能主义那样强调专业基础的理论性、情感的中立性和标准的普适性,而是更情境化、个人化,以"实践""反思""行动""研究""智慧"等一类概念为其核心。

对教师的专业化来说,传统的以结构功能主义为代表的专业观是十分有害的。教学专业以对非工具性的能力的需求为特征,即是以实践的智慧而不是技术的需求为特征的,让教学向医学和法律的专业看齐是被认为这些专业自身富有魅力的观念蒙蔽了眼睛而误入歧途,因为所谓的富有魅力的专业自身形象并不是一种客观的描述,而是一种旨在增进其成员利益的思想交易。"理论模式的核心是与专业人员维持和获取新的优势,并使之合法化的主张一致的……被认可的专业的优势似乎在于它有足够的吸引力调动所有的权力、声望和思想等手段去获得和维持这一地位,而不管其合法与否。这些不同的手段是被各种社会因素而不是被特定专长及它对社会核心价值的重要性强烈影响着的。为此,我们应避免被专业的集体自我定义所误导,对专业的理解不能与对社会的层层分析割裂开来。那些通常被认为是'一流专业'的专业化属性可能不过是偶然的、虚假的或外在于其实际生存的真实条件的。"

新兴的专业观更加关注教师的"教学实践"活动,认为"教学实践"是一种包括了政治、经济、伦理、文化、社会的实践活动,教师的专业化程度是凭借"实践性知识"来加以保障的。有关"实践性知识",日本学者做了较为全面的概括,指出"实践性知识"具有五方面的特征:其一,它是依存于有限情境的经验性知识,比起理论知识来说缺乏严密性和普遍性,却是一种鲜活的知识、功能灵活的知识;其二,它是作为一种"案例知识"而积累并传承的;其三,它是以实践问题的解决为中心的综合多学科的知识;其四,它是作为一种内隐知识发挥作用的;其五,它是一种拥有个性性格的"个体性知识",这些知识是通过日常教育实践的创造与反思才得以形成的。"同其他专业相比,教师工作的最大特点是不确凿性(混沌性)、情境性,要求针对情景作出灵活应变的决策。可以说,这是以后现代主义的'专业化'为思想背景而形成的。"

新的专业观不否认适当的专业优势的社会价值,认为保障个人和社会的利益都需要一种受过特别教育的专业人员的高质量的实践活动,这些专业人员是需要有为人类上述利益服务而必须具备的能力、自治、权威一类的东西的。一般来说,新的专业观不将教学看成二流的专业,认为教学实际上也可以达到医学和法学那样的专业社会地位,流行的改造教师教育模式的问题在于它误解了专业化的条件。模仿医学和法学的建议之所以缺少说服力是因为它反映了一种错误的实践观,一味强调教师职业应向医生和律师职业看齐,却没有展示服务于不同的个人和社会利益的专业责任所必需的能力,没有弄清楚教学工作的性质和特点。

新的专业观是立足于实践哲学的专业观,缺少了这种实践根基,教师是不可能真正实现自己的专业化发展的。在传统的教师教育中,谈起教师的培训或进修总被理解为这种培训或进修是以理论学习为定向的,是在中小学之外的机构进行的。对此,美国有学者尖锐地指出,在分析教育研究失败的原因和确定增进课堂教学和学生学业成绩的最佳实践方面,教育家们忽略了一个明显的因素,即有效的专业化发展必须使教师能够将自己的学习和研究转化为课堂实践。"我们一再试图进行新的教学改革,却没有为教师提供连续不断的学习、反思和应用有关教与学的研究的机会。"传统的教师进修或专业化发展模式不利于真正提高学校的教学质量,要改变这一局面,必须从铲除导致这种专业化发展观的思想根源着手。

为此,美国有学者提出了"专业化发展范式"概念。认为传统的专业化发展范式是以下述信念为根基的:①认为定期的教师在职训练是能够为教师导入新的教学理念并自然地使其增进实践的。②认为专业化发展就是将"专家"的知识和各种不连续的技能转化为教师的知识和技能。③主张教师学习的最有效途径是倾听,而不是行动,教师的实践活动不是教育课程中直接的、实质性的要素。④将"走出去式"的在职训练看成是最有效的模式,教师的学习依赖于增加"正规"的学时。

要改变这种观念,就必须树立新的"专业化发展范式"。新的范式包含着与传统范式迥然不同的信念:①新的范式认为,要使教学产生真正的有意义的变化,必须树立"当下进行的"专业化发展观,使教师在自己日常的教学活动中实现专业发展。②新的范式认为,学校的变化既是个人也是组织发展的结果,专业化发展的目标应当指向实践中发生的教与学的活动,对这类活动的探究或研究应予以大力支持。③新的范式认为,教师的专业化发展不仅涉及教师个体或群体的职业发展，而且对学校的发展有着至关重要的作用。④专业化发展应当主要是以学校为中心的，是内在于工作中的。

在新的专业化发展范式下，教师在职教育的组织形式必将发生很大的变化，大多数的专业化发展活动的组织都是立足于校本的，教师除了参加工作组和讨论会，还应参与各种持续的、内在于工作的其他学习活动，如学习小组、行动研究、同伴切磋、课程发展和案例讨论等。新的专业化发展观认为，只有当教师成为校本专业化学习团体中的一员，他们才更有可能通过追求内在于教学实践的研究来增进自己的教学实践活动，才能臻于最佳实践和满足国家制定的学业标准。

信息和网络技术的发展，为新的专业化发展范式下的教师在职教育和学习活动的组织创造了更为广阔的空间。美国20世纪90年代颇具影响力的"全国写作计划"和"城市数学协作"都是教师通过网络交流进行在职教育的新方式。在这种网络交流中，教师可以就教学实践中面临的问题与同行进行交流讨论，通过与同伴的交流与合作来寻求更有效的教育和教学途径。在这里，我们看到，美国著名的激进主义教育思想家伊万·伊里奇在20世纪70年代所预言的那种教师通过网络交流切磋而获得学习收获的教师教育方式已经悄然降临。

新的专业化发展观是一种持续进行的、内在于教学工作本身的专业化发展观。目前，它还是一种新兴的理念，在实践层面，只是在局部领域进行试验和推广，它要被推向更为广泛教育实践领域和走向制度化，尚需时日。因为，这不仅需要对教师职业性质、教师教育性质在理念和设计上的重视审视和更新，而且还需要所有的参与者的支持，包括家长、学生、社区成员和教师自身。现行的学校制度和教育管理制度要普遍容纳这种新的理念和实践，是需要有个过程的。但从长远来看，新的专业化发展观下的教师教育，具有巨大的发展潜力，这一点是毋庸置疑的。

新的教学专业观不仅反映在行动研究、反思性教学、校本教师培训、案例教学等一系列新的教师教育的理论和实践中，而且也在"能力为本""业绩为本""标准为本"的教师教育改革中充分体现出来，推动着教师专业化运动的不断前行，使教师的专业化发展出现了新的多元化的局面。对这种多元格局，我国学者曾做过分析，认为教师专业化将呈现一个多主体（与社会系统的多个主体发生联系）、多内涵（专业化的内容不断丰富）、多背景（教师与教育环境互动）、多阶段(教师个体的持续社会化)的局面。

不过,多元化、多样化是否是教师专业化发展的要义？它是否需要整合？何时整合？如何整合？整合的基础是什么？这些恐怕都是教师专业化在今后的发展中会不断面临的问题,也是教师专业化研究亟待解决的问题。

第四章

教师教育信息化研究

第一节 教师教育信息化的时代内涵

教师教育信息化的快速发展并非偶然,而是教育变革与信息技术发展到一定阶段的产物。社会信息化对教育信息化提出了崭新的时代要求,教育信息化不但是教育终身化发展的迫切需求,而且是教师专业发展的现实需要。综合相关研究文献,关于教师教育信息化现实背景的研究,主要集中在社会信息化、教师教育终身化和教师专业发展等三个方面。

一、教师教育信息化的发展背景

(一)社会信息化的时代挑战

社会信息化作为信息化的延伸与发展,是指在一切社会活动领域里影响和改造社会生活方式与管理方式的过程。在社会信息化发展背景下,教育作为社会的重要组成部分,总是与社会维持着一种动态平衡的关系。社会信息化必然对教育信息化提出要求,教育信息化也对教师教育信息化的发展起到催化作用,同时教师教育信息化发展对于社会信息化以及教育信息化又起到积极的推动作用。

1. 社会信息化要求教育观念变革

随着教育的变革,教育观念不断发生改变,信息化既对教育观念的变革提出了挑战,又为教育观念的转变提供了条件。传统的教育观念将教师看作教学的主体,围绕教师、教材与课堂开展一系列的教学活动。传统教育向现代教育转型的特点就是由知识性教育向创造性教育的转变。现代教育注重发挥人的创造潜力,致力于启发、引导和训练教育对象的创造才能,以开发更加广泛的智力资源。因此,现代教学观念以学生为教学主体,以人的自由全面发展为宗旨,包括学生全面发展的理念、素质教育的理念、创造性理念、主体性理念、个性化理念、开放性理念、多样化理念、生态和谐理念、系统性理念。将教育过程转变为以学生、活动以及实践为中心,调动学生学习积极性,激发学生学习潜力,使教育过程真正成为学生学会自主学习和自我建构的过程,这是现代教师必须具备的教育观念。信息化的不断发展为教育观念的变革奠定了技术基础。

2. 社会信息化要求教学模式变革

传统的教学模式虽然能够使学生较快对知识形成系统的认识,但是这种以教师为主导的单向灌输式教学已无法满足信息化社会对教育的要求。首先,传统教学模式较为死板,学生在被动接受教师知识讲授的过程中,缺乏可以主动、独立思考的时间与空间,在一定程度上限制了学生发散性思维及创造性思维的发展。其次,在信息化时代的背景下,个体间知识背景与生活经验的差异增大,以传统教学模式等量同速的方法进行教学,难以满足学生的个性化需求,影响教学有效性。再次,在传统教学模式中,教师与学生缺乏必要的课堂互动,教师难以通过学生的反馈及时进行课堂调控,难以实现教学过程的最优化。然而,教育信息化的出现不仅为传统教学模式带来了新的教学媒介与信息传递工具,而且拓宽了原有的教学环境,打造出一个基于互联网的系统化学习环境。在这个虚拟、无限又便捷的教学环境中,四通八达的信息源使得学生获得了更加丰富的教育资源,从而获得了更多独立思考与发现探究的机会,这种作为自主学习主体的身份比作为被动"受者"的身份更能激发学生的学习能力。最后,学生可以根据个性化需求在新的学习环境中寻觅符合自身学习背景的知识,给教师以因材施教的突破口,加强师生间多样化的交流与互动,提高教学过程的有效性。此时传统的教育模式开始变革,启发式、讨论式、研究式等一系列新型教学模式应运而生,为教师教育信息化创造发展背景。

3. 社会信息化要求教学内容变革

信息化浪潮使信息总量迅猛增长,信息内容日新月异,但是教学内容的更新速度却相对缓慢。从课程内容来看,部分课程内容"繁、难、旧、偏",课程内容脱离了学生的认知水平,缺乏与学生生活及科学技术发展的紧密联系,忽视了学生的学习兴趣与认知经验,已无法满足教育现代化目标的需要。课程内容急需进行结构体系的优化升级,围绕发展学生创新思维和创造能力的目标,使内容向"少、精、宽、新"的方向发展,增加实践教学内容的比例,并且根据信息化社会的发展调整教学内容,帮助学生尽快掌握运用信息技术解决实际问题的能力,提高学生信息素养,进而与信息化要求相适应。从教材来看,社会信息化要求教师能够根据时代发展,选择适当的纸质教材,并在此基础上,结合网络教材、媒体教材以及虚拟现实教材等建立具有立体化、开放化特性的教学资源库,推动教学内容的变革。

4. 社会信息化要求教学手段变革

社会信息化向教育领域渗透的最直接体现是教学手段的信息化。传统的教学手段是实现教育信息化的基本条件。传统教学手段是指教师通过肢体语言、板书设计、计算机课件、教学模型等方式向学生讲授知识。在传统教学手段的教学中,教师处于教学的中心地位,双方缺乏信息环境下的合作互动。信息化教学手段的不同之处在于,教师在教学过程中可以利用多元化的信息技术,兼顾声音、图像与文本的展示,借助三维视图等虚拟仿真模式,突破传统教学手段的时空限制,为学生提供更加直观的体验,激发学生的学习兴趣,启发学生的深层次思考。与此同时,现代化教学手段所创设的教学情境为学生提供了质疑、发现与讨论的机会,能充分发挥学生自主学习与协作学习的能力。信息化的教学手段与社会信息化的发展高度契合,教师作为信息化教学手段的实施者,单纯依靠自身的学习很难快速改进教学手段,必须借助信息化的教师教育这一外力进行提升。

(二)教师教育终身化的迫切要求

随着学习型社会的构建,社会对教师教育及专业发展提出更高的要求;身处于终身教育时代的教师,必须将自主学习行为贯穿于整个职业生涯,以不断更新和补充其专业知识及技能,从而为学生灌输终身学习与持续发展的意识,提高教育水平。一次性学校教育难以满足一个人一生发展的需要,必然需要终身学习的专业支持。可见,终身学习是时代发展的客观要求,终身教育是教师教育发展的必然方向。教师教育终身化的发展需要信息化的教育过程、教育资源与教育管理的支持。

1. 信息化的教育过程

教师教育信息化是开放性、共享性、交互性与协作性的过程。开放性的教育过程使得教师教育突破了师范院校与教师教育机构的限制,教师在任何时间、任何地点都可以自由选择适合自身专业知能发展的资源进行自主学习;共享性的教育过程促进了教师教育的均衡发展,丰富的教育资源汇聚在一起,充分满足了教师对资源的需求,为教师终身学习提供了物质条件;交互性的教育过程为教师提供了与学生、领导和同行对话的机会,教师在交流中更容易打破行业壁垒与学科壁垒,思想的碰撞与观点的输出使得更多的缄默知识外化,能有效提高教师教学能力;协作性的教育过程则让教师获得更多合作的机会,通过网络合作、人机合作等方式更好地解决教育难题。

2. 信息化的教育资源

教师教育的终身化具体体现在教师既能够通过职前培养、入职训练以及职后教育提升教育教学能力,又能够在脱离师范学校与培训机构的情况下进行自主学习而不受限制。若想切实实现教师教育终身化,一定离不开信息化的教师教育,离不开教育资源的信息化。当前教师教育的线上资源包括电子书、教育网站、数字化图书馆等,教师可以从中获得全球教育资源,在信息的海洋中自由遨游。当教育资源进一步综合与汇聚,就形成了资源数据库,如多媒体资源库与智能数据库,它们能够从静态与动态分别为教师教育终身化提供更加有力的物质保障。

3. 信息化的教育管理

教师教育终身化所需的教育资源是无限的,需要更加科学化、信息化的教育管理方式。信息化的教育管理能够有序协调公共服务、评估评价、监测监管、决策支持、业务管理等方面,帮助教师对教育教学数据信息资源进行有效的选择、获取、处理、分析与应用,让教师感受到兼具人性化与智能化的教学管理,为教师教育终身化提供更加方便快捷的服务。实现教师教育终身化需要具备多种功能的信息化教育管理:第一,需要安全的信息系统为教师消除对信息泄露的担忧,使教师上传的信息更加真实与全面,从而帮助培训人员更具针对性地设计与调整教师教育活动;第二,能够为教师提供突破时间与空间限制的远程学习与交流;第三,帮助教师教育机构实现对教师的灵活引导、管理与评价。当前,具有代表性的信息化管理软件系统拥有 B/S 与 C/S 技术的混合模式体系架构,能够使数据的传输和储存更具安全性,并且可以为使用者提供远距离的数据使用与管理服务,一定程度上满足了上述功能。但是信息化教育管理的发展不可能止步于此,更多具有突破性的教育管理系统与方式亟待出现,以满足教师教育终身化的发展需求。

(三)教师专业发展的现实需要

教师专业发展理论认为,教师作为教学专业人员,要经历一个由不成熟到相对成熟再到自主发展的历程,教师专业发展是一个连续、动态、终身的过程。信息技术在教育领域的广泛应用,为教师专业的可持续发展创造了更加便利的机会。

教师专业发展具有阶段性、连续性与差异性,教师教育信息化的发展在很大程度上契合教师专业发展的现实需求。

教师专业发展的阶段性是指教师在专业发展的过程中会经历多个阶段,每个阶段都有其发展核心、主题与问题,各阶段之间相互联系、相互影响。一般将教师的发展阶段划分为非关注阶段、虚拟关注阶段、生存关注阶段、人物关注阶段以及自我更新关注阶段,不同的发展阶段需要信息化的教师教育提供不同的教学服务着力点:非关注与虚拟关注阶段一般出现在职前教育时期,此时的教师缺少教学实践机会,难以将教学理论应用于实际的课堂教学,容易导致教师对教育理论的认知理解停留在较浅层面。信息化的职前培养可以通过给师范生录制微课、进行VR模拟教学或摄影录像观摩对比等多种信息化方式为其提供虚拟教学的机会,促进师范生对教育教学理论的深层理解。生存关注阶段一般出现在教师入职初期,新任教师对自我专业发展产生忧患意识,非常关心自己在新环境中的生存状态,迫切需要提高自身的专业能力。信息化的入职培训可以根据这一阶段特征为教师提供大量符合其学科专业发展的教学资源,帮助新教师树立生存信心,同时可以为他们提供线上交流平台,鼓励他们共同进行专业发展初期的问题探讨,促进新任教师间的沟通交流,一定程度上缓解生存关注阶段的压力。职业发展中后期的教师渐渐到达任务关注阶段与自我更新关注阶段,此时的教师将关注点转移至学生身上,并且开始根据自我发展情况为自身制定合适的专业发展路线,具有明确的方向性。此时就需要信息化的教师教育为这一阶段的教师提供更加丰富的教学资源,使其自由发展。同时可以组织教师进行信息技术的培训,帮助教师利用具有互动性的教学手段得到更加广泛的学生反馈,促进教学能力的深层可持续发展。由此可见,教师专业发展的阶段性对教师教育信息化发展具有现实需求。

教师专业发展的连续性指教师的专业能力是在不断的经验积累中发展与

完善的,每个阶段核心问题的解决与否、解决程度如何对后一阶段都有很大影响。这一特性决定了教师教育必须能够总体把握教师各个发展阶段的情况,在实施过程中不仅要对各阶段的薄弱之处进行补充,还要对必要的专业能力进行巩固,同时需要避免重复培训。这无疑是对传统教师教育的极大挑战,但同时也反映出教师专业发展对教师教育信息化的迫切需求。例如,在信息化的教师教育培训中,需要信息系统为教师创建专业发展档案与教师教育培训档案,对二者进行交叉分析后生成适合教师当前发展阶段的培训内容甚至是培训方法,使得教师各阶段所接受的教师教育具有很强的连续性,即前一阶段为后一阶段打下良好的专业基础,后一阶段对前一阶段进行有效的补充与巩固,将教师专业发展的各个阶段无缝衔接,形成连续的教师教育闭环。

教师专业发展的差异性是指由于教师在每一发展阶段面临的社会际遇、生存方式及社会角色等存在差异,因此他们在专业发展各阶段中的关注点、主要的矛盾和冲突、发展所具备的条件都会有所不同。此时传统"一刀切"的教师教育显然已不能满足教师的发展需要,必须考虑教师发展不同阶段的差异和内在联系,设计出既有针对性又具规范性的培训内容和方法。信息化的教师教育能够在培训前期,利用电子问卷及分析系统对教师的年龄、学科背景、学历、信息素养基础进行分组,开展差异化教学,提高教师教育培训的针对性和有效性。另外,信息化的教师教育可以为教师提供丰富的教育资源,教师可以根据自身专业发展特点自主选择。因此,教师教育的信息化完美契合了教师专业发展的差异性需求。

二、教师教育信息化的内涵特征

构建信息社会下的现代化教育体系已成为各国教育发展的主要目标。教育信息化作为教育现代化的基本内涵和显著特征,是信息时代教育改革发展的必由之路,是促进教育公平、提高教育质量、推动教育改革的有力抓手。同时,提高教师教育水平、加强教师队伍建设又是实现信息时代教育现代化的根本保障。因此,必须加强教师教育信息化的基本内涵特征研究,深化对教师教育信息化的认识理解,探寻教师教育信息化发展规律,以促进教育信息化的跨越式发展,进而实现教育现代化的伟大目标。

(一)教师教育信息化的内涵

2002年,教育部颁布《关于推进教师教育信息化建设的意见》(以下简称《意见》),明确指出教师教育信息化既是教育信息化的重要组成部分,又是推进教育信息化建设的重要力量。教师教育必须加快信息化进程,加大信息化建设力度,为全面提高中小学教师的信息素养奠定坚实的基础。《意见》引起了众多学者的关注,同时众多学者针对教师教育信息化的具体含义展开了热烈的讨论。虽然目前国内还没有对教师教育信息化的内涵形成相对统一的界定,但不同学者的多样化诠释有助于人们对教师教育信息化本质特征的认识。

任友群等人认为,教师在教师教育信息化过程中既是主体也是客体,一方面,教师信息化能力的提升可以加速教育信息化发展;另一方面,教育信息化也将促进教师信息化专业发展。因此,根据教师在教育信息化中的主客体关系,可以将教师教育信息化划分为教师信息化专业知能(Teacher's Professional Competency,简称 TPC)的发展和教师教育过程的信息化两个层面。其中,TPC 是指教师掌握的信息化知识以及利用信息化知识解决教育过程中所遇到的问题的能力。也就是说,教师信息化专业知能不仅关注教师的信息化知识,更关注信息化处理能力的形成过程。这一形成过程包括增加教师信息化知识储备的持续性过程、提升教师利用信息化知识解决教育问题能力的持续性过程以及提高教师对信息技术能力的元认知的持续性过程。TPC 的发展是教育信息化过程中教师的首要任务,教师在这一发展过程中扮演着加速教育信息化进程的主体角色。教师教育信息化还包括教师教育过程的信息化,即以信息化的教育模式代替传统说教式的教育模式对教师进行信息化教育。在这一层面,教师是教育信息化过程的客体,这一过程是针对教师教育机构提出的要求。教师教育机构不仅要全面实现基础设施、教学手段的信息化,还要致力于优化教师教育信息化过程,更新教师教育观念。任友群等人通过对教师教育信息化主客体两方面的阐释,展现了教师教育信息化过程有机循环的全貌,加深了学术界对教师教育信息化内涵的理解。

王为杰认为,教师教育信息化的本质是指在教师教育领域吸收教育信息化的先进思想,应用现代教育技术手段,改革教师教育的模式和内容,培养具有创新精神、实践能力和信息素养的现代教师。基于对教师教育信息化内涵的剖析,王为杰还提出教师教育信息化的重点是利用信息化教育为教师的专业发展提供全方位指导,教师教育信息化可以理解为以信息技术实施多元化培训方式,从而提高包括边远贫困山区和少数民族地区的在职教师培训质量,因此政府、社会及教师教育机构必须对教师教育信息化予以重视。

王秀娟、马秀峰以教师教育信息化的目的为出发点,认为教师教育信息化是将信息作为基本要素与教师教育系统进行融合,是实现教师教育过程信息化的有意义活动的总称,在一定意义上就是信息技术与教师教育课程有机整合的过程。教师教育信息化的目标包含两个方面:一是帮助受训教师掌握以网络和计算机为核心的信息技术;二是利用信息技术创新教师教育者的教学手段与教学策略,从而提升受训教师利用信息技术处理教育问题的专业信息素养。因此,教师教育信息化是以培养具有创新精神和问题解决能力的信息化教育工作者为目标,最终实现教师教育跨越式发展的重要推动力量。

顾小清等人从教师专业化发展的角度出发,认为"教师教育信息化是利用现代信息技术促进广大教师专业技能发展和实现自我完善的过程"。在信息技术时代,教师专业化发展不仅要求教师具备基本的信息技术专业知识,同时还要具备将信息技术应用于教学实践的能力。因此,教师教育信息化的最终目的就是要培养具备信息化教学设计和信息化教学实践技能的创新型高素质教师队伍。

杨丽波等人认为,教师教育信息化是指教师在教育领域广泛地利用信息技术促进信息化教学和教师专业化发展的过程。教师教育信息化既包括对教师教育过程的信息化,又包括信息技术环境下的教师专业化的发展。当前发达国家已将教师教育信息化作为未来教育的发展方向,随着教育信息化的发展,我国也已厘清教师在教师教育信息化中互为主客体的辩证关系,将教师教育信息化列为教育信息化的发展重点,在教师教育信息化资源建设、教师教育信息化课程建设及教师教育信息化制度建设等方面都取得了一些成绩。

刘福满认为,在信息技术与教育活动高度融合的时代,信息技术的发展必然会引起教育观念与教育模式的大变革,而教师必须不断提升自身信息素养,才能适应教育信息化的快速发展,具备培养学生在信息化时代生存及发展的能力。他进一步从教师教育信息化本质的角度提出教师教育信息化的实质是在教师教育领域,以教育信息化的先进思想为指导,以现代教育技术为媒介,改革创新教师教育模式及内容,培养具有信息素养和信息实践能力的现代卓越教师。

范运祥等人在综合各学者对教师教育信息化内涵界定的基础上,提出教师教育信息化是在现代教育理论的指导下利用信息化教学环境与教学资源,通过现代教育技术手段进行教师教育模式与内容的变革,实现职前、入职及职后教师教育培训信息化,最终构建集创新性与信息化于一体的教师教育模式。教师教育信息化最终要落脚于提升教师信息素养、提高教师在信息技术环境中进行教学与管理的综合能力。

综上所述,教师教育信息化是信息技术与教师教育整合的过程,具体是指以现代教育理论指导为前提,将现代信息技术应用于教师教育全过程,改革传统的教师教育模式和内容,使教师充分接受信息化教育和信息化管理,促进教师专业化发展,培养具有创新精神、信息素养、信息化教学与信息化管理能力的现代教师。

(二)教师教育信息化的特征

教师教育信息化对教师教育的发展起到了不可替代的建设性作用,教师教育的发展亦对教师教育信息化提出了新的要求。教师教育信息化正是在与教师教育的互动过程中呈现出新的特征。

1. 现代教育理念的指导性

教师教育信息化以计算机及网络技术等硬件设备为物质基础,但是先进的教育技术不等同于教师教育信息化,只有当教育技术与先进的教育理念有机融合,才能实现真正的教师教育信息化。正如叶澜教授所言,没有教育理念的变革,再现代化的教育设施和再高学历的教师队伍,都无法创造出面向21世纪的新基础教育。当前,教师教育信息化跳出传统教育理念的桎梏,在现代教育理念的指导之下不断发展,这是教师教育信息化最显著的特征。

传统教育理念受科学主义与主知主义的影响,将知识的传授与获取作为教育的唯一目标,认为教师几乎是信息的唯一提供者,对教育标准、内容与方法等具有绝对的控制权,处于教育活动的中心位置,而学生则成为接收教育的容器,师生沦为知识的工具。师生角色在这种工具理性的支配下逐渐异化,教育学界开始呼唤师生人文精神的复归。随着信息技术的发展,传统的教育理念被逐渐颠覆,现代化的教育理念重视人的价值存在,认为学生既是接受教育的客体,也是主动获取知识的主体,同时鼓励教师摆脱课程的控制,以实践主体的身份积极参与教师教育信息化的进程。教师教育信息化的现代化教育理念特征同时体现在它对于改善僵化的师生关系也有所裨益,信息的更替速度加快,其来源日益多元化，学生获得了拥有前喻知识的可能，教师由知识传授者转变为教学组织者和引导者，师生开始以更加平等的方式相互学习、相互影响。另外，现代教育理念还强调培养学生的独立性与创造性。信息技术的快速发展不仅改变人们的生活方式，同时还为个体的个性发展提供了更多的选择性与可能性。相对于传统教育理念下千篇一律的学生培养方式，现代教育理念要求教师不仅要对学生的基本发展进行统一规划，还要能够根据学生个性发展要求制订多样化的培养方案、评价方案，使每个学生能够在自我经验基础之上对知识进行意义建构，成为具有高度自主性、独立性与创造性的人。

2. 信息技术的支撑性

教师教育信息化必须以信息化的技术和资源为重要支撑。信息技术将多媒体技术、计算机技术和网络技术应用于教师教育的整个过程中，能够更直观地将信息呈现在学习者面前，更快捷地传播信息，以更加符合人的思维方式处理信息。只有充分运用现代信息技术才能实现有效的教师教育过程，为学生提供新型的学习认知工具，构建起新型教学模式，助力教育现代化。有研究者以四个技术支持的教师教育项目（哈佛大学教育学研究生院主办的 WIDE World 培训项目、印第安纳大学开展的探究性学习论坛项目 ILF、MPS 门户以及新加坡教师网络项目 TN）为例，列举了四项教师教育项目如何在信息化技术的支持下获得令人瞩目的成绩。首先，在线网络交流技术可以有效整合教师教育培训的设计原则，提供灵活的在线交流方式，帮助教师突破时间与空间的限制而维持长期的交流；可以加强师范生与经验丰富的一线教师之间的交流沟通，改善师范生在职前培养阶段理论知识与实践技能相分离的问题。其次，借由网络技术搭建的专业发展系统，可以记录教师的教学日常，为教师提供观看自己及他人教学视频的机会，从而激发教师的反思性讨论，获得对"探究性教学"的直观认识；可以为教师建立合作性专业虚拟社区，提供来自导师、教师教育机构以及同行的社会、情感与专业支持，促进教师的专业发展。最后，利用关键的信息技术所研发的在线课程开发助手、协作性网络和知识管理系统等工具，可以帮助教师制订科学的课程计划并获得专家的评审意见；可以开展在线调查获取量化研究数据等。信息化技术的应用与升级是突破地域局限实现教师教育资源共享的有效媒介，更是实现教师教育信息化发展的重要保障。

信息化的教学资源为信息化教学提供了物质基础，尤其是利用超文本、超媒体技术搭建起来的智慧教室、网络教学平台、教师发展平台以及数字图书馆等教育资源,成为信息技术与课程融合的产物,为信息技术支持下的教师教育提供了丰富的资源保障。《教育信息化2.0行动计划》所提出的建成和完善数字资源公共服务体系、实施教育大资源共享计划等计划更是为教师教育信息化进程的快速推进营造了良好的政策环境。教师通过数字化教学资源,可以随时随地进行自主学习,接受与学习更加先进的教学理念、教学方法与教学技术,能够更好地支持及引导学生进行自主探究学习。可见,信息化的教学资源可以保障新型教学模式的可持续发展,将创新人才的培养落到实处。

3. 教师教育模式的变革性

教师教育信息化的核心是在现代化的教学环境中,利用数字化教学资源与信息化教学技术帮助教师建立一种能够充分调动学生学习自主性的双边信息活动。体现在教师教育中,就是建立一种新型的教师教育模式,引导教师思考如何利用信息技术提高学科知识的学习与教学,从而将教师培养为技术创新应用的先行者。

教师教育信息化所构建的新型教师教育模式不是单纯地在传统教学基础上运用信息技术与手段,而是以现代信息技术为基础,将信息资源与信息方法渗透到教师教育课程设计和课程操作全过程的一系列革新。在这种模式下,教师将始终处在围绕信息进行挖掘、辨识、使用、处理及创新的过程中,教师能够利用教师教育过程中学到的新型教学模式,如情景化学习、计算机支持合作学习、计算机个别授导等多种方式来充分调动学生的创造性,有利于开展探究性学习、合作性学习等以学生为主体的学习方式,并通过评价系统进行信息反馈,将教育理论与教学实践充分结合起来,做到学以致用,提高教师教育的培养质量。

4. 教师信息技术能力的促进性

信息化教师教育的目的是提高教师的信息化教学能力和信息化管理能力,以信息化带动现代化,促使教育教学实现跨越式发展。信息化教学能力是指教师在现代教学理论指导下,以信息技术为支持,利用教育技术手段进行教学的能力,它包括信息化教学认知能力、信息化教学调控能力、信息化教学组织能力以及信息化教学研究能力等。信息化的教师教育不仅要从外部为教师提供有效途径,将知识以符合教育现代化发展的方式传授给学生,同时还应在这个过程中提升教师的信息素养,促进教师的专业化发展。有学者认为,为实现教师信息化教学能力的提升,现行教师教育系统正试图从构建一体化网络教研体系、设计专题学习网站、制订混合学习模式等多元化途径着手,促进教师信息化教学能力健康高效的发展,为教育信息化时代的教育教学改革提供高质量的师资保障,推动信息技术与教育的融合创新。

信息化教学管理主要是指教师应用计算机技术管理教学过程,包括利用计算机进行学生学业水平测试与评价、全面诊断学生学习问题、建立电子版学生信息档案等管理方式的信息化。传统的人工管理模式难以满足现代化教学管理工作的需求,而信息平台的交互性可以帮助教师规范教学管理工作,从而实现教学管理过程中的信息化与自动化,提高教学管理的客观性。为教师带来更加简单便捷的教学管理体验一直是教师教育信息化的价值追求。为此,信息化的教师教育不断引导教师树立科学的信息化教学管理观念,致力于建设信息化的教学管理平台,培养教师对于教学管理资源的开发能力,以期实现教师信息化管理能力的持续提升。这也是教师教育信息化区别于传统教师教育的显著特征之一。

第二节 教师的信息素养

随着信息技术的飞速发展,信息素养教育引起了世界各国的广泛重视,培养符合数字时代需求、掌握现代信息技术的人才成为增强国家国际竞争力的重要发展战略之一。教师作为教育生态中的重要组成部分,其信息素养是促进教育信息化发展的基础,教师信息素养的高低将直接影响信息化人才的培养质量。同时,教师信息素养与教师教育信息化相互促进,二者相辅相成,因此,教师信息素养已成为教师教育信息化研究中的重要组成部分。

一、教师信息素养的概念界定

信息素养是教师必须具备的重要素质。但什么是信息素养,教师信息素养有哪些特殊的要求,一直是人们关注和讨论的主题。很多学者对信息素养和教师信息素养的内涵开展了研究并进行了明确的界定。

(一)信息素养

信息素养的概念最早产生于图书情报界。人们将图书检索技能与快捷高效的计算机技能进行综合形成的一种能力与素质称为信息素养。信息素养最早是由美国信息产业协会主席保罗·车可斯基于1974年提出的。他把信息素养定义为"利用大量的信息工具及主要信息源使问题得到解答的技术和技能"，后来又将其解释为"人们在解答问题时利用信息的技术和技能"。这是关于信息素养的早期概念界定。

我国最早关于信息素养的引入是在商业领域而非教育领域，熊杨华公开发表的《浅议企业经营者市场信息素养》一文是国内能检测到的最早以信息素养为题的论文。直到1995年金国庆发表《信息社会中信息素养教育概述》，标志着我国教育界开始关注信息素养的研究。随后几年中，沙红、王吉庆等人对信息素养概念进行了进一步的引入与解释。沙红在《信息素养及其培育》一文中介绍了信息素养概念的由来，并且从技术、意识与知识三个层面阐述对信息素养的理解，她强调单纯从信息技术水平的高低来衡量信息素养水平是片面的，应将文化素养与信息意识作为信息素养研究的核心。王吉庆在《信息素养论》一书中指出信息素养是完全可以经后天培养而获得的，信息素养是指个体获取、利用与开发信息的能力。

21世纪以来，信息化对教育教学的广泛渗入引起教育界对信息素养研究的重视，国内涌现出大量关于信息素养的著作与论文。关于信息素养内涵的研究大致分为两类：第一类是学者结合国外信息素养内涵研究对国内信息素养的认识方向提出新的见解，如王旭卿介绍了美国关于信息素养定义的演变，并总结出信息素养不仅仅是利用信息技术进行获取、检索与交流的技能，更是利用信息技能解决信息问题、创新方法路径的综合信息能力；张倩苇对美国、澳大利亚等国信息素养的特征进行描述，以期为国内理解信息素养内涵提供更加广阔的视角；任友群等学者对美国信息素养定义的产生与发展进行描述后指出，人们对信息素养的认识要从单纯利用计算机查找信息向对信息技术的本质及其对文化与社会的影响转变，倡导人们利用批判性思维思考信息素养的内涵，并发现信息素养的艺术价值。第二类研究中，学者多从能力结构进行分析，使信息素养的内涵更加具体化、清晰化。如对信息素养进行结构性描述的代表学者桑新民提出从三个层次、六个方面确立信息素养：第一层次为驾驭信息的能力，在这一层次下包含着获取信息、评价信息、存储与提取信息、运用多媒体形式表达信息与使用信息四种能力；第二层次为运用多媒体提高学习效率与进行交流的能力,这一层次下要求人们具备利用信息进行自主学习与交流的能力;第三层次为信息时代公民的人格教养,这一层次的目标是培养与提高信息时代公民的道德情感、法律意识与社会责任。钟志贤等学者提出信息素养是运用信息解决问题的能力,具体包括获取、生成、使用、创造信息的能力。南国农认为,信息素养主要包括信息技术意识、信息技术知识、信息技术能力、信息处理能力、信息交流能力与信息技术道德。王玉明认为,信息素养包括个体使用信息、感知信息需求、主动搜集信息、学习信息技术的能力。由于信息素养是一个根植于信息产业及信息技术的动态性概念,其内涵也必然会不断发展与完善。之后的几年里,国内学者对信息素养内涵的研究热度未减,虽然当前国内还未形成关于信息素养内涵的统一定义,但多数学者已认可了信息意识、信息知识、信息能力、信息伦理道德四个方面是信息素养的基本结构表征这一说法。如刁生富认为想在信息时代生存与发展的人,必须是具有信息意识、信息知识、信息能力及信息道德的人,因此信息素养应包括信息意识、信息知识、信息能力和信息道德这四个方面。祝智庭等人指出,信息素养是人们对于信息的认识及在相关信息活动中所体现出的综合素质,包括意识、思维、手段、伦理道德等内容。范运祥等人从信息意识和情感、信息技能知识、信息处理能力、信息伦理道德四个方面阐述了信息素养的基本内涵。在研究逐渐深化的同时,国内学者对这四种结构与信息素养本体间的关系也进行了进一步的探讨并达成了共识:信息意识是信息素养的先导,信息知识是信息素养的基础,信息能力是信息素养的核心,信息道德是信息素养的保证。

(二)教师信息素养

国际教育信息化于20世纪90年代起步,各个国家在此阶段纷纷投入大量人力物力进行教育信息化基础设施建设,但是对信息技术应用于教育的探索还不够深入。到21世纪初,信息技术开始广泛应用于教育领域,各国的关注点聚焦于信息技术与教育教学的整合应用。在这一阶段教师也逐渐成为教育信息化的关注对象之一,有关教师信息素养的研究日益受到重视。以2002年我国发布的《教育部关于推进教师教育信息化建设的意见》为界,有关教师信息素养的研究至此在中国拉开帷幕。该意见首次提出要培养具有创新精神和实践能力的中小学师资,全面提高中小学教师信息素养。由此可见,在国家的政策导向下,提升教师信息素养已经成为全社会的共识。从对信息素养概念的界定可以看出,具有不同研究背景的人对当前信息素养内涵的研究侧重点并不相同,但是不乏共同的理解,因此,学术界对于教师信息素养的内涵理解必然也是见仁见智。

我国对于教师信息素养概念的首次阐释是在1999年,陈汉英在《试论信息时代教师新的角色及信息素养》一文中对教师信息素养的内涵进行了论述,他指出,为适应信息时代的要求,教师应具备的信息素养包括以下几个方面:首先是信息意识,即教师必须具备利用信息技术进行教学与科研的意识;其次是信息基础知识,教师需关注信息科学知识的发展动态,理解信息技术在教育中的可应用性,并且学习一定的计算机基础知识;接下来是信息能力,主要指教师对信息系统的操作能力;最后是信息技术的运用,要求初级教师至少要成为教学软件的体验者,能够利用信息技术进行教学实践,而高级教师则应该将教学规律与信息技术进行有机融合,并在反思中不断改进。陈汉英的这一论述虽然对教师信息素养概念的界定较为笼统,层次不够深入,但已有将信息技术作为工具进行教学的意识,并且从教师信息素养构成的角度为后来教师信息素养主流概念的形成奠定了基础。

学者张景生在陈汉英的基础上将教师应具备的信息基础知识并入信息处理能力范畴,认为教师需要具备知识信息以及获取、组织、表达、处理、传播信息的能力,并结合教学过程的实施对每种信息处理能力进行了详细的论述。除此之外,他从师德的角度提出教师信息素养还应包含信息伦理道德,即教师需要具备在信息浪潮中辨别信息优劣的能力,教师对教学信息的选择与利用将直接影响学生伦理道德观的形成,教师有义务为引导学生成为文明的信息公民作出良好示范。另外,南国农教授提出,教师信息素养内涵除信息技术意识、信息技术知识和信息技术能力外,还应包括信息技术道德,即教师要自觉遵守关于网络道德规范的法律法规,抵制不良信息,成为一名具有道德感和社会责任感的信息技术使用者,为培养学生信息素养以身作则。南国农和张景生等学者结合中小学生及信息技术发展面临的新背景对教师信息素养的概念提出了部分新的阐释,并且将信息技术的运用进一步融合进教学实践中,将信息素养与德育实践充分联系起来,使得信息技术与教育教学联系更为密切,促使教师信息素养逐渐显现出区别于一般信息素养的独特之处。

有学者将教师信息素养定义为各类教师掌握利用计算机网络挖掘教育信

息,从而对教学过程和学习资源进行设计、应用及管理的创新型综合教学能力。还有学者认为,教师信息素养是指以信息技术为基础的多元而富有层次的概念范畴,是动态融合信息知识与能力、信息观念、信息伦理道德以及信息思维与创新意识于一体的综合素养。谢安邦认为,具有信息素养的教师应该具有强烈的信息意识,对信息获取具有强烈的欲望及敏感度;能够正确认识自我信息需求并灵活获取信息;能够批判性地评价与思考信息;妥善应用、处理与保存信息;通过对信息的有效整合创造性地解决教学问题;能够遵守信息道德,维护信息安全。有学者认为,教师信息素养属于个人能力的一部分,是教师个人利用信息解决问题的能力,并从信息道德、信息意识、信息能力、信息知识四方面详细论述了教师信息素养在教育教学中的体现。全宏瑞等人在研究1998年美国图书馆协会和教育传播与技术协会制定的信息素养的九大标准的基础上,提出教师信息素养内涵应包括信息意识、信息知识、信息能力和信息道德四个方面。桑国元和于晓雅等人也从信息意识、信息能力、信息知识和信息道德等方面分别论述"互联网+"时代与人工智能视域下教师信息素养的内涵。

  有学者对教师信息素养的内涵进行了多层次的划分,不仅对不同学科教师(信息学科与非信息学科)信息素养内涵进行讨论,还进一步细化了对不同功用的(基本信息素养、学科信息素养、科研信息素养、特殊信息素养)教师信息素养内涵的解释。王吉庆分别对信息学科与非信息学科的教师信息素养内涵进行了解释。他认为非信息技术教师在教学工作中应具备应用信息技术的能力,对信息进行自如的传送与接收,能够利用软件进行教学组织与管理,并且能够进行电子教材的开发与应用。而信息学科的教师则应比普通教师具备更高层次的信息技术运用与开发能力,如将其他教师的教学设计研发为可推广的软件,把握信息技术与教学的最新承接点,以更加先进的信息技术观念引导学生进行信息学科及其他学科的学习。任友群等人也从一般学科教师和信息技术教师两个层面分别论述了教师信息素养内涵。从整体来看,他对一般学科教师的信息素养的概念界定与其他学者基本一致,主要包括:教师信息意识与情感、教师信息知识、教师信息能力、教师信息伦理道德,并对具体内容进行了概述。除此之外,他对信息技术教师的信息素养进行了更加详细的论述。他认为信息技术教师除了要具备一般学科教师的信息素养,还需要能够较好地回答学生提出的信息技术学科问题;具备终身学习信息技术的意识;能够设计、开发、维护与更新教学信息系统；对其他学科教师进行培训，自觉承担起提高教师队伍信息素养水平的责任；组织与信息技术相关的训练、活动与竞赛等。王吉庆和任友群将教师信息素养内涵的解释落实到教学的具体活动中，对两种不同层面的教师信息素养做出了详细的界定，在一定程度上提高了教师信息素养内涵界定的规范性。华东师范大学祝智庭教授对教师信息素养的层次进行了进一步划分，在《信息教育展望》中提出教师信息素养包括教师的基本信息素养、学科信息素养、科研信息素养以及针对信息学科教师而言的特殊信息素养。其中，教师基本素养包括有关信息技术的一般性知识、技能、观念和意识；学科信息素养指与学科教学相关的信息知识和能力；科研信息素养指灵活运用信息知识与技能进行科研活动的能力；特殊信息素养则是指信息学科教师等信息专业工作者所应具备的信息知识与技能。这一内涵界定使教师信息素养内涵层次的划分更为明显，不仅详细论述了教师应具备的基本素养，还为教师提供了不同学科、不同工作任务中信息素养的发展方向，是教师信息素养内涵分层化研究中最具代表性的阐释。

二、教师信息素养研究的发展阶段

中华人民共和国成立以来，教育信息化作为实现教育现代化的有力支撑和教育改革发展的时代抓手，在信息持续快速发展的时代功不可没。如果说提高教师信息素养是全面实现教育信息化的重要基础，那么教育信息化的发展就是推进教师信息素养发展的时代驱动。75年间，教育信息化战略与政策日臻完善，对教师的信息素养水平要求也逐渐提高，可以说教育信息化的发展方向就是教师信息素养研究的方向。根据任友群对中国教育信息化发展历程的划分，我国教育信息化的发展可分为教育信息化萌芽期（1978—1999年）、教育信息化建设驱动发展期（2000—2010年）、教育信息化应用驱动发展期（2011—2017年）以及教育信息化2.0新时期（2018年至今）四个阶段，教师信息素养研究在教育信息化发展中亦发生着从无到有、从有到优、从优到精的发展演变。

（一）教师信息素养研究的兴起

1978年4月全国教育工作会议指出，发展电视广播等现代化教育手段是发展教育事业的重要途径，正式拉开中国教育信息化的帷幕。由于此时教育信息化正处在萌芽时期，学术研究多集中在如何建设信息化教育以及学习国外教育信息化经验上，关于本国教师信息素养的研究呈空白化的局面。直至2002年3

月1日,在教育信息化大背景下,教师教育也迎来了信息化发展的指导性政策意见,教育部发布《关于推进教师教育信息化建设的意见》,提出教师教育信息化建设是一项紧迫的任务,要加强以信息化带动教育现代化,促进教师教育跨越式的发展。此后,教师信息素养成为研究热点,在教育信息化进入应用驱动发展阶段的同时,教师信息素养研究经历了从无到有、从空白到纷繁的过程。众多学者以教育信息化时代下教师信息素养的现状、构成、必要性与提升方法为主要研究内容;在研究方法上以质性研究为主,量化研究为辅;研究对象以中小学教师为主体,初步形成研究体系,为日后教师信息素养的研究发展打下坚实的基础。

于勇基于教师信息素养的重要性与必要性,提出将构建信息化的教师教育课程体系作为提升教师教育信息素养的突破口。在教育信息化时代,学校开始重视信息技术与课程的整合,未来的学习将发生改变,具体表现为学生将成为学习的中心,学习的空间将由封闭走向开放,学习的内容也将更加多元化,教师信息素养的高低将对信息技术与课程整合的效果产生很大影响。他以教育部发布的《教育部关于推进教师教育信息化建设的意见》为政策依据,阐述了提升教师信息素养的重要性,认为构建包含基本信息技术技能、信息技术与学科整合的理论和实践、具体学科应用在内的三层级式教师教育课程体系是培养教师教育信息素养的关键,并且提出辅以学位进修、短期进修以及校本培训等方式提高教师信息素养,将有利于推动教育的整体变革。钟志贤采取实证研究的方法对江西南昌中小学信息技术教育实验区的11所学校的教师进行调查,从信息教育意识、信息技术技能、信息化教学设计等方面了解中小学教师信息素养现状,研究结果显示,当前中小学教师具有较高的信息技术教育意识,能够理解信息技术与学科教学相整合的具体含义,但是其信息技能应用于教学的实践能力及教学设计水平有待提高。针对教师信息素养的这一现状,应根据教师的主体差异性对中小学教师信息技术培训的内容与方式进行调整,有效提升教师信息素养水平。谢安邦分析当前教育信息化形势,提出信息化手段在教育领域与教育信息网络中不断扩张,教育信息化势不可挡,在此时代下,政府一方面要开始实施教师教育网络联盟计划,通过教师教育信息化促进基础教育,特别是农村教育的发展,另一方面应将提升教师信息素养作为教师培训的中心任务。还有学者提出,教师信息素养是教育信息化发展的需要,指出多媒体计算机技术、网络以及现代远程教育技术在各级各类学校的普及应用离不开作为在教学活动中起主导作用的教师的信息技术和信息素养能力的提高,因此需要建立一套规范的教师信息素养培养标准和评价体系。具体而言,应在内容上确保标准的全面性与系统性,在学科上注重标准的工具性与实践性,在实施上遵循开放性与可行性原则,通过层次分明的标准体系和评价体系完善我国中小学教师信息技术教育和信息素养能力培养机制。

(二)教师信息素养研究的拓展

2012年9月,全国教育信息化工作电视电话会议提出以建设好"三通两平台"为抓手,实现教育信息化基础设施建设新突破,标志着我国教育信息化开始从建设阶段向应用阶段转变。在这一阶段我国教育信息化基础设施已满足信息技术条件下进行教育教学的基本要求,教育信息化取得较大的成就。在教育信息化应用驱动发展期,教师也愈加成为被教育信息化关注的对象之一,我国相关领域的专家及研究机构针对教师信息素养问题进行了更深层次的研究。这一时期教师信息素养研究的研究内容、研究对象、研究方法与研究结构已不再局限于固定的范式,关于不同学科、不同年龄层次以及不同区域教师信息素养的比较与研究层出不穷,教师信息素养研究呈现由有向优的发展变革趋势。

1. 教师信息素养与学科教学的融合研究

学科教师信息素养的发展困境与提升策略研究成为研究者深化拓展教师信息素养研究的路径之一。范运祥等人将体育教师作为研究对象,认为当前体育教师信息素养培养方面存在较多误区:首先,由于培训人员及管理者对于教师信息素养内涵的认识偏差,导致体育教师的信息素养培训重技术而轻意识及态度;其次,培养内容与体育教师的教学科研实践相分离,培训效果偏离培训目标;再次,培训缺乏稳定畅通的过程性评价和反馈机制,降低了培训的实效性;最后,信息基础设施和资源建设滞后,客观上制约了教师信息素养水平的提升。针对一系列培养困境,研究者提出相应的解决策略:第一,要培养体育教师对于信息的敏感度与挖掘能力,引导体育教师将信息技术运用到体育教学中;第二,要建立完善的体育教师信息素养培训制度和体系,并且通过体育教学课件大赛、优质体育课评选等活动建立提升体育教师信息素养的激励机制;第三,要加大对学校体育硬件基础设施和教育信息资源的建设力度,为体育教师构建信息素养提升平台。郭亚莉等人对外语教师提升信息素养,从而促进信息技术与课程整合进行深入研究。她认为,信息素养是教育信息化对外语教师的素质的内在要求,是推进中小学教学改革与外语教师终身学习素养的时代诉求。基于提升信息素养对外语教师的必要性与迫切性,她提出要通过开展多层次、多形式的培训体系提升培训效果,打破学科界限,调动多学科人力资源,实现学科间教师的多渠道交流协作。同时,要建立实践共同体,针对骨干教师、主讲教师与基层教师设计层级滚动式培训,并且积极开展长短结合的校本培训。最后,要加强信息技术与课程整合、增加实践机会,鼓励外语教师构建真实的认知语境,利用博客、问题库、ICQ 等信息技术手段加强信息技术与课程整合,提升自身信息素养。

2. 青年教师信息素养研究

开展教育信息化是世界众多国家迎接知识经济挑战以及推进教育改革的有效途径,提高国民信息素养是国家信息化建设的根本。青年教师作为教育信息化发展的催化剂,要通过提升自身信息素养适应与推动信息技术在教学中的建设与应用,成为教育信息化实践的中坚力量。王轶等研究者对青年教师的信息素养进行了研究,指出在"互联网+教育"的指引下,教育信息化使信息技术与教育产生了双向融合与创新的新型关系,是推进我国教育改革优化集成的关键因素。在教育信息化应用驱动发展时期,青年教师作为教育事业的主力军,要迅速掌握并应用信息技术素养与信息人文素养,加快构建信息技术与教育要素相融合的学习环境。因此,青年教师要积极参与讲课比赛,锻炼自身信息化教学设计素养和教学实施素养,学习掌握 Spock、Meta-Mooc、Pmooc 等在线学习新范式。与此同时,青年教师需要提高自身科研能力,以持续更新的科研成果提高自身信息素养水平,同时利用信息素养反哺教学,形成科研教学的良性循环圈,推动青年教师教学实践能力的提升,为我国快速实现教育现代化贡献力量。

3. 教师信息素养的区域化研究

由于区域发展的不平衡,不同地区的经济、文化、教育等发展状况存在较大差异。有研究表明,人均 GNP 与基础教育的相关水平较高。为避免信息化扩大不同区域间的数字鸿沟,研究者认为只有平衡区域间中小学教师信息素养的发展水平,才能在实现教育信息化的同时发挥后发优势,促进经济的全面发展。刘鹏等人针对西部贫困地区中小学教师信息素养状况进行了抽样调查,调查显示西部贫困地区教师在信息意识方面,学习和使用信息技术的意愿水平高,但是信息实践行为没有达到高度自觉水平;在信息知识方面,其理论知识严重匮乏,有限的信息技术知识囿于环境无法得到内化;在信息能力方面,呈现在基础层面的低效循环趋势;对信息道德的认识模糊。针对西部贫困地区中小学教师信息素养现状,研究者得出以下结论:第一,西部贫困地区中小学教师的信息素养水平不容乐观;第二,造成西部贫困地区教师信息素养水平较低的原因是多样的,既有管理层与教师自身的因素,也有文化教育与西部经济环境的影响;第三,不同教龄、年龄的教师信息素养差异显著。除此之外,有研究者将香港与广州中小学教师的信息素养培训进行比较,发现广州中小学教师的信息素养培训以技术能力培训为主,缺乏对信息技术与课程的整合培训,且职前教育中的信息素养培训有所缺失。因此,在职前培养阶段,要加强信息技术与所讲科目的融合,并制定不同层次的信息素养水平评价考核方法作为在职培训的依据;职后培训阶段,要采取多元化的培训方式开展以提升信息素养为主旨的专题研习和协作学习,制定一套具有差异性及灵活操作性的教师信息素养评估体系,以更好地推进广州中小学教师信息素养的提升。

(三)教师信息素养研究的深化

2018年4月,教育部印发《教育信息化2.0行动计划》,提出到2022年基本实现"三全两高一大"的发展目标,即教学应用覆盖全体教师、学习应用覆盖全体适龄学生、数字校园建设覆盖全体学校,提高信息化应用水平、提高师生信息素养,建设一个"互联网+教育"大平台。教育信息化2.0时代,是使中国教育信息化由与世界并跑转向发挥全球领跑作用的时代,更是教育信息化在发展理念与建设方式上实现全新突破与升级的时代。当前围绕教育信息化2.0时代进行的教师信息素养研究较少,基本可以划分为对信息素养的测评研究、实证研究以及提升策略研究,但是根据研究的历史发展规律,这一时期是大量学者参与到研究队伍的时期,2.0时代背景下方法独特、范式新颖、意义非凡的教师信息素养创新研究正蓄势待发,教师信息素养研究从优到精的变革阶段即将到来。

1. 教师信息素养测评研究

李毅、邱兰欢等研究者认为在"致力于融合与创新"的教育信息化2.0时代,建设高素质教师队伍离不开教师信息素养的提升,而信息素养评价是使理论研究应用于教育实践的必经途径,因此他们通过对西部地区的1660名师范生的信息素养调查与测评,制定了师范生信息素养三阶测评模型。首先,模型将师范生信息素养划分为"基本信息素养""学生学习素养"以及"教师教学素养"三个二级指标。其次,每个二级指标包括三个三级指标,其中,信息意识与态度、信息道德与安全和信息技能构成了师范生基本信息素养的评价指标;科学精神、学会学习与研究创新构成学生学习素养的评价指标;科学信念、技术支持与整合教学构成教师教学素养的评价指标。这一师范生信息素养三阶测评模型得到了36名专家的认可与好评,为有效提高师范生信息素养提供了科学可靠的参考依据。

2. 教师信息素养实证研究

创新研究方法是教育信息化2.0时代下教师信息素养研究的新趋势。其中,开展教师信息素养实证研究是揭示新时代教师信息素养现状、剖析教师信息素养影响因素以及创新教师信息素养提升路径的有效方法。有研究者提出,为实现教育信息化2.0的"三全两高一大"目标,要加强县域学校智慧校园的建设,提升教师信息素养。为此,该研究对江西省婺源县2243名中小学教师开展信息素养调查,发现目前我国县域教师信息素养水平有待提升,教师利用合适的信息技术优化课堂教学的能力亟须加强。针对这一情况,县域学校需要将教师信息素养水平纳入教师专业发展考核,制定具有县域特色的教师信息素养考核标准;教师自身要积极在网络学习空间内开展多种教学活动,在教学实践中提升信息素养;要积极启动中小学教师信息技术应用能力2.0工程。马欣研等研究者构建了由分析维度、发展阶段与影响因素构成的教师信息素养分析框架,并且根据分析框架制作调查问卷,对北京、上海、河南、四川、新疆等10个省、直辖市、自治区的553名中小学教师进行信息素养调查。调查结果显示,当前我国中小学教师信息技术与学科教学整合能力不足;信息技术运用于教学的创新能力有待提高;信息素养发展不平衡情况较突出。基于实证研究的调查结果,研究者提出相应的解决措施:第一,应以学生发展为目标导向构建教师信息素养分析框架,建立能够反映信息技术发展趋势与实时要求的教师信息素养动态标准;第二,要构建职前、职后一体化的教师信息素养培训机制;第三,要充分关注包括地域经济发展水平、教师个体发展阶段等在内的影响教师信息素养发展的因素,依此进行不同层面的干预与调节。

3. 教师信息素养提升路径研究

现阶段正处于教育信息化 2.0 时期的初始阶段，关于这一时期教师信息素养提升的政策文件还处在酝酿与制定之中，2019 年教育部印发的《关于实施全国中小学教师信息技术应用能力提升工程 2.0 的意见》可以说是当前在教育信息化 2.0 大背景下关于教师信息素养提升的最主要指导文件，一经颁布，学者便迅速开展关于教育信息化 2.0 时代提升教师信息素养的研究。王春雨、湛邰阐述了教育信息化 2.0 时代对改革传统教学模式、拓宽教学资源获取方式的影响，提出教师信息素养的提升对开展创新型教学模式、获得有效信息资源具有重要推动作用，认为在教育信息化 2.0 时代，要建立起一套功能完善、便于交流的信息资源共享平台，为提升教师信息素养营造良好的环境。同时要通过构建健全的信息素养培养体系以及研究新型教学模式的应用方法，为教师信息素养的培养打下坚实基础，实现互联网技术在教育教学中的实践应用。教育部教师工作司副司长黄伟提出，教师信息素养是推进教育信息化的重要保障，他首先介绍了近两年我国提升教师信息素养的相关政策，然后根据教育信息化 2.0 时代的特点，提出为满足教育信息化发展新时期对教师信息素养的新要求，需要重点开展以下工作：第一，要开展能力提升工程 2.0，构建以校为本、基于课堂、应用驱动、注重创新、精准测评的教师信息素养发展新机制，依托示范项目针对地区及教师群体的差异性开展教师信息素养的分类指导培训，利用互联网、大数据、人工智能等技术成果创新教师信息素养培训方式；第二，要增强信息技术的培训者队伍建设，提升学校信息化管理团队领导力；第三，利用国培计划助力各级地区教师信息素养能力培训，为新时代教师信息素养的提升储备师资力量；第四，应持续推进利用人工智能提高教师队伍质量的改革试点工程等工作，积极探索人工智能助推教师管理优化与助推教师信息素养提升的创新路径。

三、教师信息素养的培养策略

教师信息素养的提升是教师教育信息化的核心目标。从宏观层面来说，提升教师信息素养是实现教育现代化与教师跨越式发展的有效路径。从微观层面来说，教师信息素养的提升有利于强化师生的终身学习意识，创建学习型社会；有利于教师专业发展，提升各级各类学校的人才培养水平；有利于促进教师角色的转变，创立学生自主学习模式。但是目前我国各区域教育信息化发展程度不均衡，教师队伍庞大且信息素养水平参差不齐，整体提升教师信息素养则成为一项长期而艰巨的任务,需要众多学者持之以恒的研究。一直以来,学界对于教师信息素养提升策略的研究众多,但总体可从培养主体的维度对已有的学术研究进行分类。教师信息素养的提升是多方努力、共生共促的结果,既需要教师个人转变教育观念,强化信息意识,践行信息技术与学科课程深度融合,又需要国家相关政策的宏观引导、学校对教师信息素养培训的组织实施。

(一)教师信息素养的自我提升

1. 转变传统教学观念,增强信息教育意识

没有教师自身教学观念的转变与信息意识的觉醒,再有利的政策指导与设施建设也不能推进教师信息素养的提升。多年来,传统的教学观念强调教师的主体地位,重教师知识灌输而轻学生自主思考,以至于教师形成了较为落后的教学习惯,难以培养出新时代迫切需要的创新型人才。随着全球信息技术的快速发展,开放的网络环境与便捷的信息获取渠道为学生创造了独立思考、自主发展的有利条件,教师作为教育教学的关键角色,应主动打破传统教学的思维定势,顺应信息发展,增强信息教育意识,提高信息敏锐度,将信息技术与学科知识进行融合,构建信息化知识体系,从而促进学生的全面发展。

王继新在《信息化教育概论》一书中指出要从认识与态度层面提升教师信息素养,教师首先要拥有学习与使用信息工具的欲望以及利用信息技术解决教学实践中实际问题的意识,并且培养现代化教学观念,积极引导学生使用信息工具,提高培养学生信息素养的意识。叶惠芳认为,在信息化时代,教师要不断提升自身信息素养,以信息行为对学生进行潜移默化的影响,提高教学质量。而提升信息素养的首要途径就是确立信息化的教学理念,增强信息教育的意识。教师要主动提高对信息知识的敏感度,选择能够融入学科教学与发展的有利信息,对学生进行信息化教学的洗礼。卜忠飞等人认为提升教师信息素养的首要条件是转变教师的教学观念,让教师对信息技术发展带来的教育思想、教学模式、教学方法变革有一个清晰的认识,改变传统电化教育模式,以积极的心态和主动的意识在技术万能论与技术无用论之间找到平衡。殷旭彪在《当代教育信息化理论与实践研究》一书中指出,教师要提升信息素养,需完成自身的转变,首要的是要更新教育观念,突破传统教育模式和思维方式,将信息观念与已有教育观念充分融合,教学模式由课堂讲授向协同学习转变;充分认识到信息技术在现代教学中的必要性与重要性;通过自主学习信息技术、获取信息资源,

不断提升信息化应用能力与专业发展能力,将终结性学习转变为终身性学习。梁泽鸿等人指出,教育正在向以学习者为中心转变,面对信息技术的飞速发展,教师要改变传统教学观念,适应信息化带来的观念变革,自主学习信息技术以辅助教学,促进智慧教育教学观的形成。从已有研究可以看出,学者在思考教师信息素养提升策略时,大部分将教师教学观念的转变和信息意识的树立放在了首要位置,在这一理念的指导下,教师逐渐形成信息素养提升的内驱力,这种内驱力与学校、社会等提供的外部支持形成合力,共同促进教师信息素养水平的提升。

2.教师信息素养提升的内生动力

自主研修是相对于学位进修、短期培训、校本培训等由教研机构、政府及学校组织的信息素养培训活动来说的,它具体是指非组织性的、教师自主的自我提升信息素养的活动。自主研修活动往往在教师的日常工作与生活中以多样的形式进行,主要包括:订阅与信息技术相关的书籍期刊,提高获取信息的能力;积极在网络上寻找与自身学科教学和研究相关的主题论坛,在论坛中提出困惑,发表观点,解决问题,与他人进行经验交流,提高信息输出与信息交换能力;主动利用教学软件提升课堂生动性;创造性地利用信息调整教学思路、更新教学内容、优化教学方式、转换教学手段等。自主研修的自发性与渗透性使其具有外部组织培训所不具有的效力,是内生机制层面有效的提升方式。

王继新提出,自主研修是自发零散的自我提升方式,目前学者对这种方式的重视度还不高。他认为"自主研修是最具生命力和活力的培养方式,它不仅有利于增强教师提升信息素养的迫切感,而且能够使教师在网络上得到知识和情感的支持,与专家、同行进行交流。自主研修活动特别有助于教师进行信息技术与课程整合的活动"。全宏瑞等人将自主研修作为提升教师信息素养的重要方式,并且根据教师工作与生活实际情况提出自主研修的具体途径,包括运用计算机进行日常事务的管理、通过制作教案课件等提升自身数据处理与信息技术运用能力,注重将信息技术与课程进行整合等。已有研究对自主研修策略的作用与实现路径进行了详细介绍,它作为教师自主开展的一项信息素养的提升活动更具价值意义,教师应利用好自主研修,培育提升信息素养的内生动力,实现专业可持续发展。

(二)教师信息素养的外部驱动

根据已有研究,教师信息素养提升的外部驱动主要包括国家和学校两个层面,两个培养主体各司其职,共同促进教师信息素养的稳步提升。

1. 开展信息化基础设施和信息资源建设

巧妇难为无米之炊,教师信息素养的提升离不开信息技术的新发展以及硬件的新装备。政府要结合区域差异、实际需要以及发展需求进行信息基础设施及资源的布局与建设,同时还要采取方法有效避免资源的重复建设和利用率低的问题。林万新提出,要建设省、市、县三级教育信息资源中心,加强信息资源的共建共享,对具有推广意义的教学资源与课程资源进行有效整合,便于教师相互学习与交流,提升信息素养。陈孟娴、黄雪芳等人将信息化基础建设放在与教师队伍建设同等重要的位置上,认为要开展教师信息素养的培训活动,必须要建设必要的基础设施,设施建设水平要尽量与教师的应用水平同步发展,才能既不造成物质浪费又不造成智力浪费。张文波提出,资源建设规划首先要明确资源建设质量与学校教学适配性;其次要将一线教师纳入信息资源规划队伍,从需求中落实基础设施与信息资源的合理建设;最后,政府部门要制定信息化基础设施和信息资源建设标准,并对建设情况进行按期检查,为教师信息素养的提升提供物质保障。王红梅等学者在培养策略中提出,政府要整合优质数字教学资源,完善校园信息网络建设,特别是注重教学资源库和信息化教学平台的建设,扩大教学资源受益面,以保障教师信息化实践的需要。

2. 建立信息素养标准体系

长期以来,我国学者强烈呼吁建立教师信息素养统一标准,以规范教师培训工作,提升教师信息素养水平。直至 2014 年,教育部印发《中小学教师信息技术应用能力标准(试行)》,它作为教师信息素养标准的一种表现形式,代表了当时我国教师信息素养标准研究的最高水平,但是不得不说明的是,它并未体现教师在信息素养养成方面的主体地位,而是侧重于强调教师对信息技术的操作能力。在 2014 年前后,不断有学者将建立信息素养标准体系作为提升教师信息素养的重要途径。王玉明于 2004 年在《电化教育研究》上发表论文,强调各类教师信息素养的培训还没有规范的培养标准和评价体系,国家需要制定内容全面系统、标准分级分层、具有实用价值以及便于实行的教师信息素养标准体系,为规范相关教师培训提供有力保障。刘润英引用张景生教授的观点,提出要构建教师信息素养标准,认为它能有效保证教师培训质量,同时能够为培训结果提供评价与认证的依据,呼吁国家加快制定标准的进程,并制定相应的制度落实评价标准的实施。马欣研、朱益明介绍了美国教师信息素养标准的建立与发展的历程,认为我国应借鉴其部分制定原则内容,制定服务于国家发展战略、与学生发展相适应、具有固定更新周期(3—5年)的教师信息素养标准。这一标准的制定将为我国教师信息素养的提升指明方向,同时也是实现《教育信息化2.0行动计划》所提出的"从提升师生信息技术应用能力向全面提升其信息素养转变、从融合应用向创新发展转变"的有效途径。

3. 加强国家政策引领

我国教育政策具有对教育发展进行有效引领、调控与约束的功能,我们应全面发挥这一功能优势,推进以问题为导向的政策制定,研究教育信息化框架下的教师信息素养纲领性文件,为教师信息素养的提升创造有利条件。王琼早在2002年就在《中国图书馆学报》中结合当时我国教师缺乏信息资源检索基本能力的发展实际,提出国家应制定全面培养教师信息素质的规划,分层次、分阶段地提升我国教师信息素养的建议。姜丛雯基于教师信息素养提升的相关政策文本分析提出具体的意见:一是要从教师信息素养结构层面制定系统明确的教师信息素养提升政策,为政策内容的实施提供科学标准;二是要全面规范政策的制定者、实施者与受益者以保证政策能够被有理有据地贯彻落实;三是要制定协调统一的引领政策,避免因同一问题存在不同措施或不同量化标准造成实施者与受益者对政策的差别化理解,以确保教师信息素养提升政策实施的有效性。

4. 加强师范生信息素养的培养

承担教师职前培养任务的师范院校和承担教师在职培训任务的中小学校是提升教师信息素养的两大学校主体,这两大主体需要针对教师不同的发展阶段提供与之相适应的培养与培训策略,才能确保教师信息素养形成与发展的连续性。师范院校是准教师信息素养形成的关键地,根据已有研究,师范院校主要通过以下路径培养教师信息素养。

第一,树立师范生信息素养培养的现代化教育理念。教育理念对教育活动具有引导作用,师范院校的核心任务之一就是要为基础教育输送掌握现代教育信息技术、具有创新精神和现代教育理念的教师,因此要注重为师范生灌输提升信息素养的现代化教育理念。郭柏林提出,师范院校要避免将师范生信息素养培养简单等同于互联网化的错误观念,加强信息素养提升的紧迫感,既要关注师范生信息意识的树立、信息知识与技能的增长和锻炼,也要关注其信息道德与情感的培养。刘鹏认为师范院校的现代教育观念是培养师范生信息素养的先决条件。因此师范院校的教师首先要在教育教学中接收信息知识,用信息观点看待问题,增强信息化分析与解决问题的能力,为师范生树立榜样。同时,教师还要为学生创设有利于信息素养提升的学习环境,引导学生使用现代化设备,在教学过程中有意识地培养师范生的信息素养。

第二,建立健全师范生信息素养教育课程体系。杜芳在《中国电化教育》上发表文章,提出学校要提高对信息技术教育的重视程度,构建完善的信息课程体系,为师范生信息素养培养奠定基础。在课程中尤其要注意对获取、筛选、发布与交流信息能力的培养,加强对信息技术开发与应用的指导。任友群等人提出,学校要开设与信息化能力相关的必修与选修课程,并积极反思现有课程是否能满足信息化教学能力培养目标的要求。同时,学校要重视信息化课程的师资问题,确保授课教师的自身信息化教学意识与能力能够对师范生信息素养的提升起到正向推动作用,能够将学科与技术深度融合。

第三,完善师范生信息素养评价体系。李毅、邱兰欢等人以西部地区师范生为研究对象,提出应对标师范生信息素养教育目标,结合相关标准建立信息素养评价标准,构建以学生自身、教师、管理人员为多元评价主体,以笔试、能力测试为多样评价方式的评价体系,为培养师范生信息素养提供有效参考。刘鹏提出师范院校要在学生学习评价指标中加入对信息素养的评估,从信息意识、信息能力、信息技术与信息道德方面考察学生的信息素养,真正将信息素养教育纳入师范教育轨道中。

5. 加强中小学的信息素养培训

中小学作为在职教师信息素养提升的主要阵地,受到众多学者的关注,现有研究表明,中小学主要可以通过以下几方面帮助教师提升其信息素养。

第一,分层组织信息素养培训活动。陈琴英指出,由于各区域教育发展水平与信息化资源配置的不均衡,教师群体信息素养水平参差不齐,学校需要制定分层培养模式来提升不同教师的信息素养。针对信息能力薄弱的教师,要采取基础层次的培训,培训的主要任务是对他们进行信息技术普及,培养其基础的信息意识与信息技能。针对处于应用层次的教师,主要要帮助他们实现信息技术与课程的整合,更新其教育理念的同时帮助他们提升信息化的教学设计能力。针对处于研究层次的教师，要通过集理念、策略与技术于一体的综合训练帮助教师在解决教学实际问题的同时，获得在信息技术理论层面进行研究思考的能力，充分发挥他们的示范作用，培养出能够引领全体教师队伍信息素养提升的创新研究型教师。殷旭彪也主张根据不同的教师群体制定不同的培训策略，他将培训分为基础与应用两个层次。基础层次的培训是对信息技术的普及，主要包括对基础信息意识、基础信息技能以及基础信息知识的培训。同时他认为应为信息技术学科与非信息技术学科的教师制定不同的培训内容，以提高培训的针对性，增强培训效果。而应用层次的培训主要是为解决当前培训存在脱离教学实际的误区而展开的，他认为应通过信息技术与学科课程的整合、基于教学任务的培训方式以及跨学科的培训方式来推进应用层次的培训工作。陈孟娴等人提出一系列教师信息素养提升的策略，其中包括要对教师进行分层次的培训。他们提出要在分析教师现有信息技术水平与教学实际的基础上按学科制定三个层级的培训内容。第一层级为信息基本理论与技能，包括教学论以及常规教学媒体的使用方法等；第二层级主要传授一般原理与基础技术，包括信息资源的使用及简单制作等；第三层级则是注重培训教师的信息技术研究与创造能力，包括网络课程的开发等内容。

第二，采用多元化的信息素养培训方式。殷旭彪提出，通过校本培训、学位进修、短期培训三种培训方式进行信息素养的提升。其中校本培训主要包括学校组织教师进行信息技术集中培训及信息技术与课程整合的教学观摩；学位进修主要包括学校组织本科学位的教师通过自考、函授等方式获取信息技术教育学等学科的研究生学位；短期培训指中小学与高校、教研部门共同组织培训，提升教师的信息素养。郭连锋等学者强调培训形式要多样化，提出四个相结合，即将远程培训与面授培训相结合；短期与长期培训相结合；分散与集中培训相结合；初、中、高级培训相结合。

第三，制定信息素养培训的激励机制。学校作为培训主体，要制定激励机制提高教师的学习动机，促进教师主动提高信息素养。蔡其勇提出，学校要通过制定激励政策鼓励教师利用信息技术辅助教学，激发教师学信息、用信息的主动性与积极性，在年终考核、聘用、评优、晋升方面加大信息素养水平所占比重，对信息技术能力突出的教师在这些方面予以倾斜，刺激更多的教师加入信息素养提升的热潮之中。卜忠飞等学者提出数字化校园环境下教师信息素养的提升策略,认为学校要制定支持和激励机制,通过褒奖积极参与信息素养提升活动的教师的方式鼓励教师将信息技术与课程充分整合。这种鼓励能极大激发教师在教学实践中运用信息技术的热情。

第三节　教师教育技术能力标准

20世纪中叶的信息技术革命使人类步入信息化社会,引发了知识经济与全球化的兴起,世界各国开始认识到创新型人才在知识经济时代的重要作用,而传统的教育观念、教育制度、教育方法与教育手段却无力培养符合信息化社会发展要求的创新型人才。同时,快速发展的信息技术成为改善学校教育教学的重要途径,充分利用信息技术推动教育的改革与发展是当时各国的明智之举。在这种宏观背景下,各国基本都经历了从关注学校信息技术基础设施建设到关注学生信息技术理解与应用能力,再到关注教师教育信息化以帮助教师开展信息化教学实践的过程。人们越来越关注教师——沟通信息技术设施与学生的重要媒介,开始通过提升教师信息态度情感、信息知识与信息能力等方面来提升教师信息技术,为教师教育技术能力标准的研究提供了发展的可能。在国际教师教育技术能力标准体系建构的大环境下,我国越来越多的教师教育研究者开始思考如何将国际教师教育技术能力标准的成功经验运用于中国教师教育实践。由此,我国教师的教育技术能力标准研究经历了借鉴国际经验、制定本土标准以及实现技术标准创新等一系列发展变化。

一、教师教育技术能力标准的内涵

世界各国对于教师教育技术标准采用的术语并不相同,有学者将其大致分成三类。第一类侧重于ICT(Information and Communications Technology,信息与通信技术)的教学应用。当前英国教师教育技术能力标准就从名称上强调了信息与通信技术的教学应用,即突出在学科教学中运用信息技术能力的标准取向。第二类侧重于技术的教学应用。以美国为例,美国国际教育技术协会(ISTE)的标准全称为 National Educational Technology Standards for Teachers,结合其正文中统一使用的 technology 一词以及标准全文可以看出,美国教师教育技术能力标准强调的是基于计算机网络的信息技术。第三类则侧重于"教育技术"。以我国教师教育技术能力标准为例,"教育技术"不仅体现在标题中,而且在正文中也频繁出现。另外,标准指标中的"教育技术研究方法"以及"教学媒体"等术语也表现出强烈的教育技术学科色彩,体现出与信息技术能力标准的区别。由三种不同的分类可以看出,我国教师教育技术能力标准更强调"教育技术"。

在教育实践中,教育技术有时会与信息技术相等同。实际上,虽然两个概念具有密切联系,但二者从属于不同学科,具有不同的研究对象及研究范畴。技术是信息技术的下位概念,从属于技术学科,其研究对象是信息,研究范畴是对信息的获取、传递、加工、存储及呈现;而教育技术则从属于教育学科,研究对象是有技术支持的教学过程和教学资源,其研究范畴是教学过程及相关资源的设计、开发、利用、管理和评价,是促进教学优化的理论与实践。

在厘清教育技术的内涵之后,基本可以界定教师教育技术能力标准就是指教师为实现教育教学理论与实践的优化所应具备的对教学过程及教学资源进行设计、开发、利用、管理和评价的能力的标准。尽管各国教师教育技术标准的名称有所不同,内容的侧重点也有所不同,但是各国的标准都是基于教师教育信息化这一时代背景制定的,因此有学者认为,各国教师教育技术能力标准体系是围绕教师的基本信息素养、教师利用技术支持学生学习的知识和能力、教师利用技术处理课程和资源的知识和能力、教师利用技术开展新的专业实践的知识和能力这四个重点建构而成的。总体来说,教师如何利用信息技术革新教学模式、创设促进学生全面发展的学习环境,从而促进国家与社会的发展是各国教师教育技术能力标准研究的核心内容。

二、教师教育技术能力标准的国际经验

20世纪50年代以来,世界各国开始认可与重视教师教育技术能力,相继颁布中小学教师教育技术能力标准。例如,美国于1993年颁布国家教师教育技术标准,并先后于1997年、2000年和2008年根据教育信息化进程的演变,在一级技术标准体系和二级绩效指标内容等方面对其进行修改;英国于1998年制定并实施《ICT应用于学科教学的教师能力标准》;2002年,韩国教育人力资源部针对不同等级教师颁发了《教师ICT应用能力标准》。而2004年之前,我国一直没有一套国家级的相关教师信息能力标准以规范相关教师培训,这一情况引起了我国学界对教师教育技术标准的广泛思考与关注。

基于教师教育技术能力标准研究的缺失问题,我国学者不断呼吁国家在结

合国情的基础上借鉴美英等国经验,制定教师教育技术能力标准。如张倩苇、赵海霞2001年于《全球教育展望》上发表文章,在介绍美国国际教育技术协会(ISTE)制定颁布的全国教育技术教师标准后,得到关于制定我国教师教育技术标准的启示,认为我国在制定教师教育技术标准时应牢牢把握促进学生发展的总目标,要考虑标准、行为指标、内容等是否有利于学生未来的学习、生活与工作;要重视教师的职前培养,在新教师实习中注重信息教学的实践,帮助未来的新教师尽快适应教育信息化环境;要重视领导的管理与支持作用,帮助领导理解信息技术在教育中的重要作用,以及提升教师教育技术能力对教师专业发展以及教育教学发展的关键性,引导相关学校领导鼓励教师在合适的课程与内容领域使用信息技术,支持教师运用信息技术创新教学模式等。张建伟等人对美国的教师教育信息技术标准和英国的教师ICT培训进行了详细的介绍,认为我国关于教师教育技术标准的研究还不够深入,且与英美的实践研究差异较大,应在参考国外先进教师教育技术标准的基础上制定我国自己的中小学教师教育信息技术绩效标准。因此,他提出从一般ICT素养、ICT用于教学、ICT与教学评价、职业发展与终身学习、有关的道德、人文与法律问题这五个维度来评价教师的教育信息技术水平,每个维度包含具体指标,构建了一个多层次的中小学教师的教育信息技术绩效标准框架。这一框架模型为2004年《教师教育技术能力标准(试行)》的制定提供了非常大的参考价值。李爽、陈丽详细介绍了美国教育计算机和技术项目标准、技术教师教育项目标准以及美国国家教师教育技术标准及其从1993年到2000年的演变历程,并且阐述了对中国教师信息能力标准制定的启发,从美国相关标准中的标准框架、标准分级、标准特点、标准评价方案等方面列举了我国应借鉴的部分。张一春等学者基于对国际教师教育技术能力标准的广泛研习,将现有标准按照划分类别进行分类,具体分为:根据教师的能力类别划分的标准、根据教师教育技术熟练程度划分的标准、根据教师掌握内容划分的标准,并详细列举了符合各类别的具体标准。同时,他们还进一步阐释了在教学活动中教师、技术等各因素之间的关系,探讨教师教育技术能力标准的结构与体系,提出高校教师教育技术能力标准体系建构的思路。这一研究的主体虽然是高校教师,但是它主张对国外相关教师技术标准进行学习与借鉴,在当时来看,其研究思路与研究方法对后来《中小学教师教育技术能力标准》的制定也有着不容小觑的推动作用。

各位学者对英美等国家教师教育技术能力标准的引介与借鉴为我国中小学教师教育技术能力标准的研制奠定了坚实的发展基础,我国在借鉴国外先进经验的同时积极探索适合中国国情的标准,最终于2004年11月完成我国正式版《中小学教师教育技术能力标准(试行)》的研制工作,该标准对规范我国教师的教育技术能力培养培训活动具有重要的指导意义。

三、教师教育技术能力标准的主要内容

《中小学教师教育技术能力标准》(以下简称《标准》)于2004年颁布实施,一些学者围绕《标准》开展相关研究。经梳理发现,《标准》颁布的两年间,研究多集中于对基本内容的介绍及对价值的解读,为社会及教师教育机构对于标准的深入理解提供了专业视角,为标准的具体实施奠定了认知基础。

在对我国中小学进行实际调研的基础上,根据我国国情以及对英美教师教育技术标准体系结构的借鉴,最终形成了具有中国特色的"4(14)N"教育技术能力标准体系结构。其中"4"代表4个能力维度,分别为应用教育技术的态度与意识、教育技术的知识与技能、教育技术的应用与创新、应用教育技术的社会责任。"(14)"代表14个一级指标,"N"代表N个概要绩效指标(对于教学人员、管理人员与技术人员这三类子标准,N依次为41、46、44)。《中国电化教育》2005年第2期对《标准》进行了详细的解读。

有学者对《标准》的四个维度及其关系进行了进一步解读,形成了四点认识:第一,"意识与态度"是能力建设的动力源泉,对教育技术能力的主动建构意识是维持能力持续发展的重要保障。第二,"知识技能"是基础,教师只有在充分理解教育技术的知识与技能,并且结合已有教学知识和经验的基础上才能建构教育技术知识图式,培养富有认知灵活性的教育技术实践能力。第三,"应用创新"是目标,在教学实践中结合实际需求,应用教育技术突破既有模式与方法是教育技术能力的核心组成部分。第四,"社会责任"是价值导向,教师将教育技术能力内化为价值取向,以身垂范,引导学生形成健康合法运用信息技术的价值观念是教师理应承担的社会责任。

我国教师教育技术能力标准的颁布与实施无论是对规范教师教育技术培训、完善职前职后教师教育技术课程体系,还是对更新教师教育技术资源、建设高素质创新型教师队伍都有重要的价值意义,因此引发了学者的广泛讨论与深入研究。有学者将《标准》的意义总结为四点:第一,教师教育技术能力标准的

问世将进一步完善我国中小学教师资格认证制度。《标准》的出台以及后续培训与考核相关文件的颁布将为中小学教师提供相应教育技术水平的证明，对于符合教师教育技术能力标准并通过考核的教师，可免去"现代教育技术应用能力"的测试项，简化中小学教师资格认证制度。第二，有利于规范教师教育课程内容及教学方法。《标准》的制定将为各个院校规范统一编写教育技术公共课教材、改革教育技术课程教学方式提供重要依据。第三，将促进在职教师的教育技术培训向纵深层次发展，造就一批培养高素质专业化的新型教师队伍。第四，将推动中小学信息技术与课程的融合。

傅德荣教授提出，中国教师教育技术能力标准的研制意义首先在于它是将《教育部关于推进教师教育信息化建设的意见》的精神与要求融入标准化管理体系的重要抓手，是落实教师教育信息化的重要保证；其次，为教师继续教育的开展指明方向，规范内容，是指导中小学教师进行教育技术培训的直接依据；再次，对提高师范院校师范生的职前培养质量以及推动师范院校教学内容及教学方法的改革具有重要意义；最后，为教师教育走向市场化创造有利条件，对于集中教育机构及社会等各方力量办教育颇有裨益。还有学者将《标准》比作引领中国中小学信息技术应用的历史转折。主要体现在它为教育技术在中小学教育教学中的普遍应用提供了必要的师资基础以及政策保障，在我国教育信息化的转型期，引导我国各类培训机构规范教师教育技术的培训内容与培训方式，促进教师对自身教育技术能力的反思，进而增加了学生应用现代化信息技术的机会，对加快教育信息化的转型起到了正向推动作用。

作为《标准》研制首席专家之一的何克抗教授认为中国教师教育技术能力标准的价值意蕴可归纳为三点：第一，是教师专业化发展的必要条件。世界各国已对利用现代技术促进教育教学改革达成共识，这是因为人们已经认识到现代教育技术的本质是利用信息技术手段提高教育教学效果、效益与效率。但是要想发挥教育技术的优势，就必须通过教师的实施，因此对教师的专业发展提出了更高的要求，而《标准》的制定就是要从制度上保证教师应用教育技术的专业技能。第二，满足基础教育课程改革的迫切需求。基础教育新课程改革的核心任务是培养学生的创新精神，这需要教师教学方式的变革，而掌握教育技术是改变教师教学方式的先决条件，《标准》的实行能够帮助教师尽快提高应用教育技术的能力，从而满足基础教育课程改革的迫切需求。第三，《标准》对于规范中小学教师教育技术能力的培训,以及建立培训准入制度和评价体系具有重要的指导作用。

四、教师教育技术能力标准的实施

"能力建设始于培训、止于培训"的问题一直存在,要充分发挥标准的功能,质量是前提,实施是关键。教师教育技术标准实施,是指文本形态的教师教育技术标准,通过某些特定的形式、途径和过程,在教学实践中被理解、应用和执行,转化为教师教育技术能力的提高,继而对学习者的学习产生有效影响的过程。为贯彻落实《中小学教师教育技术能力标准(试行)》,教育部于2005年4月启动了"全国中小学教师教育技术能力建设计划项目"(以下简称"建设计划项目"),这一项目的启动是《标准》落到具体实施的着力点。我国关于教师教育技术能力标准的实施研究也都围绕着"建设计划项目"来展开,集中于与美国教师教育技术标准实施的比较、对实施过程中出现问题的反思以及解决实施问题的现实路径等方面。

(一)中美教师教育技术标准实施的比较

美国教师教育技术标准的研制与发展为我国标准的研制提供了很多值得借鉴的启示,然而仅有好的标准是远不能达到教师教育信息化的目的的,抓好标准的实施过程同样重要。因此,在我国教师教育技术能力标准制定完成之后,借鉴美国的先进实施经验,获取让"标准"照进"现实"的实践路径是标准实施研究的重要趋势。我国学者陈莉、黄桂晶指出,中美教师教育技术标准的实施具有以下异同:首先,中美教师教育技术标准的制定都比较宏观,但是美国绩效指标比中国的绩效指标详细很多,这就使得他们的标准在实施过程中更具操作性与针对性。而我国由于区域差异性较大且面临的培训对象过多,为避免各区域对标准的机械化理解与执行,所列的绩效指标就较少,以至于实施过程中所参照的依据就较少,亟须根据我国中小学教师的教育技术水平及发展需求对标准的要求进行细化。其次,美国标准的实施定位点在职前教师培养,而中国则是在教师在职培训上。在中美标准比较中,我国教师教育技术能力标准也显现出其优势,即我国为贯彻标准的实施启动了"中小学教师教育技术能力建设"重大项目,这一项目是将文本形式的标准转化为指导学生学习的教师教育技术能力的桥梁与中介,换句话说,它是标准实施的另一种表现形式。而美国还未为标准制定贴合度如此之高的配套实施措施。赵俊等人对中美标准实施进行比较研究后提出三点差异：第一，因国别不同，中美标准的实施模式有所差异。因为美国是联邦制国家，其教育管理职权在各州和地方，因此其标准只能为各地的教育技术标准提供参考，而我国的国情决定了中国《标准》可以实行国家、省级及学校三个层面"自上而下"的实施模式，为《标准》的实施提供了机制保障。第二，中美两国标准主体责任分配存在明显的差异。首先执行主体的层面不同，中国执行层在国家而美国执行层在地方；其次，美国教师对培训时间、地点和项目具有较为自由的选择权，而我国则是经统一安排的。第三，实施深度与广度有差异。首先，美国通过对标准的广泛传播与充分解读使标准在实施过程中更容易被理解与接纳，而我国的传播范围较窄，解读途径较少，在实施中需要花费更多时间去获取教师、领导与技术人员的理解；其次，美国具有较为完善的实施效果认证体系，再配合相应的激励制度，有助于教师将教育技术与学科教学进行整合，真正起到促进学生学习的作用，而我国目前考核形式限于以终结性考试为主，过程性评价为辅，不利于将标准延伸至课堂实践；另外，美国标准在实施过程中注重实体模型的建立以及专业团体的评估，有利于标准的实践和修订完善，而这都是我国所欠缺的。中美标准的实施比较研究帮助我们清晰地认识到我国离将《标准》完美落地的目标还较远，需要通过借鉴与在地化创新使得《标准》更好地实施，并通过实施反哺《标准》的修订，为我国教师教育技术能力的持续提升指明方向。

（二）教师教育技术能力标准实施的主要问题

《标准》的全面推行、教育技术能力培训的切实开展，是一项复杂的系统工程，在实施中难免会存在一定的问题，只有及时反思当前实践中需要解决的问题以及未来可能面临的问题，才能推动项目的持续实施，达成制定标准与启动计划的预期目标，避免教师教育技术能力培训流于形式。

有学者从管理者的角度反思了《标准》实施中存在的问题。第一，关于教育技术的宣传工作不足，尤其是关于教师教育技术能力培训的工作还没有被社会广泛了解，很多决策者与执行者并不能了解《标准》的真正内涵与目标任务，使得教育技术往往与信息技术概念混淆，造成了在实施过程中对《标准》与"建设计划项目"的曲解，实施最终"变质变味"。事实上，信息技术和教育技术存在一定差异，只有明确界定二者概念，区分二者的具体实施方法才能保证《标准》的实施不致成为变相的信息技术培训。第二，培训经费紧张，资金筹措渠道较窄虽然教育部在项目启动时给予了一定的资金支持,但各省的省级骨干教师培训及一般教师培训的资金还需要自己通过现有项目的整合与利用进行筹措,需要进一步研究加大培训经费投入的办法,为《标准》的实施与培训项目的推进提供资金支持。第三,教育技术能力培训与前期一些培训项目的衔接存在难度。在启动项目之前,很多省市已自行组织了有关教育技术能力的培训,但是如何探索掌握评价尺度以审核评估现有培训目的、课程以及成效是否能够与本项目进行合理衔接是一项充满挑战的工作。第四,培训和考试的方式、内容与现实条件及实际需求还有一定的差距,同时培训的层次性不够鲜明,未能根据不同地区及不同教师的差异做出调整。第五,在实施的初始阶段,培训形式还较为单一,后续需要通过新模式的研究与推广改进这一问题。何克抗教授以培训者的视角进行了分析,当前部分基层在开展落实《标准》的培训活动时,只注重形式而不注重实效,只关注培训的通过率而不在乎培训是否达到了《标准》的要求,其培训观念非常危险。学者吴忠良结合自身参与省级中小学教师教育技术能力培训的任课教师的经历,对省级培训者的教学方法、模式做了深入研究,就培训过程出现的问题进行反思,他认为当前《标准》实施的难度较大,主要存在以下问题:第一,实施过程对教师的综合素质要求较高。教师不仅需要具备一定的信息技术与教育技术基础,还要有对新课程的研究与实践。然而,当时教师的信息素养水平较低,难以快速理解与掌握培训内容,达到培训要求。另外,对培训主体来说,他们既需要研究教育教学的一般规律与方法,同时还要关注教师的教学实践情况,使所教授的理论能够紧贴教学实践,达到《标准》的要求。这无疑为实施增添了难度。第二,培训基于双主理论的参与式、任务驱动培训,与长期利用课堂讲授教学形式的教师习惯不相符合,导致部分教师难以适应。但这是长期存在的一种问题,需要培训者与培训对象的共同努力以克服困难。第三,县级以下的培训点难以提供与培训环境要求相配套的软硬件设施条件。第四,培训效率较低。为保证培训效果,培训需要通过小班面授的形式开展,但是由于《标准》实施的时间紧任务重,单一的培训模式在一定程度上限制了培训的效率。吴忠良认为,虽然当前存在的问题以及面临的困难较多,但是随着教育投入的不断增加,农村远程教育工程的全面推进,《标准》实施中的问题也将得到较好的解决。

(三)教师教育技术能力标准实施的路径

《标准》的实施需要秉承以教师为本的理念,加强领导、精心组织,做到统筹协调各方力量。众多学者为实现《标准》的有效实施展开研究,以期能够提出具有价值的建议,确保《标准》实施的顺利推进。

何克抗教授从培训的组织形式、支持服务形式等方面提出了相应的实施建议,对落实《标准》实施,增强培训效果具有重要指导作用。他认为《标准》的实施应在师范院校中进行,师范院校的教育技术专业可以满足培训对专业性的要求,同时师范院校对培训教材的理解较为深刻,可以有效提高培训效率。因此,各省市要积极将电教馆的行政职能与师范院校的专业力量进行整合。其次,他提出我国要尽快建立国家级培训中心和配套的在线支持服务体系。当前初级培训已迅速辐射开来,急需国家级培训中心作为中轴开展指导与统筹工作,同时也需要形成全国范围的培训网,将短期培训、校本培训以及教师自主研修三种培训方式结合起来,解决单一传统面授培训形式带来的局限,同步提升《标准》实施的质量与效率。另外,国家应建立相应的激励机制,提高教师参与培训的积极性,保证《标准》实施落到实处。同时,要在实施过程中对教学资源进行优化升级,借助学科案例和综合课例充实教学资源库,保持培训的可持续发展。最后,建议国家建立完善的考试题库,题库内容要覆盖《标准》的全部要求,确保培训全过程是以《标准》为依据的。

刘雍潜等人根据"建设计划项目"实施三年来的情况,提出几点建议:第一,为避免重复培训,提高培训效率,要加快对与《标准》及"建设计划项目"相近、目标相一致的培训的评估认定与承认。第二,要根据《标准》要求制定职前培养标准和相应的培训课程体系,促进师范生教育技术培训的发展。第三,积极开展如远程参与的混合学习模式的培训形式,制定弹性化的培训时间与具有针对性的培训内容。第四,要将形成性评价、过程性评价与终结性评价结合起来,探索新的评价方式,增加评估的有效性与合理性。第五,高级培训大纲的研制滞后于初、中级大纲,要在组织专家学者研究、广泛听取教师意见的基础上抓紧进行高级大纲的研制。第六,要严格遵循《标准》的三维度,将教师、技术人员以及管理人员都纳入培训对象之中,并且针对三种培训对象开展具有针对性及层次性的培训。

时任教育部师范教育司司长的管培俊针对实施所出现的问题进行反思,提出首先要建立开放高效的培训体系,严格按照《标准》评估各级培训基地,对优质教师教育资源进行整合共享。其次,要加强培训管理,避免多头管理、重复培训以及乱办班的现象,加快建立各类教师教育技术培训中课程学分互认办法,完善实施过程与实施结果的评估机制,确保实施质量和效益。最后,要加快经费投入,推进政策保障机制的研究进程。

五、教师信息技术应用能力标准

随着教育信息化的发展,我国对教师的信息素养,特别是信息技术应用能力提出了更高的要求,《中小学教师教育技术能力标准(试行)》已经不能适应新形势的发展,相应标准的更新与发展势在必行。2014年5月,我国正式颁布《中小学教师信息技术应用能力标准(试行)》(以下简称《能力标准》)。这是我国继2004年颁布《中小学教师教育技术能力标准(试行)》十年之后提出的又一重要的中小学教师教育技术专项能力标准。它是在总结教师教育技术标准十年发展以及中国中小学教师信息技术应用能力现状的基础上产生的,这一标准的颁布标志着我国教师教育技术能力正逐步实现内涵式发展。随后,我国学者以《能力标准》为核心,开展了一系列对《能力标准》文本解读的研究、教师信息技术应用能力标准的比较研究以及对教师信息技术应用能力标准的创新研究。

(一)教师信息技术应用能力标准的解读

对《能力标准》的解读是帮助教育决策者、学校领导以及教师等所有与教育教学相关的工作人员理解教师教育技术标准,主动提升教育信息技术能力的重要途径。因此在《能力标准》颁布伊始,很多专家学者踊跃参与解读工作,提出自己对《能力标准》的理解,旨在助力标准的更好推行,并为教师教育技术标准的发展提供了新思路。从专家的解读来看,关于《能力标准》本体研究的深度在不断加深,对《能力标准》的理解角度逐渐走向宏观。

有学者认为《能力标准》的颁布有助于解决农村中小学教师信息技术应用意识薄弱、能力不足的问题,是破解教育信息化发展瓶颈、促进教师专业发展的重要途径。同时,他从指标体系与发展维度对《能力标准》进行了介绍,认为《能力标准》包括应用信息技术优化课堂教学,应用信息技术转变学习方式两个指标体系,包括技术素养、计划与准备、组织与管理、评估与诊断以及学习与发展五个发展维度,为人们深化理解《能力标准》提供了有力支持。学者朱敬首先介绍了教学知识工程化的内涵与过程,提出它是将教学理论应用于实践的桥梁,是教学理论实践化和教学实践理论化的中介,对推进中国教育信息化进程、提升教师专业发展水平具有重要意义。在此理论基础上,他利用教学知识工程化的两个维度——"数据—信息—知识—智力—智能"与"科学、技术和工程三元视角"对《能力标准》进行分析，认为《能力标准》的指标并非单纯指导数据和信息的传递，而是强调了知识的形成与智力的发展；是主张教师将信息技术与教学实践进行优化整合的重要工具而非单纯发挥信息技术的辅助教学作用。因此，他认为《能力标准》是推动新时期教师专业发展的重要标准，需要各部门通力合作，进一步对其贯彻实施。祝智庭作为标准研制专家组的核心成员，从标准出台的背景、框架、教学情境以及实施四方面对《能力标准》进行了解读。第一，他认为《能力标准》是国家教育信息化发展在教师现行信息技术能力水平与教师培训专业化程度较低的背景下，对教师信息技术应用能力及标准提出更高要求的产物。第二，他认为《能力标准》是在遵循聚焦专项、面向应用以及关注差异三个原则上建立起来的。第三，我国的信息化教学环境分为简易多媒体教学环境、交互多媒体教学环境、网络教学环境与移动学习环境。需要根据教师所处的不同教学环境对其提出"基本要求"——"优化课堂教学"和"发展性要求"——"转变学习方式"两种不同层次的能力要求。第四，对《能力标准》的实施作出解读，他认为《能力标准》与同期提出的《培训课程标准》和《培训测评指南》组成了标准体系，为《能力标准》的实施提供了政策保障及绝佳平台。

（二）教师信息技术应用能力标准的比较研究

对《能力标准》的比较是将其置于更加宏观的背景下，通过与其他国家的比较发现现有标准存在的问题，并对先进标准进行借鉴，此类研究有利于标准的修订和完善。与《中小学教师教育技术能力标准(2004)》颁布前对英美国家教师教育技术能力标准的借鉴相比，现阶段我国关于标准的比较研究在选择比较对象时更加注重科学性，比较的维度也更为广泛。

袁磊、侯晓丹将《能力标准》与美国《AECT标准(2012版)》进行比较。选择《AECT标准(2012版)》作为比较对象主要有两个原因：一是因为该标准的颁布时间与《能力标准》颁布的时间相近，面临的教育信息化背景较为一致，使得两者有较好的承接关系；二是因为颁布这一标准的是美国教育传播与技术协会，该协会在1994年与2005年提出的教育技术定义对我国教育技术的发展起到了重要的影响作用。因此与《AECT标准(2012版)》进行比较对推进我国教育信息化进程有一定的积极作用。

虽然二者颁布时间接近，但由于国别不同，其政治制度、教育水平等必然有所差异，导致两个标准之间也存在着很多差异。第一，二者颁布机构不同，《AECT 标准（2012 版）》是由协会颁布，不具有强制性，因此无法在美国广泛推广；而我国《能力标准》是由教育部颁布，并由多个教育行政部门协同实施，因此便于集中力量进行大范围的推广。第二，二者版本不同，《AECT 标准（2012 版）》先后于 1982 年、1994 年、2000 年、2005 年、2012 年经历了五次修订，因此该标准更加成熟，能够适应美国教育发展现状；而我国第一版教育技术标准是在 2004 年颁布的，经过十年后才颁布《能力标准》，因此还有很多不完善的地方需要进一步改进。第三，二者适用对象不同。《AECT 标准（2012 版）》是针对职前教师制定的，严格把控教师的准入标准，从源头提升教师教育技术能力；而我国采取提高补救策略，标准针对的是职后教师的再培养，从长远来看，还是需要对这种补救策略进行改进，要加快对师范生信息技术应用能力标准的制定，才能保证整个中小学教师队伍信息技术应用能力的提升。第四，在内容维度上，《AECT 标准（2012 版）》要求强调教师要拥有以学生为中心的教学理念，而我国强调的是在两种信息教学环境下，教师信息技术应用能力的两个侧重点和关注点依然停留在对教师技术素养层面的要求。我国《能力标准》应借鉴《AECT 标准（2012 版）》的先进之处，鼓励教师对教学材料和教学环境的创新型建构，提高学生的主体地位，引导教师将信息技术应用能力与教学实践充分结合，最终促进学生自主学习能力的提升与个性化的发展。白雪梅、顾小清选取韩国、澳大利亚、日本、新西兰、新加坡五个中小学教师 ICT 能力标准发展较快的发达国家为研究对象，对其能力标准的制定、内容、法定效力、基于标准的中小学教师专业发展、能力评估体系与能力识别体系进行了比较，并对其采取的相关措施进行价值判断，旨在为我国实施与进一步修订教师教育技术标准提供参考。在进行比较后得出以下启示：第一，我国中小学教师 ICT 能力应从职前教师抓起，将对师范生的 ICT 能力考核结果作为发放教师资格证的条件之一。第二，教师培训和专业发展课程要严格根据中小学教师 ICT 能力标准制定，并建立相应监督机制，以确保全国教师培训质量的一致性。第三，采取多样化的教师 ICT 能力评估形式，保证 ICT 技能的实践应用。第四，要完善我国中小学教师 ICT 能力认证体系。

（三）教师信息技术应用能力标准的创新运用

教育信息化分为起步、应用、融合和创新四个阶段，党的十九大召开之后，我国正式步入教育信息化的融合与创新阶段,即由教育信息化1.0阶段迈入教育信息化2.0阶段。在教育信息化1.0阶段,教育注重对信息技术的应用,教师教育技术标准研制与实施的目的在于使教师具备利用信息技术优化传统教学的能力,然而教育信息化2.0时代以创新为主要理念,教师教育技术标准的指向也应随之改变:需要培养教师的信息技术创新应用能力,通过教师教育技术能力的提升引导学生发展其自主学习能力、创新能力、批判思维能力等核心素养,以适应社会的智能化发展趋势。在这种情况下,2014年颁布的《能力标准》就已不适应新形势了,当前急需制定以创新理念为主导、以教师信息技术创新应用能力为主要内容的标准框架作为教育信息化2.0时代教师技术素养培训的指导纲要。因此,不少学者投入到了教师信息技术能力标准的创新研究中。从已有研究来看,学者的创新型研究多集中于在国际教师信息技术应用能力框架的基础上建构框架模型,在探索中不断向标准的完整性创新、信息技术的创新性应用方向发展。学者赵建华等依据联合国教科文组织制定的《教师ICT能力框架》,在知识阶梯理论的基础上构建了教师信息技术应用能力ICDT发展监测模型;刘家亮等从教师信息技术应用能力标准的内容维度和发展阶段两个角度,构建了教师信息技术应用能力7D4L发展分析框架;孔晶等基于IPO理论框架,通过研究教师信息技术应用能力发展的影响因素及其之间的关系,构建了教师信息技术应用能力即"ICT-TPE"适应性模型。这些模型虽然为教师信息技术能力标准的创新研究提供了具有一定价值的发展框架,但在一定程度上仍停留在应用阶段,没有真正体现利用技术进行教学变革,培养学生核心素养的创新点。学者刘清堂等人构建了包含7个维度20个指标的教师数字化能力标准模型,标准的指标非常详细,具有较高的操作性,对教师信息技术应用能力标准的进一步创新具有一定的参考价值。但是需要注意的是,它依然停留在技术的应用层面,没有为教师创新应用能力的构建指明方向。2019年,学者王永军借鉴ISTE2017版《教育者标准》,构建了我国中小学"教师信息技术创新应用能力框架",该框架以学生核心素养发展为诉求,赋予教师创新角色,鼓励教师通过信息技术给学生学习赋权,引导教师将信息技术与创新教学方法深度融合,构建了具有创新性的教师信息技术应用能力标准,为创新型教师教育技术能力标准的构建提供了新思路与新理念。

不同学者对创新的路径有不同的理解,在汇集创新研究的同时,通过权威的行政机构对教师教育技术创新能力标准研究的专家学者、一线教师以及教育政策的决策者、领导者进行汇集与组织,凝聚共识,开发研制适应教育信息化2.0时代的、认可度高的国家级中小学教师教育技术能力标准技术是未来努力的方向。我国教师教育技术标准建设在专家学者的比较、反思与探索中日臻完善,如何在教育信息化2.0时代完成教师教育技术能力标准的长足创新发展还要依靠更多研究力量的参与,任重而道远。

第四节 教师教育信息化的建设路径

教师教育信息化建设是一项长期而复杂的工程,需要按照系统工程的思想将中小学教师、校长、基础教育专家、信息技术专家、教育主管领导、教研人员等有机整合在一起,对构成教育信息化体系的各项内容进行建设、完善与调整,采取科学合理的方法,朝着一个正确的、有价值的目标进发。这是一个较为漫长的过程,需要逐步完成。教师教育信息化既包括对教师教育过程的信息化,又包括信息技术环境下的教师专业的发展,政策的保障、课程的引导以及信息资源的支撑是达成教师教育过程信息化和促进信息技术环境下教师专业发展的核心要素。同时,教师教育信息化政策、课程以及信息资源也是已有研究所集中的主题。

一、教师教育信息化建设的相关政策

教师教育信息化政策是党和国家在教育信息化发展的历史时期,为了培养具备良好信息素养,能够利用现代信息技术优化教学活动的新型教师而制订的行动准则和方针计划。教师教育信息化政策作为教育信息化政策的重要组成部分,具有合理分配教育资源以及引导教师教育信息化健康发展的功能。构建完善的教师教育信息化政策体系对教育政策的发展、教师专业水平的提升以及国家教育现代化进程的推进具有重要意义。

(一)教师教育信息化政策的初步确立

教师教育信息化的形成与发展是以电化教育、计算机教育以及教师教育的演进为基础的,因此关于三者的相关政策规划也为教师教育信息化的政策制定奠定了发展基础。20世纪80年代,教育部正式提出要发挥电化教育在提高师资水平中的作用,但由于师资力量及基础设施的严重匮乏,电化教育在师资水

平建设工作中没有起到应有的作用,为此,中央于1985年5月发布《中共中央关于教育体制改革的决定》,要求广泛开展教师培训和考核工作,为在职教师举办函授和广播电视讲座。决定一经颁布,国家各级教育部门积极响应,建立了一批教师培训基地,教师培训工作取得了一定的成绩,但是与实现教育信息化发展所提出的要求还有很大的差距。因此国务院在1993年2月颁发的《中国教育改革和发展纲要》中强调要"积极发展广播电视教育和学校电化教学,推广运用现代化教学手段",提出到20世纪末基本建成全国电教网络的目标。

(二)教师教育信息化政策的体系建构

20世纪末,教育信息化建设进入新的发展阶段,我国教师教育信息化以此为契机相继出台多个政策,不再依托相关政策而存在。1999年9月,教育部颁发《中小学教师继续教育规定》,明确提出"教师继续教育内容要包括教育教学技能训练和现代教育技术",此后多个基础教育发展纲要及教育发展规划中均对教师应用信息技术开展现代化教学提出要求。2002年2月,教育部发布《关于"十五"期间教师教育改革与发展的意见》,要求"积极推进教师教育信息化建设,以信息化带动教师教育现代化,实现教师教育跨越式发展"。同年3月,教育部发布了我国第一个关于教师教育信息化的专门性、系统性政策——《关于推进教师教育信息化建设的意见》,从指导思想、原则、发展目标和措施等方面对"十五"期间教师教育信息化的建设提出具体要求,标志着我国教师教育信息化政策体系的初步形成。此后,为进一步完善《关于推进教师教育信息化建设的意见》,教育部于2003年9月发布《教育部关于实施全国教师教育网络联盟计划的指导意见》,以推动不同地区中小学教师优质资源的共建共享,为推进教师教育信息化建设提供信息资源保障。之后,教育部于2004年12月和2005年4月相继发布《中小学教师教育技术能力标准(试行)》和《教育部关于启动实施全国中小学教师教育技术能力建设计划的通知》,从制度上明确提出对中小学教学人员、管理人员以及技术支持人员的教育技术能力要求,并制定了完善的实施项目以推进标准的落实。此后,我国教师教育信息化政策逐步走向独立,基本形成了教师教育信息化政策体系。

(三)教师教育信息化政策的不断完善

虽然我国教师教育信息化政策体系已基本建成,但是在技术不断发展进步的大背景下,我国教育信息化发展还将产生很多新问题与新矛盾,因此,不断完善教师教育信息化发展政策是确保我国教师教育信息化事业健康发展的重要保障。2006年至今,我国教师教育信息化政策不断发展完善,为教师教育信息化的协调发展指明方向。2006年5月,国务院发布《2006—2020年国家信息化发展战略》;同年7月,教育部颁发《关于实施中小学教师新课程国家级远程培训项目的通知》,为教师教育信息化工作提供了重要指导;2010年,国务院印发《国家中长期教育改革和发展规划纲要(2010—2020年)》,对深化教师教育改革、提高教师应用信息技术的水平提出要求;2012年,国务院出台《关于加强教师队伍建设的意见》,要求推动信息技术与教师教育深度融合,建设教师教育重视学习的服务体系,提高教师学习的自主性;2014年教育部相继发布《中小学教师信息技术应用能力标准(试行)》《中小学教师信息技术应用能力培训课程标准(试行)》和《中小学教师信息技术应用能力测评指南(试行)》,用于指导中小学教师信息技术应用能力的培养实践,逐步确立了教师教育以信息技术应用能力的建设为核心的发展方向;2016年6月,教育部印发《教育信息化"十三五"规划》,提出"要建立健全教师信息技术应用能力标准,将信息化教学能力培养纳入师范生培养课程体系",为"十三五"期间教师教育信息化的发展指出方向;2018年4月,教育部印发《教育信息化2.0行动计划》,要求大力提升教师信息素养,通过教师教育信息化加强教师信息化教学能力培训,实施新周期中小学教师信息技术应用能力提升工程。这一时期的教师教育信息化政策由宏观指导为主转变为以项目来推进,使得教师教育信息化目标在项目支持中得以精准实施。同时,国家更加重视教师教育信息化课程资源的建设和共享,为教师教育方式的变革和教育质量的提升提供了物质保障。

二、教师教育信息化的课程建设

随着基础教育课程改革的不断深入以及教育信息化进程的推进,传统的教师教育课程体系已经不能很好地适应当前基础教育对教师教育技术能力和信息素质培养的需求。要培养具备良好信息素养的教师必须依托完善的教师教育课程体系,加强教师教育的课程建设可以说是教师教育信息化建设中的首要任务。教师重要的信息素养之一就是实现信息技术与学科课程的整合,即以信息技术为工具,将其用于学科教学全过程中,培养学生获取信息、发现问题、共同探讨、解决问题以及构建知识的能力。信息技术与学科课程的整合需要对教师进行信息化教育理论培训、信息技能培训、信息化教学设计培训以及信息技术与课程整合模式培训。因此,必须建立完善的职前与在职教师教育信息化课程体系。

(一)职前教师教育信息化课程建设

在职前教师教育方面,由于大多数师范院校都将《现代教育技术》课程作为职前教师信息化教育的载体,因此对教师教育职前培养阶段课程体系的研究多以《现代教育技术》课程为研究对象。《现代教育技术》教师教育课程的内容体系经历了一系列的演变:早期的电化教育阶段没有专门的教师教育课程,只是在教育系的科目中开设了不成体系的相关课程模块。到20世纪90年代末,现代教育技术课程内容体系结构形成,形成了一批具有代表性的教材,如《现代教育技术——走向教育信息化》《现代教育技术》《教育技术教程:教育信息化时代的教育学》等,近些年出现专门针对"现代教育技术"教师教育课程的教材,如《现代教育技术》《现代教育技术适用教程》等。

虽然职前教师教育课程的教材与课程体系经历了形成与发展的阶段,但是课程的内容体系仍然以理论、媒体技术和媒体教学法为核心,没有随着新理论、新技术与新方法体系的不断发展而发展,表现出体系层次聚合度低的问题,《现代教育技术》课程的内容体系及教学形式还存在一定的问题。阮士桂等人经过大量的教学实践并且对《现代教育技术》的多个版本进行试验后,提出当前职前教师教育课程的定位模糊、教材陈旧、内容繁杂,课程与学科的联系不够紧密,不符合普通师范生的学习要求。刘春志、章伟民认为《现代教育技术》公共课的理论与技术部分相互独立不成体系,理论内容与教育学和心理学重叠,技术内容与信息技术重叠,不仅导致学生在系统学习的过程中存在重复感,还容易使学生将教育技术与信息技术、媒体技术相混淆,不利于职前教师教育信息化的培训。张炳林、杨改学提出教师教育课程主要存在三个问题:一是内容陈旧,与实际应用脱节,以网络通信与多媒体技术代替教育技术,课程教授的技术要么对基础设施与教育资源要求过高,要么已淘汰过时;二是内容范围"大而全",没有突出重点;三是重理论轻实践,学生缺乏结合理论指导来操作媒体设备的机会。王碧静、王文惠等学者认为职前教师教育的教育技术教材缺乏针对性,在编写时没有根据各学科需要进行相应的内容设置仅存在少部分版本在教材名称或案例上与学科进行了浅显的结合。

针对《现代教育技术》课程存在的问题,有关学者进行了职前教师教育信息化课程的改革研究,以期通过课程建设促进教师教育信息化的发展,为基础教育培养一批具有高信息素养水平的储备人才。何济玲等学者提出,该课程应该从课程目标、课程内容体系、教学方法等方面系统地开展课程教学改革。第一,课程的目标应设定为使学生具备利用信息化手段完成整个教学过程的能力,具体包括让学生以学科内容为基础利用信息化教学设计方法形成教学设计方案;收集和加工与教学设计方案配套的信息化教学资源;在多媒体教学环境中利用信息化教学资源和教学设计方案实施教学活动;利用信息化教学评价方法开展教学评价。第二,借鉴相关国家精品课程的教材,围绕信息化教学能力的四个核心要素,即信息化教学设计能力、信息化教学资源整合能力、信息化教学实施能力及信息化教学评价能力对原有信息化教学能力维度与课程知识体系进行调整,形成具有整体性的课程体系。第三,采用案例式教学法、任务驱动教学法、演示法等多种参与式教学方法,提高职前教师教育信息化培养的效果。

李虎林认为,深度融合信息技术与职前教师教育课程是完善教师教育课程建设和推进基础教育信息化的有效路径,因此他提出以下四种措施:第一,要将课程的目标由偏重知识调整为知识、能力与综合素质的统一。第二,开展混合式教学,构建在线教学与面对面教学相结合的有效教学形态。第三,通过课程资源由分散向聚合状态的走向、由静态封闭向动态生成的演变,来促进教学形态的变革。第四,以信息技术为支持,提高教学评价的系统性与科学性。张乐、郭绍青等人认为,职前教师教育信息化的课程建设思路是要通过重构教育技术学教师教育的课程体系与相应的内容体系来进行,其目的是培养师范生利用信息技术解决教育问题的能力,促进自身专业化发展。因此,他们构建了新的《现代教育技术》课程内容体系,分为基础理论、媒体技术、教学设计、媒体技术与教学应用,以及工作效率与专业发展五个模块。在基础理论模块,通过动画演示和视频等生动的方法向师范生演示理论的核心概念和重点内容;在媒体技术模块,让学生掌握常规硬件设备的使用方法,了解教学资源的应用方式;在教学设计模块,要突出学科与教学设计的整合,通过学科教学案例的讲解与分析帮助师范生掌握教学设计的流程与方法;在教学媒体与教学应用模块降低理论讲授的比例,增加探究式学习教学方法的应用,结合具体的教学问题帮助学生了解信息技术在具体学科教学环节的应用方法;在工作效率与专业发展模块,以相应的主题活动向师范生介绍在未来教育教学中提高工作效率的经验,提升其专业发展意识。最后，要根据不同模块的内容采用网络课程、微课程集群等多种形式来组织课程内容，实现职前教师教育信息化的课程目标，建设有利于教师教育信息化的课程体系。

（二）在职教师教育信息化课程建设

相对于职前教师，关于在职教师教育信息化课程建设的研究较少，且多集中于与国外教师教育信息化课程的比较以及具体的在职教师教育培训模块中，但是这些研究对我国中小学教师教育信息化课程建设的推动作用不容小觑。

杜光胜选择了英特尔未来教育教师培训的课程与我国进行对比。之所以选择英特尔未来教育教师培训项目，是因为它是我国首个来自国外的师资培训，在我国中小学教师信息技术应用能力提升工程实施前，为中小学教师教育技术培训提供了许多宝贵的经验，作出了巨大的贡献。在课程内容上，英特尔培训课程要求教师根据事先展示的单元计划模板策划一个教学单元，之后根据计划收集与筛选教学资源，进一步设计单元作品和相关的信息化支持材料，并对其进行评价与修改，最终形成一个教学目标明确、具有充分材料支撑的单元计划包；而我国教师培训的课程内容主要是培训教师的信息技术与学科教学整合能力，分为初级与中级培训。其中初级课程重在通过应用进行整合，中级培训课程是在初级基础上，培养在职教师自主学习与合作学习的能力，形成在教学实践中自觉应用信息技术进行教学设计的意识。在评价方式上，英特尔未来教育教师培训的评价方式主要包括：电子学习档案袋、评价量表和培训日志，通过过程性评价帮助教师加深对教育技术在教学中的作用的认识和理解；我国教师教育培训多采用过程性评价与水平考试相结合的方法，其中过程性评价的评价方式有主讲教师评价、小组互评和教师自评三种，水平考试采用全国统一命题、统一上机考试的方式，对基础知识、教学规划、资源准备、教学实施、教学评价五项能力进行测试。经过对比之后，杜光胜认为二者在培训主线、评价方式和课程编排上存在较大差异。最后，他总结出英特尔未来教育教师培训课程体系对我国教师教育信息化课程建设的几点启示：第一，在课程编排上，宜采用"从易到难，由浅入深"的编排方式，使教师教育技术能力螺旋式提升；第二，重视课程内容的建设和开发，英特尔项目的课程教材经过了多次的编订与修改，是我国教师教育技术培训应该积极借鉴与学习的。第三，课程要注重突出学生本位。应在课程设置与课程教学中将教育技术的应用放在学生身上，明确教师教育技术培训的终极目标。

　　林秀钦、黄荣怀等学者对由哈佛大学教育学研究生院组织的 WIDE World（WIDE 全称 Wide—scale Interactive Development for Education）培训项目的课程进行了详细介绍，然后根据其课程特点得出其对我国中小学教师教育信息化课程的启示：要调整课程设计的基本原则，紧紧围绕教师发展目标设置具有生成性的课程主题；课程大纲和课程子单元要明确阐述在职教师的学习目标；课程活动要通过案例中对教育技术概念和理论的解释促进教师对教育技术的理解，帮助教师通过课程设计将理论知识应用于教学实践过程中，并在与他人的分享与评价中检验培训效果；实施教师教育技术课程的教师以及培训学员要依据教师教育标准评价作品。

　　唐烨伟、范佳荣等学者从信息化态度与意识、信息化知识与技能、信息化应用与创新三个方面对广东省中小学教师信息化教学能力发展现状进行了分析，提出人本服务理念下区域中小学教师信息化教学能力精准培训的策略：第一，在培训课程的建设方面，提出要针对教师群体研究培训课程内容，推动教师网络培训课程资源的建设，鼓励线上线下教师同伴互助，提高全体教师信息化教学能力；第二，在课程目标与课程设置方面，要开展引导学生利用信息技术进行预习、查阅资料、探究性学习的培训课程，将提升学生信息素养作为课程目标贯穿教师培训过程的始终；要针对不同教龄的教师开展分层次分类别的培训课程。

三、教师教育信息化的资源建设

　　在教育信息化发展的大背景下，教师教育信息化的建设离不开适应教育教学发展形势、数量充足、实用有效的教育教学资源，特别是数字化信息资源及其应用系统。优质的数字信息资源共享能够扩大教师教育信息化的教育规模；丰富的数字信息资源能满足不同教师的多元化需求；数字信息资源的互动性能提高教师的参与性，增强教师教育效果。当前教师教育信息化数字信息资源建设主要面临两方面的问题，一是数字化信息资源的匮乏，尤其是缺乏具有一定学术理论价值、指导性强、与教师教学实践紧密相连的优质信息资源；二是大量的数字化信息资源被闲置，资源分布松散，没有得到有效的整合与利用。因此，探究中小学教师教育信息化的数字信息资源建设，思考如何在资源建设与教师教学之间找到提升教师信息化教学能力的方法对于提高学生学习能力、实现教师跨越式发展以及加快教师教育信息化进程具有重要意义。关于教师教育信息化数字信息资源建设的研究主要集中在区域性实证研究、建设路径研究以及国外数字信息资源建设的借鉴研究三个方面。

(一)教师教育信息化资源建设的实践探索

为解决教师教育信息化资源建设过程中出现的现实问题,越来越多的学者主张对不同区域的信息化教师教育进行实证研究,总结各区域数字信息资源建设经验,分析其中存在的问题,以期在优势方面以点带面,为全国教师教育信息化的数字信息资源建设贡献力量,在问题方面注重反思,使相关部门在开展信息资源建设工作时避开"雷区",快速发展。

江苏省率先建成中小学教师省级数据中心,在开展中小学教师发展工作方面卓有成效,建立了一套较为完善的信息资源服务体系。江苏省省级教育行政部门是信息资源建设的主导力量,负责数据中心、资源库的规划与设计工作,市级教育行政部门负责统筹信息系统的整合,县级教育行政部门主要负责推进信息资源的应用,学校以组织培养教师信息资源与教学过程的融合为主要任务,各部门相互配合,协同创新。另外,江苏省还针对基础教育的不同学科建设了丰富的专业资源,为各学科教师提供教师培训课程资源,形成了"资源免费开放、内容自主选择、目标任务驱动、辅导统一组织、成绩统一评判、管理以县为主的江苏网络培训模式",利用资源平台开展教育学、心理学、教育技术等教师网络竞赛和微课大赛,对参赛教师所提供的数字资源进行统一管理与整合,通过相应的激励机制吸引教师参与数字信息资源的建设,享受建设成果。通过江苏经验,有学者对建设教师教育信息化数字信息资源提出建议:第一,在全国各省建立省级教师数据中心,完善省级中小学教职工信息管理系统,以此为平台推进信息资源的建设,为教师提供更加丰富的信息资源、更广阔的交流空间。第二,要利用好数字信息资源。很多区域的信息化资源建设已非常完善,但是大都处于封闭状态。解决这一问题的途径就是开放数字化信息资源,鼓励相关培训机构充分利用信息资源助力教师教育。

赵文霞、张萍则以郑州市几所中学为研究对象,对学校的教师教育信息化资源建设进行了调研,发现该地学校校园网的覆盖率达 2/3,但是教师对校园网建设的满意度却不到 1/10,数字信息资源建设不达标,超过 80% 的教师认为信息资源不充足,教师教育信息化数字信息资源建设的总体情况令人担忧。教育信息化需要掌握信息技术、拥有高信息素养的教师,而信息化的教师教育需要信息化教学资源的建设。两位学者针对郑州教师教育信息化建设中出现的问题,提出以下几个方面的建议:第一,学校要树立开放的教育信息化观,尤其是现代的数字信息资源观,鼓励各学科教师加入信息资源建设的队伍中来;第二,要根据不同学科教师所面临的教学实际问题的差异,为教师提供不同层次及类型的信息资源,如教学内容支持性材料(教学知识、计算机技能等)、教学工具性材料(图片、音频、软件等)、教学半成品等,同时要为不同学科的教师提供一个统一的资源平台,既能为教师提供丰富而综合的信息资源,又能发挥各学科教师的优势和特性,共建教育信息资源;第三,要积极调动社会力量参与信息资源的建设,加强与企业的技术合作,共建数字信息资源库。同时,还要加强城乡教师交流,实现教育资源共享、优势互补;第四,要加强其他学科教师与信息技术教师的合作,在网络主题资源数据库的建设过程中,使其他学科教师成为资源建设的内容提供者,使信息技术教师成为资源建设的技术提供者,通过信息技术教师整合素材数据库、师生作品数据库、反思评价数据库等数据资源,二者相互配合,在实践中提高信息资源开发能力,协同优化数字信息资源建设。

钟苇笛经过调研总结出重庆市中小学教师教育的信息资源建设情况,认可了重庆市在开发、汇聚中小学同步课堂资源(库)、名师课程资源及仿真实验教学资源方面的工作成效,同时也指出依然存在的问题,如很多学校没有投入足够的经费用以购买、更新或制作教师教育数字信息资源,大部分学校的数字化课程资源少、开发不充分。对此,中小学领导应及时转变观念,增强信息化教学课程的开发力、信息化教学资源的建设力。同时要为教师教育提供良好的发展环境,加大学科教学资源建设的资金投入,保证教师教育信息化的可持续发展。教师要充分利用国家教育资源公共服务平台所汇集的优质教学资源和优秀教师教学案例,建立个性化教学资源库,构建数字信息资源建设共同体。

(二)国外教师教育信息化资源建设的经验借鉴

余武对欧美国家所出台的教师教育改革政策和实施策略、教师信息技术教育培训进行了介绍,归纳了部分国家在教师教育数字信息资源建设中所采取的行动。1997年美国教育部在以"克林顿行动纲领"为指导发表的举措说明中强调,所有教师都应掌握一定的现代化计算机技术以培养学生对计算机的操作能力,因此教师教育机构要共同协作为教师提供相关培训和资助。2001年,美国总统布什呼吁各级教育领导、企业、社区及个人行动起来,开发有效的软件和在线学习资源,使其成为加速教师教育信息化的重要组成部分;澳大利亚国家公共资源管理局于1995年4月决定建立"澳大利亚教育网",其中新南威尔士政府在"澳大利亚教育网"中整合了种类丰富的数字信息资源,以培养教师收集信息、处理信息、信息交流以及利用计算机组织教学、开展教学评估的能力;1997年,英国国家学习信息系统网络创建"虚拟教师中心网站",开发了大量教师信息技术培训在线资源;1998年初法国在"将法国社会带入21世纪"计划中对教师编制软件程序的能力提出要求,并通过为师资培训站招聘计算机博士的方式来辅导数万名教师进行信息资源的开发与利用,建成较为完善的信息资源库。通过对当时欧美各国在教师教育数字信息资源建设方面的成就介绍,学者余武提出对我国教师教育信息化建设的启示,他认为我国教育部门要加强与信息技术部门和公司的合作,共同开发教师信息技术培训软件,广泛建立教师培训网站,促进信息资源共享;为教师教育创建良好的信息技术环境,学校不仅要鼓励教师积极利用数字化信息资源,还要结合教学经验进行数字资源以及教学软件的开发;建议国家加大对教师开发教学资源能力的评价比重,从多种途径促进我国教师教育信息化数字资源的建设进程。

孔令帅探讨了美国提高中小学教师信息技术使用积极性的四种培训模式,其中一种是无线网络模式。他介绍了无线网络模式中的代表模式——"在线实验室(Labnet)",Labnet为教师提供网络平台,教师可以在线分享实验成果,并且可以通过E-mail公告栏、研讨会、网上图书馆等数字信息资源来提高对信息技术的使用兴趣。同时,美国还设立了教育信息资源中心(ERIC),将庞大的教育信息资源进行整合,向教师提供课程计划样本、教育即时信息,解答教师在线提出的教育教学问题,帮助教师将信息技术融合进课程教学,为教师教育的信息化提供服务。孔令帅提出,我国教师教育应根据《教育部关于推进教师教育信息化建设的意见》指示,充分利用各种教育信息资源建设本区域的教师教育网络资源服务中心和服务站点为中小学教师教育服务。虽然我国已建立面向基础教育的K12中国教育教学网、中国园丁网等教育网站,但是能够为教师提供信息技术培训的网站还很少,因此我国要加强相关网络、网页及数字信息资源库的建设,为教师提供信息技术问题的咨询场所。

章苏静、肖飞生以南非为研究对象,介绍了Thutong、SAISE及南非

SchoolNet等非营利组织,它们为教师教育信息化提供了良好的数字信息资源开发、交流、共享平台,能够为教师发展提供各类信息资源。其中Thutong与西开普敦省教育部门、SABC教育、Mindset网络等组织达成一致,共享内容元数据,扩大了教师教育信息化数字信息资源的来源。另外,Educator Development Network(EDN)项目也为数以万计的教师完成了优质教育资源的开发。两位学者通过对南非教师教育信息化数字信息资源的建设研究,对我国提出相关建设意见,认为我国应重视开放的教师专业发展资源与网络建设:没有优质而丰富的数字信息资源的教师教育是失败的,单纯追求数字信息资源的数量与质量而不开放资源的教师教育也是失败的,只有建立像EDN这样一个立体、开放、共享、包容的数字信息资源网络才能真正提高我国教师专业化水平,建设信息化教师教育体系。

(三)教师教育信息化资源建设的路径优化

东北师范大学钟绍春教授首先对教师教育数字信息资源的建设路径进行了介绍,从组织及存贮形式及媒体呈现方式两个维度对应该建设的资源类型进行了分类:按照资源的不同组织及存贮形式划分,应建设教学资源库(教学素材、试题库、课例、文献、教学设计、学例)与专题性学习网站;按照资源的媒体呈现形式划分,应建设信息化的动画资源、影视资源、声音资源、图片资源及文字资源。其次,钟绍春教授提出信息资源建设的原则:第一,要最大限度地为建构主义学习理论、研究性学习等教学理论及模式提供支撑;第二,要以师生现实需求为依据,以激发教师应用兴趣和解决教学实践问题为焦点;第三,要充分利用网络资源,建设有效的、有特色的资源和软件,尤其要注重开发学科动画制作工具软件及建设专题性学习网站;第四,要坚持整合要素的个性特点,既要突出信息技术的教学功能特点,又要将课程教学的基本规律蕴含其中。最后,他提出信息化教师教育数字信息资源的实际建设路径:首先,要根据资金、教学环境、教师、学生等实际情况确定建设目标;其次,在具体建设中既可以对所有学科的信息资源进行融合,也可以分学科局部建设;最后,要根据实际情况确定建设方法,包括多种形式购买、与大学和相关技术部门合作开发、与其他学校资源共享、建立基于学科的共享网站等。

广州大学杜玉霞教授则对数字信息化资源建设路径提出以下几点建议:第一,要构建一体化的中小学信息化教师教育信息资源建设体系。她认为优质的数字信息资源是教育信息化背景下中小学教师学习的基本条件和基础性学习服务需求，传统的培训单位组织的数字信息资源建设已经不能适应"互联网＋"环境下中小学教师对多元化研修资源的需要，亟须整合高校、培训机构、社会以及企业的多方力量，开发开放课程、微课、直播课等新型信息资源。第二，要汇集专家、高校教师、中小学教师、教研员等相关研究人员，通过相关的信息资源门户对中小学教师上传的内容进行点评与讨论，在解决问题的同时生成新的信息资源。第三，学校层面要整合利用多种网络渠道和资源，针对教师的个性化需求提供多元的交流平台和学习资源支持，通过数字信息资源库的建设为教师的专业发展提供系统持续的服务。

第五章

学校教学改革的背景分析及历程反思

第一节 教学的内涵

教学是一种古老的社会活动,是教育的主要形式和主要内容。研究学校教学改革,首先要明晰教学的内涵,要用历史发展的眼光看待和分析教学的内涵,既要看到教学的历史内涵,又要看到新时期教学的新内涵。要看到教学是教与学相统一的社会活动,既包括教师的"教",也包括学生的"学",两者辩证统一,共同构成了教学;既要看到"教"是学生"学"的重要方式,也要看到"学"是教师"教"的最终目的。任何无法促成学生真实学习的教学都不是真正的教学。

一、教学是一种古老的社会活动

自从有了人类社会,便有了教育,随之也就有了广义的教学。据研究和考证,教学在原始社会即已产生。古代的教学大多数与传授生活、生产经验有关。生活经验主要是一些生活习俗、社会风俗以及图腾信仰、禁忌等。生产经验则主要是一些围猎、农耕方法以及工具的制造、使用等。教学的基本方式是上一代人对年轻一代人言传身教。这种教学是当时社会生产、生活得以维持,生命得以延续的重要保证。这种教学没有相对独立和完整的内容,教学基本上等同于生产和生活,两者并没有独立起来。从科学性上来看,教学多是经验的总结和传授,带有偶然性和随意性,差异性很大,可比性不强。随着社会的不断进步,特别是工具的更新、生产力的提高,脑、体分工进一步明确,社会组织结构也逐步完善,一部分不用从事体力劳动的人便接受了系统、完整的教育。过去偶然的、不成体系的、经验传授式的教学已不再适应社会生产、生活的需要,也不再适应特定阶级发展的需要。教学的专业化、固定化、阶级性随之产生。后来,随着固定教学场所——学校的出现和从事教学的专职人员——教师的产生,教学发生了质的飞跃。教学自此从生产、生活本身中分化出来,自发性让位于自觉性,教学变得更加连贯,形式也日益固定。教学的分化和专业化使得教学不断完善和发展,为教学的未来发展奠定了基础。

在我国,教学历史悠久。古人在《尚书·说命》中提出了"教学半"的观点,意思是在教学中,教是学的一半。《礼记·学记》中又提出了"教学相长",其原文为:"学然后知不足,教然后知困。知不足,然后能自反也;知困,然后能自强也。故曰:教学相长也。"意思是说,通过学习才能知道自己的不足,通过教人才能感到困惑。知道自己学业的不足,才能反过来严格要求自己;感到困惑,然后才能不倦地钻研。所以说,教与学是互相促进的。

二、"教"与"学"的历史考察

在我国古代,关于教学的作用,《礼记·学记》中也阐释得特别清楚。对于个人而言,《礼记·学记》的记载是:"君子如欲化民成俗,其必由学乎!""玉不琢,不成器;人不学,不知道。"意思是,君子要想感化民心、形成良好风俗,就一定要重视教学。玉石如果不经过雕琢,就不能变成好的器物;人如果不经过学习,就不会明白各种道理。对国家而言,如果没有教学的育人成才、化民成俗,则整个国家就不能开化,不能长治久安。于是,《礼记·学记》又指出"建国君民,教学为先",意思是建立国家、统治人民,必须把教学放在首要地位。从中可以看出,教学是教化人民、建立国家、实现国家长治久安的重要"法宝"。这里的教学实则和教育同意,包含着传递知识、教化民众等内容。

在英语中,教与学是由不同的单词表示的,"教"一般由 teaching 和 instruction 来表示,"学"则由 learning 来表示,也经常见到两者的合成形式 teaching-learning。

可见,无论中西,教学都包含"教"和"学"两部分内容。"教"的基本含义是传授,一般是指教者对学习者的传授。"学"的基本含义是学习、模仿,一般是学习者学习、模仿教者的知识、行为等。教与学合在一起的基本含义就是传授和学习。具体而言,一是教学包含两个主要部分,即教师的教和学生的学,两者缺一不可,缺少了任何一部分都不能称为教学。是教学包含一种主要关系,即教者和学者的关系,也可称为师生关系。良好的师生关系是教学得以顺利完成的关键因素。师生关系的民主、和谐会影响教学过程的民主和教学关系的和谐,甚至影响教学方法的运用。二是教学包含两个层面的发展,既有学生的发展也有教师的发展,即教学相长。三是教学所包含的教与学在某些语境中又是相通的。例如,古人言语,施受不分,如买与卖,受与授,籴与粜,本皆一词,后乃分化耳。教与学亦然。教学亦即学习,指的是两种不同的学习方式,一种是通过教使人学,另一种是自学。

三、"教"与"学"的内涵分析

概念是人们思想的基本表达形式之一,是人对事物最为普遍和本质的认识。概念清晰,则可以帮助人们更好地认识事物的本质,并举一反三、推而广之、活学活用。概念不清或者错误,则会迷惑甚至误导人们,让人们无法把握该事物的本质,无法理解与该事物相关、相近的一些活动或者现象,不能很好地认识它与其他事物之间的联系和区别。同理,给教学下一个科学的定义,则有助于人们明白教学的本质、教学与教育的联系、教学与教唆的区别以及教与学相互产生的影响等。给教学下一个科学的定义是很困难的,主要有几方面的原因。一是教学历史久远,古代和现代的人们对教学的认识不尽相同。在古代,"教""学""自学""教育"没有严格的区别,可以互用,而且受历史文化、阶级地位、社会生产力水平等影响,古人对教学的理解自然不同。到了近现代,人们关于教学也有不同的认识。有学者指出,在我国出现的"开门办学""学工""学农""学军"等概念,使得教学的概念更加含混不清了。二是概念所指的广度不同。一般来说,人们会将教育与教学关联起来,这里的教育即教学,教学即教育。当然,还有更广义的理解,如生活中的一切学习、交流、辅导等,均可被称为教学。狭义的教学则指教育的一部分和最为基本的教育途径,和德育、社团活动等既有联系又有区别。对教学更为狭义的理解则指具体的教学活动,如数学教学、语文教学等,再如小学教学、大学教学等。教学目标、教学任务、教学阶段、教学组织形式、教学评价方式等不同,自然会让人们对教学有不同的理解。

尽管存在以上不同理解,但根据需要也是可以对教学这一抽象概念进行定义的。下面是一些学者对教学所下的有代表性的定义。王策三先生认为,所谓教学,乃是教师教和学生学的统一活动,在这一活动中,学生掌握一定的知识和技能,同时,身心获得一定的发展,形成一定的思想品德。从中可以看出,教学是教与学相统一的双边活动,教学的效果,不仅是学生增长了知识和技能,而且其身心也获得了发展。可见,教学不仅是教书、教知识,也是一个育人的过程,即受教育者获得了全面发展。袁振国教授对教学的一般规定进行了分析，认为教与学是可分的，可分的理由是教与学是两种不同性质的活动。实践中的教学活动至少有两种理论形式，即关于教的理论与关于学的理论。教学研究把教当作自己的中心问题，认为教学的核心是教。在此认识基础上，袁振国教授认为，教学就是教师引起、维持、促进学生学习的所有行为，这些行为包括主要行为和辅助行为两个部分。教师的主要行为包括教师的呈示、对话与辅导，辅助行为包括激发动机、期望效应、课堂交流和课堂管理等。

从袁振国教授的论述可以看出，教与学是相互独立的，教学的重心在教，重点是研究教的原理、教的方法。但这并不排斥学，教是建立在对学的认识基础上的，并不是不认同学生学的状态、意识、水平的肆意的教。教学并非简单地教授，学习并非机械地接受，而是体现着教中学、学中教，即教学相长。施良方、崔允漷认为，在我国，"教、教学经常是通用的"，但是，"教与学不仅是可分的，而且必须分"，应该从促进学生进步的角度分析"教"或"教学"的本质特征，"教学"指向"教师引起、维持或促进学生学习的所有行为"。从中可见，施良方、崔允漷两位学者的观点与袁振国教授的观点几乎一致，都认为教与学可分，并从促进学的视角分析教。

关于教学的定义，几乎每本教育学和教学论类教材、专著都要进行论述，这里不一一列举。教学定义的不同不仅反映了时代的变迁，更反映了人们对有关教育教学各种关系的认识和假设。

总之，教学不仅包括教，也包括学，教不局限于教师，也有学生的教，反之亦然。教是建立在学的基础上的教，学是教引导下的学，缺少教或学，教学则不能达成。教和学，不是教师和学生个人的行为，而是受制于国家、社会的规定。一般而言，中小学阶段的教学内容的主要载体是教材。教的过程主要是系统的知识的传授，但同时包含教授正确的价值观念，引导受教育者形成正确的思想道德观念等，在这一过程中，教师、学生相互启发和成长，实现共同成长。

第二节　教学改革和发展的新方位、新问题及新任务

一、教育改革和发展的新方位

中华人民共和国成立以来，经过几代人的不懈努力和艰苦拼搏，当前我国

已建成了世界上规模最大的教育体系,保障了亿万人民群众受教育的权利,走出了一条中国特色社会主义教育发展道路,为国民素质的提高、经济社会的发展、综合国力的提升作出了重要贡献。我国教育总体发展水平已跃居世界中上行列。

(一)教育普及水平不断提高,较好解决了"有学上"问题

中华人民共和国成立初期,全国5.4亿人口中,"文盲"占比高达80.0%,很多地方连学校、课桌椅都没有,教育条件极其落后。近些年来,我国教育事业发展取得历史性成就。《国家中长期教育改革和发展规划纲要(2010—2020年)》显示,2015年,我国主要劳动年龄人口平均受教育年限为10.5年,实现了从人口大国到教育大国、人力资源大国的跨越,进而向教育强国、人力资源强国迈进。2018年,学前教育毛入园率为81.7%,九年义务教育巩固率为94.2%,高中阶段毛入学率为88.8%,高等教育毛入学率达到48.1%。总体来看,各级各类教育普及程度均达到或超过中高收入国家平均水平。义务教育城乡差距不断缩小,截至2019年3月,全国92.7%的县实现了义务教育基本均衡发展。我国大力实施中西部高等教育振兴计划,深入推进支援中西部地区招生协作计划,促进高等教育普及化发展;加快发展民族教育,构建现代职业教育体系;完善随迁子女就学政策和留守儿童关爱保护体系。2017年的统计数据显示,80.0%的义务教育阶段随迁子女进入公办学校就读。同时,我国还深入实施农村学生营养改善计划,截至2018年成果已覆盖全国1631个县,受益学生达3700多万人。

(二)教育质量大幅提升,每个孩子"上好学"的机会不断增多

教育高质量发展是实现中华民族伟大复兴的重要支撑力量。近年来,我国坚决防止和纠正幼儿园小学化问题,研制幼儿园保教质量评估指南,提高幼儿园保教质量。坚持德智体美劳"五育"并举,深化义务教育教学改革,大力转变普通高中育人方式,加强全面育人体系建设,大力发展素质教育,推进课堂改革,不断提升学生的创新精神和实践能力。推动高等教育内涵式发展,谋划部署全面振兴本科教育攻坚行动,印发"新时代高教40条",鲜明提出"四个回归""以本为本"时代命题,启动"六卓越一拔尖"计划2.0,发布并实施《普通高等学校本科专业类教学质量国家标准》。加快推进"双一流"建设,促进高校科技成果转化和技术转移,不断提高教育服务经济社会发展的水平。出台"职教二十条",大幅提升职业教育现代化水平。通过实施一系列改革举措,我国教育质量和国际影响力显著提升。近几年,上海等地的学生在国际学生评估项目中测试成绩名列前茅;英国小学数学教学引进"中国模式";一流大学和一流学科建设受到国际社会广泛关注。2013年,我国成为本科工程教育国际互认协议《华盛顿协议》的签约成员,我国高等工程教育质量得到国际认可。我国高校在全球高校中的位次整体大幅前移,截至2018年,我国近100个学科进入世界前列。

(三)教育改革开放水平不断提升,人民群众个性化、多样化教育需求不断得以满足

支持和规范社会力量兴办教育,民办教育已成为社会主义教育事业的重要组成部分。2018年,全国共有各级各类民办学校18.35万所,占全国学校总数的35.35%;在校生5378.21万人,占全国在校生人数的19.51%。民办教育的发展有效地增加了教育服务供给,满足了人民群众多样化教育需求,为创新教育体制机制、推动教育现代化、促进经济社会发展作出了积极贡献。

近年来,我国加快和扩大教育对外开放,落实《推进共建"一带一路"教育行动》精神,推进人文交流,为共建人类命运共同体提供有力支撑。教育部公布的数据显示,从1978年到2018年底,各类出国留学人员累计达585.71万人,截至2018年,153.39万人正在国外进行相关阶段的学习和研究,432.32万人已完成学业,其中365.14万人在完成学业后选择回国发展,占已完成学业群体的84.46%。2018年的出国留学人员总数达到66.21万人,回国人员总数为51.94万人。从中外合作办学来看,我国已成为全球一流大学的重要办学合作方。我国教育改革开放水平不断提升,满足了人民群众个性化、多样化教育需求。

(四)各地教育大会陆续召开,新时代教育工作有序推进

自2018年9月全国教育大会召开以来,中央教育工作领导小组对学习贯彻大会精神高度重视,做出重要安排,领导小组秘书组、教育部党组切实加强统筹协调和督促指导,推进落实教育工作往深里走、往心里走、往实里走。之后,全国31个省(自治区、直辖市)和新疆生产建设兵团均召开教育大会,结合本地实际抓好教育工作,贯彻落实会议精神。总体上看,各地教育大会规格高、影响广、效果好。

一是出台专门意见和制定本地教育规划。河北、福建、湖北、青海等地专门出台具体实施意见,将习近平新时代中国特色社会主义思想贯彻到教育工作各领域、全过程。北京、福建、山东、宁夏等地把全国教育大会精神与当地实际相结合,研究制定了本地教育现代化规划及实施方案等,构建新时代教育改革发展的规划蓝图和政策体系。

二是坚持正确的办学方向和育人导向,进一步落实立德树人根本任务。各地坚定为党育人的初心,牢记为国育才的使命,聚焦立德树人根本任务,紧扣"培养什么人、怎样培养人、为谁培养人"这一根本问题,深化教育教学改革,多措并举做好思想政治工作。2019年3月18日,习近平总书记主持召开学校思想政治理论课教师座谈会并发表重要讲话。为落实讲话精神,各地党委主要负责同志以做报告、调研、座谈等形式,深入学校开展思想政治教育工作,北京、天津、河北、内蒙古、江西、河南、四川、陕西等地党委主要负责同志带头深入高校讲思政课。

三是坚持问题导向,深化教育改革创新。各地把改革作为教育发展的根本动力,聚焦突出问题和短板,加快重点领域和关键环节的改革步伐。黑龙江提出,聚焦改革创新,全方位补齐发展短板,兜住底线,解决"城挤乡弱""大班额"问题,开展城乡义务教育一体化改革发展攻坚行动。山东提出,牢固树立质量为先的导向,转教育理念、转育人模式、转评价方式,把科学的教育评价指挥棒立起来。

四是进一步明确教育现代化发展目标和实现路径。各地坚持以凝聚人心、完善人格、开发人力、培育人才、造福人民为教育工作目标,明确提出符合区域实际的教育现代化发展目标和实现路径。上海提出,到2020年上海教育总体实现教育现代化,教育事业发展和人力资源开发水平迈入世界先进行列;到2035年,实现更高水平、更高质量的教育现代化。云南在对全省教育现代化建设做出总体安排的同时,明确提出全面提升学前教育水平、提高义务教育质量、深化普通高中课程改革、深化高等学校考试招生制度改革等目标,并分别制定了配套政策。

五是尊师重教工作有了新进展。各地高度重视教师队伍建设,努力推动形成优秀人才争相从教、教师人人尽展其才、好教师不断涌现的局面。安徽启动教师"县管校聘"改革和事权、人权、财权"三权"统一改革试点,开展乡村中小学首席教师岗位计划试点。福建的师范专业生人均拨款标准大幅上调,并通过改革师范类招生、探索本硕一体化培养、提高师范生专业奖学金标准等举措,吸引优秀学生报考师范专业。

(五)多措并举,不断增强人民群众教育获得感

全面贯彻党的教育方针,坚持"优先发展教育事业"和"三个优先"。各级政府在财政资金投入上要优先保障教育,推动落实"一般不低于4%、两个逐年只增不减"要求。坚持学前教育公益普惠基本方向,推动学前教育深化改革和规范发展,实施第三期行动计划。教育部大力度、大范围开展校外培训机构专项治理,全国共摸排校外培训机构40.1万所,整改完成率98.9%,从制度上解决课后"三点半"问题,出台中小学生减负"三十条",制定面向中小学生的全国性竞赛活动管理办法,切实减轻中小学生过重的学业负担。推进义务教育免试就近入学全覆盖,全国24个大城市免试就近入学比例达98.0%。积极化解义务教育"大班额"问题,大班额、超大班额数量比之前分别减少了18.9%和48.7%。支持全面改善贫困地区义务教育薄弱学校基本办学条件,94.0%的学校达到"20条底线"要求。92.7%的县实现义务教育基本均衡,16个省份整体通过国家认定。中央财政新增专项支持"三区三州"脱贫攻坚,实施推普脱贫攻坚行动计划、职业教育东西协作行动计划。在尚无直属高校的省份重点支持建设14所高校,以新思路、新机制促进中西部高等教育均衡发展。保障农村和贫困地区学生上重点大学的专项计划共录取约10.4万人,启动教育信息化2.0行动,让更多孩子共享优质教育资源。中央财政安排近600亿元学生资助补助经费,资助困难学生1亿人次。

二、教育改革和发展的新问题

教育是最大的民生,"人民满意"是党中央对教育事业发展的明确要求,充分彰显了中国共产党关于推动教育事业发展的初心与使命。"人民满意"具有主观性,因心理预期、目标参照的改变而发生变化。"人民满意"也有客观性,受到经济社会发展水平、发展基础、发展阶段等因素制约。"办好人民满意的教育"是一个不断推进的过程,是我国教育改革和发展的长期奋斗目标。

(一)城乡、区域、学校、群体之间教育差距依然较大

我国教育发展不均衡,老问题和新情况相互叠加,教育发展短板问题依然存在。一是农村、中西部地区教育发展相对滞后,存在教育经费投入不足、办学条件相对较差、优秀教师"下不去、留不住"、控辍保学压力大等问题。二是校际发展不均衡,差距依然存在。重点学校长期积累的名牌效应明显,普通学校改造、形成优质教育资源尚需时日,学校之间的差距短期内很难完全消除。三是经济困难群体教育保障水平还需进一步提高。进城务工人员随迁义务教育阶段子女基数大,还需加大保障力度。留守儿童、特殊儿童关爱服务体系还有待进一步完善。

(二)人民群众个性化、多样化、优质化教育需求未得到有效满足

有教无类、因材施教、终身学习、人人成才是我国的教育梦,但教育的个性化、多样化、优质化发展还受到制度、资源、理念和技术等的制约,不能满足人民群众的需求。固定地点、固定时间、固定教材和以教师讲授为主的传统教学形式依然是主流教学形式,信息技术与教育深度融合不够,终身学习的教育体系不完善。个性化、多样化、优质化教育目标的实现,是一项长期工程。

(三)立德树人落实机制仍需改进

立德树人是教育的根本任务,但中小学同质化现象严重,职业教育仍受歧视,产教深度融合不够,社会、学校、家庭统筹合力不足,社会用人标准单一等,影响立德树人根本任务的落实。在全社会树立科学的教育理念,建立健全立德树人落实机制还需继续努力。

(四)学校规范办学问题有待改进

在基础教育阶段,有些地方、有的学校明里暗里搞招生"掐尖",办"占坑班",分重点班、快慢班等,这些问题有待改进;师德师风建设还需加强;后勤、基建等存在的腐败问题需要处理;中外合作办学规范收费、民办学校规范发展等问题的解决需要立足长远,久久为功。

(五)教育评价标准还需进一步完善

时任教育部部长的陈宝生在2019年全国教育工作会议上表示,"五唯",即"唯分数、唯升学、唯文凭、唯论文、唯帽子",是当前教育评价方面存在的根本问题,是当前教育改革中最难啃的"硬骨头"。"五唯"问题是困扰学生、教师和学校的顽瘴痼疾。在基础教育阶段,唯分数、唯升学问题尤为严重,不仅严重禁锢学校、教师的创新和发展,而且对学生核心素养培育以及身心健康发展有着严重影响。"五唯"问题从本质上而言,就是教育的功利化,而教育的功利化使得教育目的、方法、内容、评价等在不同程度上背离了教育的初衷,使得需要全面发展德智体美劳的人成为单向度的人,使得教育教学的节奏、规律严重受损。

(六)育人模式单一,学校同质化倾向严重

目前,学校育人模式单一问题,办学目标和办学理念相同等同质化问题比较突出,不仅难以满足学生多样化的学习需求,也难以适应经济社会发展的需要。各地各学校还不能依据自己的育人理念、地域文化和生源情况等很好地构建符合地方和学校实际的、符合生源特点的育人模式。在有些地方,将中小学办出特色、办出水平的目标仅停留在政策层面、口号层面,还未转化为育人的具体实践。

三、教育改革和发展的新任务

进入新时代,我国教育改革面临诸多新任务,要不断更新教育理念,健全立德树人落实机制,不断增强学校办学活力,深化课程教学改革,推进教育评价体系改革,为教师减负赋能等。具体有以下几点。

(一)树立科学的教育理念

2019年7月,时任国务院副总理的孙春兰出席全国基础教育工作会议并讲话,指出树立科学的教育理念,坚持有教无类、因材施教,推动多样化办学,为不同性格禀赋的学生提供更加适宜的教育。这赋予因材施教更加丰富、鲜明的时代内涵,对实现教育公平和提高教育质量都具有深远而全新的指导意义。教育工作者可根据学生的身心发展状况及不同个性特征,运用不同的具体的方法开展教育活动,最终促进学生全面发展。由于因材施教的出发点是承认学生的个体差异,强调施教要因人而异,最终实现备尽其才,因此,它对教育行为的影响和作用是根本的、普遍的、深远的,是推动学生成人、成才、成功的必由之路。任何正常的教育都必须遵循这一原则,不得违背和篡改。

(二)完善立德树人落实机制

立德树人是教育的根本任务。教育改革和发展要紧紧围绕立德树人的根本任务进行,不断完善立德树人落实机制。一是充分发掘各门课程中的德育内涵,加强德育课程、思政课程建设。二是创新思想道德教育方式方法,注重理论与实践相结合、育德与育心相结合、课内与课外相结合、线上与线下相结合、解决思想问题与解决实际问题相结合。三是用好自然资源、文化资源、体育资源等方面的育人功能,充分发挥英雄模范人物、名师大家、学术带头人等的示范引领作用;挖掘校史、校风、校训、校歌的教育作用,充分发挥学校党委、团委、少先队组织的育人功能。四是加强学校教育、家庭教育、社会教育的有机结合,形成

共同育人的合力。

(三)增强学校办学活力

增强学校办学活力,就要为学校营造良好的制度环境,破除"五唯"对学校发展的约束,切实落实"放管服"要求,推行现代学校制度,使学校能够安心、静心、专心开展教育教学工作。精准发力,寻求增强学校办学活力的关键点和突破口。围绕德智体美劳全面发展育人目标,在完善立德树人落实机制,践行社会主义核心价值观,培育学生体育兴趣,提高学生审美素养,引导学生崇尚劳动等方面下功夫,想方设法解决德育"虚化"、体育"边缘化"、美育"形式化"和劳动教育"娱乐化、形式化、惩戒化"问题,激发学校的办学活力。还要理顺学校与家庭、社会、政府的关系,深化家校合作,善于利用社会资源提升学校的办学水平。

(四)深化课程教学改革

课程教学改革是基础教育改革的重点,也是关键领域。目前,基础教育学校课程资源还有待深入开发,学校课程体系亟待整体构建,学校课程领导力还需要大幅提升。教学中还有违背青少年发展和认知规律的现象,老师授课过程中概念多、结论多、要求背诵的多,学生的好奇心、探究欲、动手能力还不足。基于情境、问题导向的互动式、体验式等教学方式的运用还不多,学生主动提问、互动讨论、合作探究等还比较少。因此,必须深化课程教学改革。

(五)推进教育评价体系改革

科学的教育评价是推进教育现代化的关键环节。教育的现代化包括对现代化人才的培养,而现代化人才素养必然包括创新与合作这两大方面。进入新时代,国家的高质量发展对人才需求有了新变化,目前的教育评价方式、评价内容、评价导向已与创新型人才培养需求不协调,亟须改革我国教育评价体系,扭转教育功利化倾向。从某种程度上来说,教育功利化倾向背离了党的教育方针,背离了中国特色社会主义教育的根本特征,背离了立德树人的根本任务,大力推进教育评价体系改革是防止教育功利化的有效途径。

四、为教师减负赋能

教师是促进教育事业发展最活跃的因素,也是教育变革的根本动力。2018年召开的全国教育工作大会提出了"九个坚持",其中之一就是"坚持把教师队伍建设作为基础工作"。未来,人工智能、大数据等技术将蓬勃发展,传统的教师培养、培训和发展体系面临重大挑战。全面深化教育综合改革,课堂教学改革也是难啃的"硬骨头"。如果教师的动力没有被激发出来，参与改革的积极性没有被调动起来，就很难说课堂教学改革是成功的。增强教师的动力，首先，要深刻认识和把握教师的职责使命。习近平总书记指出，教师承载着"传播知识、传播思想、传播真理"和"塑造灵魂、塑造生命、塑造新人"的时代重任。不管未来科学技术如何进步，都不能动摇教师教书育人的使命，要信任和依靠教师，重视和加强师德师风建设，激励教师做有理想信念、有道德情操、有扎实知识、有仁爱之心的"四有"好老师。只有教师具备了对学生和教育事业的深沉的爱，教育发展才会有原动力。其次，要重塑师道尊严，既要重视软环境建设，以荣誉感、使命感召唤教师爱岗敬业；又要重视硬环境建设，把更多的经费用于教师队伍建设，提高教师的待遇及其社会地位、职业地位，吸引最优秀的人才从教。最后，要根据时代要求，改革教师培养体制，增强教师职业技能，搭建起教师专业发展的阶梯，针对不同发展阶段的教师，有针对性地提供帮助，帮助教师顺利度过入职培训"黄金期"、离职"危险期"、生涯"倦怠期"和发展"瓶颈期"，激励教师终身学习、勇于创新，并不断提高和完善自我。

第三节　学校教学改革的问题分析

自中华人民共和国成立以来，我国历经八次基础教育课程改革，从改革的政策和内容来看，课程改革是学校教学改革的主要内容和重点领域。

2001年，教育部印发《基础教育课程改革纲要（试行）》（以下简称《纲要》），深入贯彻落实中共中央国务院《关于深化教育改革全面推进素质教育的决定》和国务院《关于基础教育改革与发展的决定》精神，构建符合素质教育要求的新的基础教育体系。

《纲要》要求教师在教学过程中与学生积极互动、共同发展，要处理好传授知识与培养能力的关系，注重培养学生的独立性和自主性，引导学生质疑、调查、探究，在实践中学习，促进学生在教师指导下主动地、富有个性地学习。教师应尊重学生的人格，关注个体差异，满足不同学生的学习需要，创设能引导学生主动参与的教育环境，激发学生的学习积极性，培养学生掌握和运用知识的态度和能力，使每个学生都能得到充分的发展。

随着课程改革的不断推进，学校教学改革逐步进入深水区和关键领域，过去大一统的、一刀切的模式化、运动化的学校教学改革逐步转向基于学科本质、基于学生核心素养、基于学校育人理念的校本化、学科化、个性化的改革和探索。学校教学不再仅仅关注"教什么样的知识""用什么样的方法教知识""用什么样的方式更高效"等知识教授问题,而是更加注重"课堂育什么样的人""用什么样的方式育人"等育人问题,教学、育人的统一性更强,联系更紧密。这一变化突出表现在中共中央国务院《关于深化教育教学改革全面提高义务教育质量的意见》(以下简称《教育教学改革意见》)中。《教育教学改革意见》要求坚持教学相长,注重启发式、互动式、探究式教学,教师课前要指导学生做好预习,课上要讲清重点难点、知识体系,引导学生主动思考、积极提问、自主探究。教师要遵循学科特点,重视情境教学,融合运用传统与现代技术手段,创设体现课程内容、符合课程要求的生动场景,强化学生认知和情感体验,促进学生学习、探究、创新。

随着学校教学改革的不断深入,课堂教学研究已成为教学理论研究(教学论)的重要领域。我国课堂教学从目标到内容、从结构到功能、从过程到方法都在不断完善和发展。课堂教学改革在教学模式、教学方法、教学内容、教学组织与管理、教学评价、师生关系等方面不断推进。

深化课堂教学改革,是落实立德树人根本任务的重要抓手。教育部《关于全面深化课程改革落实立德树人根本任务的意见》明确指出,当前,高校和中小学课程改革从总体上看,整体规划、协同推进不够,与立德树人的要求还存在一定差距。需要进一步统筹小学、初中、高中、本专科、研究生等学段(包括职业院校),整体设计,明确目标,定位功能,完善高校和中小学课程有关标准,改进学科教学的育人功能,全面落实以学生为本的教育理念。学校课堂教学改革必须关注以下几点。

一、教学目标不清晰

教学目标是指教学活动实施的方向和预期取得的结果,是一切教学活动的出发点和最终归宿。但是,许多中小学教师在设计教学目标时存在一个普遍问题,即教学目标模糊化。以语文教学为例,有的教师这样设计教学目标:"通过学习课文,培养学生热爱生活、关心他人的品质。""通过教学提高学生的阅读、写作能力。""培养学生的审美能力,提高学生的语文素养。"试想,一节课的教学能实现这么宽泛而含糊的教学目标吗?出现教学目标模糊问题的原因主要在于:第一,教师对教学目标的认识存在偏差,将教学目标当成摆设。当前比较流行的主要是三维教学目标,即知识与技能目标、过程与方法目标、情感态度与价值观目标。许多教师简单地将三维教学目标等同于三个教学目标,这就致使设计的教学目标偏离了教育的本质。第二,教师对本学科知识体系缺乏整体性认识,对自己所教学科不熟悉,缺乏相关的知识储备,这样就不可能设计出清晰具体的教学目标。第三,教师在教学目标的制定上存在主观性与经验化倾向,凭借以往的教学经验制定教学目标或者直接从网络上截取统一化的教学目标,忽视了地区、学校差异和学生个性。

二、教学方法较单一或被滥用

当前我国中小学教学方法存在的问题主要有:一方面,教学方法单一化。在大部分中小学课堂中,教师采用的教学方法往往只有讲授法、机械提问法等,学生合作学习、自主学习的时间被大大压缩。另一方面,教学方法滥用化。当前不乏一些教师滥用教学方法的现象,他们不能正确认识教学方法的使用问题,不清楚教学方法是用来服务课堂教学的,导致许多教学方法的使用流于形式,为了追求表面上的"热闹"而忽略了实质的效果。

三、教学重知识轻德育

学校为升学率而办、教师为成绩而教、学生为分数而学是当前学校教育面临的困境之一。尤其在中学阶段,面对严峻的升学压力,教师只重视知识本身的传授,而忽视所授知识与其他知识的内在联系;只重视学生对知识本身的掌握,而忽视学生学习态度、学习习惯与学习方法的培养与形成,甚至忽视德育教育,使学校的德育陷入形式化、纯理论化、书面化的误区。这种重知识轻德育的应试化教育存在严重弊端,一方面使学校德育教育处于虚化状态,严重偏离了教育培养"人"的初衷;另一方面,使学生思想不活跃、视野不开阔,功利化目的明显,缺乏批判精神和创新能力。

第四节 学校教学改革的路径分析

任何改革都有其基本路径。学校教学改革要结合经济社会发展的全局、教育改革的形势、学校教育教学的实际来推进,构建生命课堂,关注深度学习,重视学为中心,提升学生品德,聚焦教学目标、课程标准、教学主题、教学设计、教学形式等重点问题。

一、厘清三个关键问题

学校教学改革,要紧密结合经济社会发展的全局,厘清三个关键问题。

(一)从新时代对教育特别是基础教育的期待来分析和把握学校教学改革的基本要求

教育是国之大计、党之大计。基础教育在国民教育体系中处于基础性、先导性地位,必须把握好定位,全面贯彻落实党的教育方针,从多方面采取措施,努力把我国基础教育越办越好。基础教育是党和国家事业发展的根本之计、长远之计。从国家发展来看,基础教育质量是衡量国民素质和发展潜力的重要指标。基础教育的对象是青少年,他们正处于成长的关键时期,既要学习知识技能,也要塑造品德修养,可以说这个时期所受的教育,不仅对他们的一生有深远的影响,也关系到国家的未来发展和整个民族的素质。因此,基础教育不仅是一个教育阶段,更重要的是它对人才培养具有启蒙作用和奠基意义。随着新一轮科技革命和产业革命的兴起,科技和人才越来越成为国际竞争力中的关键因素,我国清楚地认识到教育特别是基础教育的重要作用——要培养学生的创新精神、动手能力,要着力培养堪当民族复兴大任的社会主义建设者和接班人,为党和国家事业的长远发展积蓄力量。学校教学改革应与社会改革和发展相适应,应与时代新人的培养要求相适应。

(二)从基础教育改革和发展的大趋势来分析和把握学校教学改革新走向

学校教学是落实立德树人根本任务的主渠道,是提高教育质量的主阵地。进入新时代,我国社会主要矛盾已经转化为人民日益增长的美好生活需要和不平衡不充分的发展之间的矛盾。具体到基础教育领域,集中表现为人民群众不仅希望"有学上",更希望"上好学",获得更加公平、优质的教育资源,接受高质量、多样化的教育。对于教学改革,要积极推进基于情境、问题导向的互动式、体验式等教学,探索开展验证性实验和探究性教学,鼓励学生提出问题、讨论问题和解决问题,不断激发学生的学习兴趣,提高学校教学质量。

(三)从国家教育改革和发展战略部署来分析和把握学校教学改革在推进国家教育现代化中的责任

2018年,全国教育大会指出,要努力构建德智体美劳全面培养的教育体系,形成更高水平的人才培养体系。要把立德树人融入思想道德教育、文化知识教育、社会实践教育各环节,贯穿基础教育、职业教育、高等教育各领域,学科体系、教学体系、教材体系、管理体系要围绕这个目标来设计,教师要围绕这个目标来教,学生要围绕这个目标来学。凡是不利于实现这个目标的做法都要坚决改过来。2019年,国务院办公厅《关于新时代推进普通高中育人方式改革的指导意见》、中共中央国务院《关于深化教育教学改革全面提高义务教育质量的意见》相继出台。两个重要文件,明确提出了要强化课堂主阵地作用,积极探索基于情境、问题导向的互动式、启发式、探究式、体验式等学校教学,优化教学管理,切实提高学校教学质量。

二、实现四个重要转变

学校教学改革要着重思考学校育人目标问题,即基于学生核心素养(关键能力)培养,研制校本化育人目标,重构学校教学观念,整体构建学校教学,着重实现四个转变。

(一)向生命课堂转变

教育教学的最终指向是学生的生命成长,学校教学实践对于学生思想品德的提升和精神世界的完善具有根本性作用与意义,因此,要努力构建基于学生生命内生、为了学生生命生长的生命课堂。显然,生命课堂是对以知识传递为逻辑起点的知识课堂的解构、扬弃和超越,是把坚定人的人生信念、陶冶人的情操、追求人的生命意义作为自身的价值追求的。

(二)向深度学习转变

所谓深度学习,是指在教师的引领下,学生围绕具有挑战性的学习主题,通过深度体验、深刻思考与互动探究,在知识、能力、素养等方面获得发展的有意义的学习过程。在这一过程中,学生深刻理解学习的意义和作用,掌握所学的核心知识,把握学科的本质和思想,形成积极的内在学习动力、高级的社会性情感以及正确的世界观、人生观和价值观,成为基础扎实又兼具合作性、批判性、创造性的复合型人才。在深度学习的过程中,教师要引导和培养学生对知识的认知、理解、运用和创新能力,将教学与生活实际联系起来,从而丰富学生的情感体验,使其形成正确的价值观念。

(三)向学为中心转变

学为中心是近些年学校教学改革的基本理念。当前,重知识、轻能力,重传授、轻思考,重理论、轻实践的教学在学校教学中仍占较大比重,因此要切实转变教学方式,开展研究型、项目化、合作式教学,建立以学生发展为本的新型教学关系。教学从本质上而言,是"教"学生"学",学生是学习的主体,也是学习的主人。如果教学是强迫性的,缺乏对学生主体意识的有效唤醒,那么学习就会变得机械且毫无生机,这样教学便失去了本来的意义。学校教学改革要从"教"向"学"转变,要着重唤醒学生"学"的主动性、积极性。新时代学校课堂教学的新形势要求教师运用富有启发性、激励性、情感性的语言进行教学,展现出对学生应有的尊重、理解与呵护,激励其努力发挥智慧。

(四)向提升学生品德转变

所谓教学,乃是教师教与学生学的统一活动。在这个活动中,学生掌握一定的知识和技能,同时,身心获得一定的发展,形成一定的思想品德。可见,品德形成与提升是学校课堂教学改革必须关注的重要内容。从整体上看,当前学校普遍重视智育,轻视德育、体育、美育,忽视劳动教育,导致德育、体育、美育和劳动教育成为学校教育的薄弱环节,成为学生发展的明显短板。学校教学改革必须高度重视课堂教学的育人功能,深入挖掘学科教学中的德育元素,深入推进学科育人,促进学生品德提升。

三、聚焦五项重点研究

新时代学校教学改革要重点关注教学目标、课程标准、教学主题、教学设计、教学形式等问题。

(一)分析、定位与设计教学目标

分析、定位与设计教学目标要结合三个方面的内容。一是结合学科课程标准的要求,做到对其认真研读、分析、领会;二是结合教材的编排,做到从整个学段、整本教材以及整个单元的视角定位一节课的教学目标,明晰设计逻辑、意图与要求;三是从学生素养、学科素养培养的要求出发,结合学校育人目标、核心素养表达,兼顾教学中对学生理解知识、迁移知识、创新知识的要求整体设计教学目标。

(二)研究课程标准

研究学科课程标准,结合其编排顺序、结构、逻辑等,具体把握每课的编写意图和目标要求,把握每课知识的相关背景材料,以及与社会生活的关联点,建立通向最近发展区的桥梁,把握新知识与旧知识之间的关联点。

(三)确定教学主题

教师要在全面分析教学任务、教学内容和学生情况的基础上确定教学目标,从而确定恰当的教学主题,促进教学以主题的形式推进,实现教学源于教材、高于教材、回归生活、指向素养的目标。

(四)创生教学设计

学习情境设计:学习情境要与学习主题相关,更要紧密结合教学内容,还要指向教学目标的达成,让学生在情境中学习。学习资源设计:要凸显生活化、丰富性与鲜活度。合作学习设计:要突出自主学习、合作探究的意义,创设问题、情境,激发学生合作探究、寻求问题解决方案的积极性。

(五)创新教学形式

推进学校智慧课堂建设,充分利用信息技术手段实现教学方式方法革新,体现学校教学的个性化、交往性、自主性与趣味性。根据教学内容与教学目标,运用多种教学方法进行教学。根据学生素养发展要求、教学内容情况,鼓励教师走出课堂,走向校外,采取主题探究、游学等灵活新颖的方式完成教学任务。

第六章

高校教育教学模式创新建议

第一节 高校教育教学模式的发展趋势

随着高等教育的普及和发展,高校教师在培养优质人才、推动科学研究以及社会服务方面扮演着重要的角色。然而,随着时代的变迁和教学需求的不断提升,高校教师教育不得不面对适应变化、跟上时代脚步的挑战。

一、柔性学习将成为高校教师教育的重要发展趋势之一

传统的教师教育模式主要侧重于课堂教学,忽视了个体差异和学生特点。然而,现代教育已经意识到每个学生都有不同的学习需求和方式,因此,高校教师教育需要更加注重个性化教学,为教师提供多样化的学习方式和资源,以满足不同教师的需求。这可以通过在线学习、翻转课堂等创新模式来实现,为教师提供灵活的学习时间和自主学习的机会。

二、培养教师的全面素质将成为未来高校教师教育的重要目标

传统的教师培养主要关注学科知识和教学技能的传授,忽视了教师的综合素质。然而,现代高等教育对教师的要求已经不仅仅是传递知识,还包括培养学生的创新能力、批判思维、社交能力等。因此,高校教师教育需要重视培养教师的综合素质,包括教学设计能力、科研能力、团队合作能力等。这可以通过开设综合素质培养课程、提供交流和合作机会等方式来实现。

三、教师跨学科合作将成为高校教师教育的新模式

传统的高校教师往往是以学科为单位进行教学和研究,很少与其他学科进行跨学科合作。然而,现代社会面临的许多问题都是跨学科的,需要各学科专家共同合作解决。因此,高校教师教育需要鼓励教师进行跨学科合作,为教师

提供跨学科合作的机会和平台。这可以通过跨学科研究项目、教学团队、学术交流等方式来实现。

四、信息技术将在高校教师教育中起到重要作用

随着信息技术的发展,高校教师教育已经从传统的面对面培训模式转变为多样化的在线学习模式。信息技术可以为教师提供丰富的教学资源和工具,促进教师的专业发展。同时,信息技术还可以提供教学评估和反馈的工具,帮助教师不断改进教学方法。因此,高校教师教育需要积极采用信息技术,为教师创造良好的学习环境和支持系统。

五、强调个性化教育

每个人都有自己独特的学习方式和兴趣爱好,未来的高等院校教学模式将更加注重个性化教育。针对每个学生的特点和需求量身订制教学计划,让每个学生都能得到最适合自己的教育。

六、加强国际交流

随着全球化的进程,未来高等院校将更加注重培养具有国际视野和跨文化交流能力的人才。因此,加强国际交流将成为高等院校教学模式的重要发展趋势,如开设双语课程、推行海外交换项目等。

七、注重终身学习

未来社会变化速度越来越快,知识更新也越来越快,因此终身学习将成为必不可少的能力。高等院校教学模式也将更加注重培养学生的终身学习能力,让他们具备不断适应新知识和新技术的能力。

总之,高校教师教育面临许多挑战和机遇,需要不断适应变化,跟上时代的脚步。柔性学习、综合素质培养、跨学科合作和信息技术将成为高校教师教育的重要发展趋势。同时,高校教师教育也需要关注教师的专业发展和实践经验的分享,为教师提供更好的支持和机会。只有不断创新和改进,高校教师教育才能更好地适应时代需求,为高等教育事业的发展作出贡献。

第二节　高校教育教学中 MOOC 模式的创新建议

高校 MOOC 教育教学模式是一种混合式教学模式,而建设与推广混合式教学,对深化高校教育教学改革、实现优质教育资源共享以及促进教育公平有

着重要的意义。在教学实践基础上,通过多种方式来优化混合式 MOOC 教学模式,例如,借鉴 cMOOC 和 xMOOC 的经验,提出转变教学观念;管教学协同努力,形成共建合力;重视教学内容的分解设计,完善教学评价;提升师生交流互动水平;精制教学微视频;优化教育资源配置,搭建人本化教学平台等。

一、优化高校教学管理体系

混合式教学模式的实施,依赖于管理部门、高校教师与学生三方的协同努力,形成共建的合力。为此,需要进一步优化高校管理的体制机制、强化教师队伍建设,以此来提升学生的参与度。

(一)优化管理体制机制

传统课堂教学中,教学活动是在高校内部封闭运行的,与其他高校基本没有交集。而混合式教学模式的实施,则牵涉高校教师、学生、教室、教学信息的分配与安排,说明混合式教学模式的有效运行,需要进一步优化高校管理体制机制,使成员高校能够协同参与,共同深化高校教育教学改革。

1. 理顺高校间的关系

混合式教学模式需要高校间成员的协同参与、教学点间的相互配合,才能有效地运行。由于高校成员均处于平等的地位,保持着相对独立性,因而,需要建立一个由各成员高校组成且认可的统筹机构,对教学的质量、实施和发展做统筹决策与监督。各成员高校的管理部门与统筹机构进行工作对接,有针对性地在课程中心平台和学校教学管理平台间搭建起有效的信息传导路径,理顺沟通渠道,并形成相关的制度文件,使信息在高校间可以顺畅地传递,降低沟通成本,提高教学的运行效率。

2. 高校内进行分工协作

混合式教学模式需要高校内各部门的分工协作,才能保证各项业务顺利开展。鉴于混合式教学具有纵向上跨高校、横向上跨部门的特性,这就需要在高校内成立一个统筹部门,一方面与成员高校成立的统筹机构进行对接;另一方面,明确校内各部门的职责,并协调部门间的工作,保证教学的有效运行。同时,混合式教学模式的开展包括教学研究、教学管理与技术支持三个方面。基于此,高校需要对原有的教学管理系统进行有效的调整改造:由教学研究部门负责教学设计、团队建设、助教培训的工作,由教学管理部门负责教学安排、组织选课、信息发布、成绩转换的工作,由技术支持部门负责教学视频拍摄与制作、课堂直播、网络传输、教师保障的工作。部门间分工协作,共同保障教学的有效开展。另外,由于教学管理部门对教师和学生直接负责,管理难度与工作量都大大增加,所以需要高校充分了解并重视教学管理工作,加大资源投入力度,使更多的教师与学生参与其中。

(二)强化教学团队建设

混合式教学模式的运行,需要由课程负责人、主讲教师与助教三个部分组成的教学团队共同完成。因此,强化教学团队的建设是混合式教学开展的关键。要强化教学团队建设,就要做到以下几点。

1.树立共同的目标

教学团队必须明晰共同的目标,并将共同目标分解成每位成员的个人目标,同时成员间要形成认同感和归属感,从而实现团队与个人的共同发展。混合式教学模式的目标是实现教育资源共享,培养复合型人才。高校教学团队制定不同阶段的建设目标,明确团队的教学建设任务,并定期更新计划,引导团队逐步完成教学目标。

2.明确分工和通力合作

混合式教学包括教学资源的数字化、微视频的录制、教学内容的发布、教学进度的控制、线上线下的讨论、师生的互动、作业的公布与评价以及教学考评等环节。这就需要团队成员进行明确分工,各司其职:课程负责人与主讲教师主要负责教学内容的建设、教学设计、直播课中的互动与讨论、课中的组织点评等工作,助教负责参与教学准备、维持教学秩序、承担教学事务、促进师生沟通、答疑解惑、监督学习、优化学习环境等工作。另外,高校通过制定相关的工作规范,明确工作职责,做到有章可循,有章可依。

3.遴选课程负责人

课程负责人是课程的主要决策者,他在很大程度上影响着教学质量。因此,课程负责人需要从学术水平高、教学经验丰富、教学效果好、得到学科同行认可的教师中选拔。此外,由于课程负责人还是整个教学团队的带头人,影响着教学的实施效果,因而,他还需具备感召力、影响力、沟通协助能力、创造力。高校一方面可以从现有的学科带头人、明星教师中遴选课程负责人;另一方面,可通过实施"名师培养计划",以建设"优质MOOC"为抓手,树立优秀的教学典范,培养高水平的教学团队带头人。

4.建立多元化的主讲教师队伍

生源水平的差异性与教学的统一性之间的矛盾,影响了混合式教学模式的质量。基于此,首先,教师可以根据不同层次学生的特点,调整教学内容和设计教学方式,以满足学生的需求。其次,教师可以先尝试使用或观摩其他教师的教学方式,进一步提高创新的可试验性和可观察性。再次,通过搭建跨校合作教学平台,共享教学微视频、教学课件、教学讲义、参考资料等教学资源,分享教学心得,实现教学层面的跨校合作。最后,通过培训学习,提高教师队伍的信息素养和熟悉教学模式,以更好地保障教学的有效运行。通过多元化的主讲教师队伍的建设,进一步优化与充实师资力量,为学生提供更具个性化的教学。

5.建设高素质的助教队伍

混合式教学模式具有教学模式新、教学互动性强、教学点设置多等特点,主讲教师面临比传统课程更为繁重的教学压力。因此,为减轻主讲教师的教学压力,有效开展教学活动,提高学生学习体验度,建设一支高素质的助教队伍十分必要。同时,高校还需要重视助教队伍的地位与作用,具体措施如下。

在选拔方面,遵循专业性与敬业性、固定性与流动性相结合的原则,在课程的学科专业相关的研究生、高年级优秀学生、年轻教师中选拔并组成助教队伍。在培训方面,主讲教师需要向助教详细介绍教学模式,使助教熟悉教学的内容与相关要求、时间节点、授课对象的特点,在思想上形成统一,在行动上予以重视。在实际教学中,许多与教学有关的教学活动需要在教学平台上进行,主要由助教负责。因此,需要请技术支持部门的工作人员对助教进行培训,以提高其信息素养。在职责方面,结合课程的具体特色,确定切实可行、行之有效的助教职责,并进行明确的分工,引导助教开展工作。在奖罚方面,设立绩效评估制度,做到公开透明、奖罚有度,充分调动助教的积极性。综合而言,打造一支专业能力强、服务水平高并且相对稳定的助教队伍,能促进混合式教学模式的有效开展。

(三)提高学生参与度

混合式教学是以学生为中心展开的,它的有效运行,有赖于学生的积极参与。提高学生参与度主要有以下几种方式:一是高校加大宣传力度,让学生更加了解这种新型的教学模式,并明晰教学要求,使学生更好地进行教学活动;二是通过学习交流会、经验分享会等方式,与学生分享学习的经验;三是通过举办信息化学习培训、分享相关资料等方式,提高学生的信息素养,让学生能更好地参与到在线的学习活动中。

通过高校、教师与学生的协同努力,形成共建的合力,共同保障混合式教学模式的有效开展。

二、改革教师教学理念

(一)转变教师教学观念

混合式教学模式的应用与推广,改变了课堂教学模式,转变了师生的角色。高校需要打破高校间的藩篱,紧紧围绕立德树人的根本教育任务,共享教育资源与提高教育教学质量,实施价值塑造、能力培养、知识传授"三位一体"的教育。而其中教师作为混合式教学模式的实施主体,决定了混合式教学模式应用与推广的成效。教师亟须转变角色,以学生为中心重构教学内容与设计课堂教学;而学生亟须提高自身的信息素养,使自己转变为主动的学习者。这需要高校、教师与学生对混合式教学模式有更深刻的认知与理解。

为此,需要加大混合式教学模式的宣传力度:一是鼓励教师与学生在课余时间学习1—2门的MOOC,体验MOOC的学习乐趣和熟悉MOOC的学习方式;二是将混合式教学模式的相关资料分发给教师学习,并通过经验分享会、专题研讨班等渠道,为教师就相关事项答疑解惑,深化教师对混合式教学模式的理解;三是依托国家级教师教学发展中心,定期召开MOOC建设教师研讨会,邀请国内知名的MOOC建设专家学者来校与教师进行研讨;四是通过遴选的方式,开设若干门示范课程,使师生真切体验混合式教学的魅力,在积累相关教学经验的同时,树立教师讲课的信心;五是通过微信、微博及QQ等社交渠道,分享MOOC的最新资讯,拓宽师生了解MOOC的渠道。

(二)提升交流互动水平

师生的交流互动是混合式教学的重要部分。在交流互动的过程中,要激发智慧的碰撞与增加师生间的情感交流,促进知识的内化。为此,就需要着眼于教学安排、教学策略与教学艺术水平。通过教学安排的优化、教学策略的多元化与教学艺术水平的提高,可以提高师生的交互水平,促进师生的情感交流,提高学习体验感。

1.优化教学安排

在实践中,如果混合式教学安排缺乏合理性,就会弱化学生的积极性,降低师生的交互水平。为此,需要对教学安排进行优化:一是合理安排参与学生。将同一学校或同一层次的学生安排在一起上课,使教师能够设计和编排符合该层次学生的教学内容和教学方式,使教学更具针对性。二是灵活调整线上与线下的学习时间。按不同课程的教学需求,凝练教学内容,适当减少线上学习时间,增加面授课时,促进师生交流互动。三是优化课程学分规定。通过完善课程学分规定,使共享课程的学分能够切实等价转换为各成员高校的学分,并降低学生选课的随意性,提高学生出勤率。四是提高面授课的质量。结合线上的教学内容,确定相关的讨论主题,增加讨论的系统性和层次性。为学生提供若干个思考方向和切入点,使学生的思想能够碰撞在一起。五是切实提高组织讨论的水平。有效地组织讨论活动,使学生能充分表达自己的见解,从而促进学生学习效率与理解水平的提高。

2. 丰富教学策略

混合式教学模式中,线上学习经常使用传授式教学策略,明确教学目标,组织、提炼教学内容,安排教学顺序,指导学生学习,达到传授知识的效果;线下学习则常用小组协作学习的策略,通过讨论、辩论、完成项目等教学方法,促进知识的内化。然而,较为单一的教学策略难以满足不同类型课程的教学需求。这就需要采用多样化的教学策略,以适应不同课程的实际需求,提高教学质量。

第一,运用精加工的策略。教师在主题教学微视频开始时先提出问题,接着利用明确的描述性语言指导学生,并利用这一主题的微视频分步骤解决这个问题。学生了解学习目标,促使学生对问题的解决产生吸引力。采取这种教学策略的重点在于:每一小步都要符合学生的认知水平,并为学生提供具有一定难度的内容,以调动学生的积极性,激发其学习潜能,为超越其最近发展区而达到下一发展阶段的水平,然后在此基础上进行下一个发展区的发展。

第二,运用抛锚的策略。教师先为问题创设实际的教学情境,利用可交互练习要求学生回答,并且问题均不设正确答案的,给予所有学生回答问题的统计数据,使学习者自己进行对比,引发学习者思考。每阶段的学习完成后,让学生对相应的题目再进行回答,并与之前选择的答案做比较。最后,再将正确的答案与详细解答反馈给学生,帮助学生更好地理解教学内容。

第三,运用合作式的策略。教师为学生制订学习目标与任务,并提供微视频、辅助资料等教学资源。教师组织学生组成学习小组,让学生利用教师提供的与网上搜索的资源,进行探究性学习,并共同完成学习任务,最后将学习成果进行展示。这种合作式策略的运用,符合互联网时代的学习要求,促使教师与学生间互联互通,相互学习,并弥补面授机会的不足带来的情感缺失。

通过结合不同学科的教学需求,灵活运用教学策略,以激发学生的学习热情,调动学习积极性,使学生由"要我学"转变为"我要学"。运用多样化的教学策略,可提高教学者与学习者交流互动的水平,以取得教学相长和情感交融的效果。

3. 提升教学艺术水平

由于在线学习过程中,学生与教师并非直接面对面的接触交流,而是通过预制教学微视频进行自主学习。这就需要教师提升教学艺术水平,营造一个包含教学、表演与情感的学习氛围,以保持学生注意力和激发其学习兴趣。这种教学艺术需要将传授性与教学性、表演性与实践性、情感投入与行为表现相结合。

具体而言,教师可以通过采用启发式的问题和情境设计,创设虚拟的思维对话的空间,引导学生进行同步思考,吸引学生的注意力;可以采取故事叙述的方式讲授知识内容,增加课程的新颖性,以引人入胜的方式提供想象的空间,实现学生的自我建构;根据教学的情境,对自我形象进行管理,使学生感知并非自己独立的学习,以便更好地与学生进行互动和情感交流;还可以通过积极且富有感染力的教学情感态度,进行良好感情沟通,调动学生的积极性。

提升教学的艺术水平,能够更好地促进师生间的交互,克服在线学习中教与学的异步带来的情感缺失,为学生在线学习提供更为真实的学习环境,以激发其学习的积极性与主动性。

三、重视教学内容设计

(一)重视教学内容的分解设计

教学微视频内容设计的关键是教学内容的分解设计。从微观层面看,教学内容的分解设计即知识点的划分设计,而它科学性的程度影响着教学微视频的效用水平。高校应灵活运用多元化的评价方式,运用教育分析技术,实现个性化教学,激活学生的学习兴趣,提升学习体验度。

1. 知识点划分的基本原则

知识点划分的基本原则:一是遵循一般教学规律,满足教学的需求;二是保持知识体系的完整性与统一性;三是确保知识内容的意义性,以持续激发学习者的内驱力。在碎片化学习的需求下,还需注意以下几点。

第一,知识内容的知识点化。教学微视频需要满足碎片化学习方式与学习情境的需求,包含"短、小、精"的知识内容。因此,它需要以一定的模式和方法对其进行分解设计。教师在满足知识内容体系化与微型化的情境需求下,对知识内容进行基于知识点的分解设计,使每个微视频均为相对独立的知识点。

第二,知识结构的松散耦合化。知识内容具有一定的结构体系,但它的结构并非固定的。知识内容的结构与体系会因为不同学科的特性而有所不同。为实现教学的重构,构建开放、动态与个性化的教学,在设计教学内容时,需要注意到知识结构的松散耦合化。另外,教学内容是相对独立的,同时又以一定的结构关系、合理的关联而构成,以保证教学内容的模块化和关联化。

第三,知识点的可重用性。教学内容的分解设计要考虑其可重用性,以促进教学资源的建设。在领域知识本体库上,可重用知识点建立一种更细粒度的可重用知识对象,使知识共享处于领域本体库知识点上,以提高教学设计和开发效率。知识点是一种独立的、可重用的教学构件,每门课程包含教学目标和支持其学习目标的若干知识点,知识点均来自领域知识本体库。

2. 基于知识点的内容分解与关联设计

教学内容分解设计是对知识点的划分和设计。在分析教学目标和学习者特征的基础上,进一步分解与明确教学子目标,依据子目标确定知识点内容,从而将教学内容分解为一系列的知识点。一般而言,知识点粒度越小,所包含的知识容量越少,则微视频时长就越短。

第一,基于教学目标的内容分解。教学内容的分解方法决定着教学微视频之间的结构关系。依据教学目标将教学内容分解成知识点,保证教学内容的完整性与有效性,教学内容分解可以采用的方法包括归类分析法、解释结构模型法和层级分析法。一是归类分析法。首先确定教学内容的类别,再将教学内容按类别归纳成若干教学主题,从而确定教学内容的结构和适应范围。这种方法适合于教学内容逻辑层级不严密的课程。二是解释结构模型法。首先抽取教学内容的核心概念或理论,围绕核心关键词形成相对完整的知识圈。这种方法用于分析和揭示复杂关系结构,可将系统中各要素之间的复杂关系分解成清晰的多级递阶的结构形式。教师通过知识图谱,串联各个知识点,使知识点碎而不散,让学习者对知识内容形成更为直观的认识。三是层级分析法。这种方法是一种用来揭示教学目标要求掌握的从属技能的内容分析方法。对于学科知识结构严密,并且知识内容具有明确层级的课程可以采用此种方法。不同层次的知识点,难度等级各不相同,基础性越强的知识点,难度等级越低;而越是在上层的知识点,难度越大。

第二,知识点的关联。依据知识的性质,可将知识点的类型划分为原理类、概念类、程序类和事实类。基于知识点的教学设计使课程表现为一个知识点网络。但要注意,在强调知识点内容独立性时,还要确保教学内容的逻辑性和完整性。知识点的关系主要包括层次关系、并行关系、前驱关系和关联关系。一是层次关系。知识点可以由若干元知识点聚合而成,知识结构中的各知识点之间呈树型结构。层次越高,涵盖的内容越多,所表述的内容越抽象;而层次越低,部分性越强,所表述的内容越具体。二是并行关系。知识点之间是一种弱连接。一般在教学内容较为发散、结构逻辑性不强的课程中,知识点之间会呈现这种关系。三是前驱关系。知识点在学习过程中具有一种必然的先后关系。在学习某一知识点前,必须先学习相关的另一知识点,这两者之间的关系为前驱关系。四是关联关系。关联关系揭示了知识点之间存在着网状结构,表明知识由一组相互联结、相互作用的结点组成。关联关系有利于对知识的融会贯通,形成知识点网络。

将教学内容进行分解与关联,有利于为不同层次的学习者提供个性化学习路径,对教学内容进行重新的分流与组合。随后,学习者完成测试并达标后,可直接进入下一部分课程的学习,提高学习的个性化水平。

(二)精制教学微视频

在线学习以教学微视频作为主要知识载体,因而教学微视频的制作质量和授课形式对学习效果有重要的影响。为此,需要精制教学微视频,并灵活运用多种授课模式,以提高学习兴趣。教学微视频的精细化制作,有赖于教师与专业技术团队的共同努力。

1. 建设专业的技术团队

教学微视频从前期的拍摄到后期的剪辑,都需要专业人士的技术支持。基于此,高校可以与相关的专业机构合作,并派校内的信息技术部门共同组成制作团队,为教师提供技术支持。制作团队与教师共同制定视频制作的标准规范,在制作授课录像过程中形成流程化的发布范式,为后续教学视频录像提供经验。同时,制作团队对教师开设培训班,讲解制作标准、说明注意事项并吸收教师的建议。

2. 知识内容的表征设计

在信息技术环境中,人们通常运用文本、图形、声音和视频等多种符号,形成图文声像并茂的表征。多种表征符号给学习者提供多种感官的综合刺激,有利于学习者通过不同方式理解同一事物,提高汲取知识的速度和利用知识的效率。

知识内容的表征设计主要指利用多媒体元素符号(如文字、图片、声音、动画)及元素符号之间的组合呈现和传递教学信息。事实上,同样的教学内容以不同的方式呈现,其效果也有所不同。因此,教学微视频知识内容的表征设计,需要符合学习者的学习认知规律,能够减轻学习者的认知负荷。

第一,基于学习认知的知识内容表征策略。基于学习认知规律的知识内容表征策略主要包括:一是根据一致性原则,视频中不含与知识内容无关的文字、声音、视频等;二是根据空间和时间临近原则,屏幕上的文字与其相对应的画面需要邻近呈现,知识内容若包含词和画面时,应该同时呈现;三是尽量使用图片化语言,减少工作记忆的负担,减少学习障碍,优化学习过程。

第二,基于减轻学习者认知负荷的知识内容表征策略。通过合理的知识内容表征减轻学习者的认知负荷,具体内容主要包括:一是减少外在负荷,例如排除无关的文字、图片和声音;在利用动画时,直接讲述知识内容,无须添加字幕。二是减少内在负荷,例如使用文字加上图片,而不是单独使用文字,也可以把文字和视觉类信息放在一起,同时呈现文字和图片。

3. 视觉呈现设计策略

视频的视觉设计对视频的应用效果有直接影响。目前,教学微视频中主要采用改良三分屏式的授课形式为主。这种授课形式具有多样性、灵活性、组合性的特征。而有效的视频视觉呈现能促进学习者对知识内容的认知加工与意义建构,提高视频资源的可用性。

第一,改进授课形式。根据不同的教学内容,采取合适的授课形式,以提高学习兴趣,更好地调动学习积极性。在混合式教学模式中,改良三分屏式为主要授课形式,因而对该授课形式进行升级改造,能够更好地提升教学微视频的质量。

其中,改良三分屏式的设计需要做到以下几点:一是通过镜头、场面和段落的分切和组接,对素材进行选择和取舍,以使表现的内容主次分明,达到高度的概括和集中。二是引导学习者的注意力,激发联想。表现每个模块内容的镜头是按一定的顺序组接的,能够规范或引导学习者的情绪和心理,启迪观众思考。三是创造独特的影视时间和空间。在影视节目中,每个镜头都是对现实时空的记录,经过剪辑又可以实现对时空的再造,形成独特的属于该影视内容的时空。

此外,各种类型的知识需要采用不同的授课形式:动作操作类知识一般可用改进三分屏的方式进行授课;操作性的实践知识可用虚拟仿真,如软件工具的学习、程序语言的学习;动作技能类知识可用实景讲授,如舞蹈类、体育类、书法类;以语言传递为主的事实类知识可采用课堂讲授与改进三分屏的方式。

第二,改良视觉页面形式。进行符合学习者视觉习惯的设计,使其学习的注意力投入教学内容中,需要做到以下几点:一是页面的整体与局部设计。着眼于页面的整体设计,页面内容主次的把握,明暗度的调和,使页面的视觉各要素之间形成恰当、合理、密切的联系,带给学习者和谐完美的美感。二是对比与平衡的设计。对比可以使主体更加突出、形象更加活跃,产生强烈视觉效果,还需合理把握页面内容的形式、排列、分布的均衡。

四、完善教学评价方式

教学评价既可以用于衡量学生的学习水平,也是教师调整教学内容与设计教学方式的重要依据。教学评价贯穿于教学活动中,引导着教学的开展。通过运用学习分析技术,可以调整教学方式、建立学生档案袋、丰富教学评价方式,从而促进教学评价的优化完善,进一步满足学生个性化发展的需求。

(一)运用学习分析技术

利用学习分析技术,收集、测量、分析与报告学习者及其学习情境的相关数据,对学习者的学习结果进行评估,从中发现学习中潜在的问题,并能对学习者的行为进行预测。它有效地克服了传统课堂教学中收集学习数据的困难。同时,通过学习分析技术,可以为教学的改善与调整提供依据,并促进学习环境的优化。

第一,改善教学过程。通过学习分析技术及相关分析工具,对学习者登录的次数、频率、时间及周期,看微视频时的停顿、反复、有选择性地观看的地方,使用讨论区时看帖数、参与讨论次数、讨论深度,点击课程内不同模块、不同页面时的频率、时间点、页面间的跳转情况等学习数据进行收集,从而形成学习日记,并对其进行分析,使其转化为有效的学习信息。教师可通过学习信息的反馈,了解学习者的学习习惯与学习经历,及时调整教学的策略,优化教学的过程。学生则能够通过学习信息跟踪自身的学习进度,并及时发现与改善不良的学习行为,提高学习质量。

第二,优化学习环境。通过学习分析技术收集、分析与研究学习者有关下载、标注、观看、阅读等行为信息,与测试成绩、作业分数等结果型信息,将学习者分类,并为学习者推荐合适的学习资源,提供个性化的学习,以提高其学习效率。

总之,通过对学习者活动数据的统计分析,教师可以及时修订课程,发现学习者经常关注的资源,以便对学习者感兴趣的学习资源加以丰富,对不感兴趣的资源进行删除,以此来优化学习网络空间。

(二)建立学生档案袋

学生档案袋详细收录了学习者的学习完成情况、作业、作品、所获证书、教师评价等学习信息。它是学习者进行自我评价的主要信息来源,便于学习者进行自我指导和自主学习。同时,它为学习者提供了学习整体进度与每个视频、学习任务的要求进度,并及时更新进度记录与展示,使学习者能够随时掌握自己的学习情况,提高学生的学习积极性,增强学生学习的成就感。

(三)丰富教学评价方式

现代教育背景下,传统的以分数高低作为评价标准的总结性评价已满足不了学生个性化学习与发展的需求。高校通过引入附加值评价与"自身进步"等多种教学评价,调动学生学习的积极性,满足学生个性化学习的需求。

第一,附加值评价,亦称增值评价。它是一种确定一定时期内学校教育活动对学生预期成绩间增加的价值所进行的评价方式。通过这种方式可以将学生学业成就的增值与教师的绩效考核相联系,使教师专注于提供更个性化与优质的教学,促进教学质量的提高。

第二,"自身进步"评价。它将学习者自身的进步情况作为评价标准,分析现阶段与前一阶段自身发展、进步情况与存在的不足,使学习者可以更加清楚地认识到学习的价值,调动学习的积极性,并有针对性地对自身的不足进行改善,以提高学习质量。

丰富教学评价方式体现出以学习者为中心的理念,有利于满足个性化教学的需求,提高学习的积极性。

五、搭建人本化教学平台

优化教育资源配置以实现优质教育资源共享,是实施混合式教学模式的必然要求。它通过搭建人本化的教学平台,增强学习体验感,提高学生参与度和学习积极性,促使学习行为的发生。

(一)优化教育资源配置

1. 增加课程有效供给

现阶段,大部分高校共享课程的数量远不能满足学生的需求。为此,需要在严格把关课程质量的前提下,增加课程的有效供给数量,拓宽课程的来源渠道。具体可通过以下方式:一是将合作高校自愿提供课程改为主动提供课程,鼓励各成员高校建设一批有学科和专业特色的课程。二是有效盘活现有教学资源。对现有的精品课程、视频公开课、精品资源共享课进行改造升级,把教学质量高的课程纳入共享课程,增加课程的数量。三是加强与国际高校和MOOC平台的合作,共享优质教育资源,将满足要求的MOOC进行本土化改造,并引入高校课堂教学。例如,为国外的MOOC增添中文字幕与中文版的辅助资源,使学生更易于投入学习。

2. 充实教学场地资源

教室资源不足主要体现为高质量的沉浸式教室与实践场地的欠缺。为此,需要在扩充教室资源的同时,借助技术手段,充实教学场地资源:一是加大资金投入力度,对各教学点的教室进行升级改造,使其达到沉浸式教室的建设标准,提高师生的互动水平;二是增强与医院、科研机构、工厂等单位的合作力度,扩充实践场地,使学生能够在真实的场地进行实践活动,提高学习体验度;三是建设虚拟和仿真实验室,使学生在线上也能完成实验操作,减少对实体教室资源的依赖。

3. 加大教育信息化建设力度

借助数字校园建设的契机,加大教育信息化建设力度。夯实信息化基础建设,普及建设高速校园网络及各种数字化教学装备,完善信息网络,促进数字教育资源共建共享,推动信息技术与高校教学的深度融合。总之,通过提高信息化水平,可以提高学生在线学习与线下互动的便利性,促进学生自主学习、自主管理、自主服务,调动学习积极性。

4. 促进优质教育资源社会化

高校在建设MOOC的同时,需要注重优质教育资源的社会化,即应将教学效果与运行良好的MOOC适时向社会推广,使人们能接受优质的教育,做到以文育人、以文化人,提高国人素质。与此同时,高校在教育资源社会化的过程中,收集各类学习者的学习数据,以优化MOOC教学模式,形成良性的循环。同时,以建设MOOC为契机,向世界推广中国文化,彰显中国的软实力。

(二)建设人本化教学平台

在线教学平台是进行教学的虚拟场所,也是教师与学生进行交流互动的支点。建设人本化的教学平台既要满足体现教学实用性的要求,也要满足师生使用便利的需要。因此,需要提升信息化技术支撑水平和优化网络课堂设置。

1. 提升信息化技术支撑水平

提升信息化技术支撑水平,有利于提高在线学习的实用水平。可以通过以下几种方式进行:一是增强网络平台界面的友好度,及时修补系统漏洞,优化在线学习环境;二是建立教育资源共享平台,使教师和学生能够随时共享相关的学习资源,分享学习心得,促进学生进行探索性学习;三是建设贴吧式的讨论区,让学生能够根据不同主题的帖子,进行有针对性的互动讨论,增加学生参与讨论的选择性。

2. 优化网络课堂设置

优化网络学习课堂的设置,有助于提升在线学习的便利性和可操作性。可以通过以下几种方式进行:一是制定清晰的学习使用指南,明晰每一个模块的作用和操作说明,提高学生自主学习的能力。二是明晰学习进度设置,对超过进度的学生可以给予奖励;而对落后于进度的学生,可以在一个合理的时间内,以邮件、微信、教学平台等方式,提醒学生及时完成学习任务。三是完善评论区设置,解除回复的字数限制,并去除无效的评论,选择有价值的评论进行展示。四是对教学微视频按内容命名,对较有价值的辅助资源进行标识,方便学生搜索资源,提升学习体验度。

目前,中国高校实施的是一种混合式教学实践模式。借鉴与吸收cMOOC和xMOOC的实践经验,并针对混合式教学中存在的不足,可以采取转变教学观念,管、教、学形成共建合力,重视教学内容的分解设计、完善教学评价,提升交流互动水平,精制教学微视频,优化教育资源配置,搭建人本化教学平台等措施,促进教学模式的优化与完善。

第三节　高校教育教学中创客教育模式的创新建议

根据前文对创客教育教学模式的研究分析,下面将高校创客教育的教学优化措施分为四个层面进行阐述:首先,通过完善组织机构的管理和运行体系两个子维度来达到组织层面维度的优化;其次,通过完善创客教育课程体系、组建多元化创客教育师资队伍和举办实践教学活动三个子维度来达到运行层面维度的优化;再次,通过从政府、社会和高校三个主体高位协调推进,建立多方协同育人机制三个子维度保障层面维度的优化;最后,通过建立创客教育多元评价体系和完善创客教育师生激励机制两个子维度达到评价层面维度的创新优化。

一、创客教育教学组织层面创新优化

(一)完善高校管理体系

创客教育实施的前提是建立一个完善的组织管理和运行体系,而体系的建立则需要确定的组织框架、组织制度和一定数量的教职人员加入。在此暂且将这个组织机构命名为创客教育管理机构,创客教育中的日常理论教学、实践实操、学科竞赛活动都离不开创客教育管理机构的组织和管理,这个机构既要完成一个普通学院的教务工作,还要负责与外界政府、企业、社会组织对接,形成多方联动机制。具体如下:

在组织机构的建设方面,部分高校主要依托图书馆建立实体创客空间,还可以建立网络平台的虚拟创客空间,在教学组织上实现虚实结合。在创客组织层面,实体创客空间可以随时提供一些创客课程和实践活动,并且由专门的创客老师提供项目指导和孵化;而在虚拟网络平台上可以促进创客们进行各种创客项目、资料、成果等的交流和分享。

在组织机构的管理方面,首先要明确行政主体,明确组织机构由谁来管理和领导的问题,这个问题可以借鉴国内外其他高校在创客教育教学管理方面优秀的经验。不少高校都试图将原来冗杂的教学管理模式简化,建立新的创客教

育管理制度,从高校的校长到从事授课的创客教师都有各自负责的管理层面,顶层管理与基层管理相辅相成。还有多数高校通过线上 OA 及时沟通创客教育中的问题和完成事项的审批,与传统的教学管理方式相比,效率得到很大提升。其次是确定职能与运行规则,保证创客教育教学的管理协调稳定和有序。在创客教育的组织定位方面,强调管理组织不仅是对教师在授课过程中的教学质量管理,还需鼓励教师研发新的创客教育教学资源、教学方法,开展可提升学生创新思维的课后活动,并把这些举措进行标准化的量化考核,两者缺一不可。

(二)优化组织机构的运行机制

在高校,创客教育管理部门是新兴机构,其组织机构较传统的教学机构承担了更多更新的工作。基于此,目前多数高校采用的是抽调其他学院管理人员或以兼职形式完成创客教育的教学管理工作,这些举措虽然解决了创客教育管理人员的编制问题,但实际参与管理的人数和投入工作的有效时间并没有明显增加。而且组织机构的运行中常因为管理人员的双层身份给教学管理带来一些弊端。

实际上,组织机构的优化是将具体任务细化,成立具体的执行部门,共同完善创客管理中存在的分工不明确、权责界限不分、教学管控难以实施、教学评价主观化等实际问题。打造强有力的运行机制的重点是人员配置上做到专人专管,组建分工明确的部门,形成高效有力的管理制度,具体为:专人专管是指创客教育的管理者是独立的部门负责人,而非以其他部门员工兼职的形式,独立负责人可以从全局管理本校的创客教育组织、实施、考核,对接外部事项;组建分工明确的部门,是指创业学院内部要有教务科、实践科、学工科及办公室等实际部门,保障日常教学任务和创新创业活动;高效有力的管理制度可以保证日常工作有章可循,场地、经费、用品的使用合理合规。教育的各项工作组织部门可以包括综合科、教务科、科研科、实践科、外联科。综合科,主要管理组织内部各项事务,做好后勤保障等行政事务;教务科,负责日常教学计划的编制与管理、教学效果的评价与监督等;科研科,负责创新创业新方法、新技术的研究,创新项目的申报,科研活动的组织等;实践科,负责实践活动的组织,实践场地、设备、材料的保障,创新创业活动的策划和组织等;外联科,负责校企合作的洽谈,对外项目的沟通合作,联动协同,创新成果的转化等。最后,组织运行机制的优化还需要大胆创新,持续改革,简化办事流程,提高办事效率,提倡无纸化办公、线上审批、网络会议,真正让创客教师将更多时间用于实践教学。

二、创客教育教学运行层面创新优化

(一)完善创客教育课程体系

　　创客课程是创客教育生态的重要组成部分,是推进创客教育"落地"的重要抓手,也是新课程改革的重要方向和推进动力。目前,创客教育的已有课程多数为各自学科专业课程的融会,学生可以学到来自多个专业的课程,但是这种学习方式很多时候会导致学生的知识点较杂,课后不能合理消化,甚至产生适得其反的效果。因此,开展创客教育的课程建设,优化课程大纲和内容,引入MOOC等第二课堂等教学方式,是创客教育活动中最为重要的一环,也是改善创客教学中"教"与"学"的重要方法之一。

　　1. 引入创新创业课程

　　创新创业课程是一项"综合创新工程",包含教材、教案、教学设计及实践等的创新。创新创业课程又有广义和狭义之分。广义来说,是指以培养学生创新创业应用能力的各项常规课程,包含艺术设计、计算机、电工电子、3D设计与打印技术等;狭义来说,是指以培养信息技术与互联网相结合的创新创意素质的课程,包含Java、Arduino、Python、STM32、Web及Visual Studio等高技术条件课程。可以说,创新创业课程的核心是跨学科、智能化和软硬件结合。创新创业的课程涉及专业门类广,牵涉多个学科教师,其课程方案的制定需要集思广益,权衡课程之间的必要关系,选出"精课",排除"水课",课程的引入既要具有科学研究性,又要有学习乐趣性,还要灵活多变,满足不同层次学生的学习需求。

　　2. 优化课程大纲

　　创客教育的课程开展多在课余时间,其教学课时量有限,课堂上教师对课程内容的讲授时长必定需要压缩,因此需要对课程大纲内容进行优化,提取适用于创客教学的章节知识点重点讲解。首先,创客教育的课程大纲可以结合传统课程的特性和创客教育的教学需求,把重点知识点梳理后加以项目式改造,改造后的课程大纲重新设计了课程体系,引入应用性强的教学内容,使得学生在课程学习过程中强化学科知识、提升创新能力、开拓创新思维;其次,合理设置理论课时、实践课时、讨论课时、习题课时的占比,创客教育课程是非考试课程,习题课时可以不设置,实践课时和讨论课时应较常规课程适当增加,而非应用型理论课时应减少;最后,课程大纲的制定者需要把握全局,在精选课程内容的同时,注重不同课程之间编排的时序性。创客教育的课程内容虽是多学科交叉,但是课程开设的合理顺序对于架构学生的创客思维和创新能力方面也会起到辅助作用。

3. 引入第二课堂

积极开展创客教育的第二课堂,主要包含MOOC、微课、网络社区等线上学习方式,以及立体化的第二课堂等。这些授课方式可以一定程度替代传统课堂授课,节约理论授课时长,方便学生学习,为创新活动提供支持。MOOC的制作应以满足不同学生的需求和引导学生学习兴趣为主,除微视频外,还应配套电子教材、软件安装包、电子实验案例、软件学习指南及优秀作品等网络资源,同时丰富的资源也为学生带来了更多的学习乐趣,满足不同学生的学习要求。另外,创业学院还应设立网络社区(论坛),并由专人负责管理,创客们可以在网络社区进行技术交流、技术成果展示和分享以及产品交易。网络社区一方面可以提升创客们的获得感、成就感,另一方面可以收到其他人的建议和反馈,从而更好地完善创客作品。

(二)培育多元化师资队伍

组建多元化的师资团队,吸引多学科背景的教师参与创客课程,提升创客教师教学能力,加强队伍的内涵建设,打造一支专业的创客教育师资团队。其中,培养高校创客教师的传统方式包含师资培训班、专家讲座、下企业顶岗锻炼等。但教师通过上述方式只能从个人技能或者本专业的教学教法上得到提升,很难在短期内获得创客教育TRACK模型中陈列的六项技能,专业教师在创客教育领域的特殊技能难以掌握。针对创客师资队伍的培育新机制,建议打造多元化的师资队伍,提升创客教师的教学能力。

创客教育教师需具备综合的专业能力,包含教学能力、科研能力、设备操作技术、计算机编程及市场推广才能等。创客教师的培育可以是定期集中授课培育已有的专业教师,但短期内高校很难在专业队伍中培育出具备全套创客教育知识体系的教师,可以寻求多学科教师组建创客教育的师资团队的方法,借助各个专业教师在自身领域的专业素养,最大限度地将多元化的教学知识体系搭建起来。另外,构建多元化的教师团队也需要重视学术探讨、协同发展,应定期开展常态化的学术交流活动,增加创客成果和教学科研项目申报。

在教师的教学能力的提升方面,主要结合团队内部导师不同的学科和科研内容,以项目式、探究式等教学方式培养教师的专业技能和创新技能,使教师成为某个领域的"自创者"。在教师教学能力的建设方面,重视学科导引、实践技能、学科创新能力的拓展。首先,以科研促教学,团队中教师应成为各自学科领域的创新标兵,提高自身教研与科研项目、学术论文和国家专利、软件著作权等科研业绩预期目标,向理论项目要技术转化,从实践项目提取创新成果;其次,以组织创客教学竞赛的方式激励教师提高创客教学质量,设置专项教学奖励,教师获得的奖项在职称评审中得到认可;最后,鼓励教师下企业顶岗锻炼,给予教师足够的保障措施,减免企业顶岗期间教师的教学工作量,使教师能够与企业技术人员一起完成实际项目,真正了解最新行业动态,学习前沿技术,掌握市场需求。

(三)开展丰富的教学活动

创客活动是创客教育的重要组成部分,有助于创新思维的养成和创客能力的提升。高校传统课程的实施多以理论授课为主,实践课程为辅,而创客活动为理论知识转化为实践能力提供了良好的契机,能够使学生更好地熟悉创客设备,更有兴趣地投入创客学习,激励学生探索科学知识。引入创客实验教学模块的目的是培养学生解决问题的能力,而不是单纯地让学生记住某个知识点。

除课程实践外,积极组织各类创客活动,丰富学生课余生活。高校的创客活动主要以两种形式为主:一是邀请专家、企业家来校举办学术讲座,分享创新经验和创业经历;二是组织创新比赛、创业竞赛,对有一定创意或者创新实物的团队给予项目扶持资金,帮助有实际注册经营的企业和工商户进行融资。在校内开展丰富的创客活动,定期举办创业讲坛,邀请校外知名专家、企业家进校指导,为学生树立榜样。开展校级创业竞赛,如"互联网+"创新创业大赛和校级挑战杯大赛等,达到以赛促学的目的。注重学生暑期社会实践,为学生发放社会实践补贴,鼓励学生参与企业实际项目,了解行业应用动态,为今后创业做准备。定期举办创客竞赛,分创意组、作品组、创业组三类。鼓励不同阶段的创业团队参赛,邀请创业导师赛前指导,根据竞赛成绩设立奖项,颁发证书和奖金。为支持教师指导参赛团队参赛,学校可将教师指导的奖项证书设定为岗位竞聘的业绩之一,从而提高教师的参与度和积极性。通过竞赛可以达到"以赛促教、以赛促学"目的,让参赛教师和学生都能从参赛的过程中获得知识和技能,完成思维碰撞,赛后获得创业指导和资金政策扶持。

三、创客教育教学保障层面创新优化

良性的创客教育发展需要完整的配套保障措施,其中除了高校的政策扶持,也离不开政府政策支撑和企业的技术保障,三方共同参与,将政策、资金、人力信息高度整合,协同调用。

(一)出台专门创客教育政策做支撑

国家层面的政策支撑和地方政府的政策实施是高校开展创客教育教学管理的重要支撑,可以说,来自政府的支撑政策是打造高校创客环境的一道基本保障。

第一,在政府政策保障方面。首先,是财政政策,政府要支持大学发展创客教育,加大对创客教育的资金投入,设立专项基金或奖励基金,支持创客空间的建设、创客设备的购置、创客团队的组建,保障创客教育快速开展;其次,政府可以设立专门的部门,如创客教育管理机构,对接各高校的创业学院,形成自上而下的组织架构,审批政府用于创客教育的资金使用,完成顶层规划,引导社会资本注入高校创客教育;最后,政府可以对各高校的创客教育管理资源进行调配,用于高校之间的协同发展,对社会、企业的技术服务(培训、资格认证)等,同时政府还可以大力宣传重点高校的创客教育,为地方打造出亮点、特色的创客教育,给全社会带来创新创业的良好氛围。

第二,教育政策保障方面。高校创客教育的教育政策制定要有区别化,应符合自身的情况,实施的目的与标准的确立应从促进创客教育的发展出发。教育政策应注重保障方式和评价工作。首先,学校不能只有促进政策而无保障方式,创客教育的课堂、空间管理,创新创业活动的保障与普通专业教学一样需要教务处、学工部、后勤管理中心、资产处以及招生就业处等部门共同完成;其次,教育政策需要组织专家定期评价,找出政策中的执行难点与不足,不断完善政策。

此外,教育政策的评价体系应建立在多个维度基础上,并且评价的标准除创客教学外还要考虑创业就业、教师和学生在创客活动中产生的一系列成果等,根本目的是不断优化创客教育的政策。

(二)通过引入社会力量建立协同育人机制

加大社会力量的投入,由政府保驾,高校牵头,制定适宜的支持政策、投资

回报,积极吸引国内相关行业协会、优质企业加入创客教育,共同打造创客教育新体系,建立协同育人机制。具体而言,地方政府主动招才引资,与高校、企业、行业协会联合创建协同育人平台,师资共享,创新成果互享,共同承担管理责任,以保障高校创客教育的顺利开展。

在政府主导下,高校应积极调用社会资源,主动联系社会资本、技术力量和专业人才到创客教育行业。高校对社会资源的关注可以采用以下三种模式:其一,吸引社会资本、热钱、风投转向创客教育,支持创客空间的建设、创客教育的人才招募,将资金的投资渠道拓宽,投资流程简化;其二,争取社会上的技术力量,如最新的技术成果、专利能够落脚高校,为高校的创客教育建设带来实际的效益;其三,扩充人才队伍,吸引海内外优秀人才、企业家来校服务,制定优厚的人才待遇政策,鼓励企业技术人员全职或兼职参与创客教育,为在校的教师、学生定期开展创业培训,传授创新创业经验。

学校引入有实力的企业加盟创客教育,对高校教育教学具有积极作用:首先,对学校来说,一定程度上解决了学校的资金和技术需求;对企业来说,通过校企合作,解决了企业人力供给的问题。其次,高校在校企合作中能够窥视行业最新技术动态,找寻热点研究方向,促进创客教育的教学方向和实践目标,企业在和高校合作中能够第一时间转化学生的创意研究成果,快速形成市场效益。最后,对学生来说,理论知识和实践能力更快结合,对于学生创新能力、创客素养的提升会有更大的帮助。

(三)高校从制度方面进行科学规划

首先,高校应建立科学有效的实践教学管理制度来发展规划,做到凡事有章可循、有据可查,从而保证实践教学任务的顺利执行。高校的创客教育制度规划的重点是人才培养方案和人才培养目标的设立,其次是师资的组成、课程大纲的制定。创客教育的保障重点是资金的投入和场地的建立。基于此,在学校层面,要注意以下三方面的问题:其一,要制定创客教育教学具体发展规划。在创客教育教学的人才培养方案上必须将培养学生创客素养的课程放在首位,人才培养目标是培养创新型与应用技术型相协同,具备创新创业能力的高校毕业生。其二,学校层面应有单独的创客教育管理部门,负责总体规划和组织日常教学活动,对创客活动进行考核评价,为创客实践提供后勤保障。其三,建立信息管理平台,方便学生网上选课,教师线上授课和交流,并且通过信息平台还可以整合各方面要素,加快信息的交融,提升创客教育的管理效率。

其次,高校可以制定相应的服务政策来保驾护航。具体而言,对于课程学习,可规定学生修完规定的课程类型和学分,就可以获得创客管理的辅修学位或双学位;对于激励机制,规定创客实践成果获得省部级以上奖励,即获得保送研究生资格,同时拥有成果转化和二次创新在场地、设备、资金方面的指导和支持;对于运营经费,高校需先期投入基础设施建设和创客教学项目种子基金,后期运行经费可依靠企业合作项目、政府专项基金和社会捐助,力争实现自主运行、良性循环。创客空间培育的服务政策在于保障和促进创客项目正常运行,应当充分体现科学性、公平性和福利性。

最后,各类创客项目的审批立项活动,学校应公示具体的操作流程,设置专人专办,减少审批流程、提高办事效率,尽量为教师和学生多留出有效的工作时间用于具体项目。

四、创客教育教学管理层面创新优化

(一)建立创客教育多元评价体系

创客教育的教学评价项目多元化且观测点多,评价指标复杂,因此不能沿用普通课程的考核评价方法,应针对不同高校的创客教育特点制定多元化的评价体系,主要体现在以下三个层面:其一,评价内容更全面,创客教育的评价内容除了常规的课堂授课情况外,还需考量创客活动的课后效果,如创新创业项目、创业竞赛、到账创业费用等。创客教育的评价内容较传统课堂教育更加复杂,教学效果所占比重有所降低,而社会服务效果、创新创业的实际成绩、创业活动所带来的社会效益都是评价内容的重要组成部分。其二,评价主体多元化,除参与创客教育评价的专家督导外,还应引入企业管理人员、融资机构人员等。在校专家督导对创客教育的评价带有主观性,企业的管理人员、融资机构人员、媒体人员可从各自角度对高校创客教育进行评价,其他人员的加入将填补创客教育在社会性、服务性、文化性等层面的空缺。其三,评价方法多样化,包括学分法、统计法和主观调查法等,并且评价的分数需要运用数学公式的加权计算,注重量化,依据统一的标准,主观上对学生作品的创新性、实用性、设计理念打分。总之,每个高校结合自己实际情况选取一种标准进行评价。

综上所述,高校在推出创客教育评价体系时,也要考量本校已有的评价方式,还需征求教师和学生的建议,满足本校的实践教学特点。评价的最终目的是帮助教师提高创客教育教学能力,鼓励教师积极从事创客教育教学与研究,对教师在学校创客教育方面的工作要计入教学工作量。

(二)完善创客教育师生激励机制

为了更好、更快地促进创客教育建设,对教师的激励措施必不可少。首先,需要有一个总体平稳、逐年优化的激励模式,总体可分为物质激励和精神激励两种。其中,物质激励应充分考虑教师的实际需要,对获得优异成绩的创客教师给予奖金、奖品;精神激励则主要起到辅助作用,可以是考核优秀证书、荣誉证书等。学生层面,可以从学生关切的升学、奖学金等方面酌情考虑,对于创新创业表现优异的团队个人,开通保研通道、定向就业通道,让学生无后顾之忧,全心投入创客活动;也可以增设创客专项奖学金促进学生参与创新创业。与此同时,高校还可设立创客奖学金,对在创客学习和活动中表现优秀的创客给予奖学金奖励,并优先参与学校内的荣誉评比。

另外,设立专项资金,用于创客项目的理论研究、实践研究也是很好的激励方法。例如,物质奖励可以设置专项学术奖学金、绩效奖金、项目奖励等;精神奖励可以是创客教师在实施教学过程中学生的学习效果反馈、竞赛获奖、教学荣誉、科研成果认定、提升岗位职称等。最后,回归创客教育教学本质,扶持微课、教材、虚拟仿真课程等教学项目的建设,让教师愿意投入精力到教学的内涵建设中去。

综合而言,随着全球 5G 时代的到来,人工智能、大数据、虚拟现实等高新技术井喷式发展,科技创新引领时代进步,政府确定支持发展"众创空间"的实施与建设,出台了鼓励大众创新创业的一系列政策措施,在此推动下高校创客教育应运而生。高校发展创客教育正是深化国家教育改革,培养创新型人才的有效途径,而高校发展创客教育的关键正是教学管理的改革和创新。

第四节　高校教育教学中人本化教育模式的创新建议

现代教育背景下,我国高校教育在教学和管理中还存在很多问题,因此必须对高校加以改革和创新。高校教育创新首先要进行观念创新。观念创新是改革发展的前提条件,即在高校教育教学中不仅要把以人为本作为一种教育理念,还要在教育内容、教育方法、教育评价上坚持以人为本的教育原则,在具体管理措施上灵活运用以人为本的教育方法,总之就是要在高校教育环境中营造以人为本的教育氛围,充分发挥以人为本的能动作用。以人为本正在成为整个社会领域发展所必须坚持的理念,在这种情况下把以人为本引入高校教育教学中,是社会发展的要求,也是高校自身改革发展创新的实际需要。

一、树立以人为本的教育教学理念

目前,高校教育教学面临着新形势的挑战,全面发展素质教育的思想要求高校教育必须进行思想上的改革创新,只有思想上进行创新,行动上才能有所改变。《中共中央关于加强党的执政能力建设的决定》明确指出,坚持尊重人、理解人、关心人,有针对性地解决不同社会群体的思想问题,既要鼓励先进又要照顾多数,既要统一思想又要尊重差异,既要解决思想问题又要解决实际问题。因此,在高校中坚持以人为本的教育教学理念,就要树立"尊重人、关心人、理解人、发展人"的理念,其中尊重人是教育的前提,理解人是教育的基础,关心人是教育的切入点,而发展人则是高校教育的根本目标和归宿。

(一)树立尊重人、理解人的理念

自尊心人人都有,得到尊重是大学生对教师的基本要求。教育活动是双向的,教师首先要尊重学生,才能赢得广大学生的爱戴;理解也是互相的,教师不仅要理解学生的思想情感及差异性,学生也要理解教师的良苦用心,这种师生之间的相互理解,使师生之间关系融洽。在高校中树立尊重人、理解人的理念,不仅是教育工作者应具备的职业道德,也是保障学生主体地位,取得良好教育效果的前提。

首先,要尊重学生人格。大学生进入知识丰富的大学校园,其自我意识接近成熟,他们更具有自我意识和独立意识,这个时期他们尤其渴望得到别人特别是老师的理解和尊重。教师对学生有教育管理的责任,但在新型师生关系中,师生在人格上是平等的关系,即学生是具有独立的社会地位和法律地位的人,享有宪法、民法所赋予的一切权利,他们有自己的人格和精神世界,在人格上与教师处于平等的地位。因此,教师要尊重学生的人格和主体地位,在教育活动中保持对学生的尊重和理解,这也是师德的基本要求。

其次,要尊重学生的权利。每个人都是生而自由平等的,在高校中具体体现在:学生享有选择课程、选择专业和选择教师等多方面的权利,教师和高校管理人员都不能随便践踏学生应有的自主选择权。因此,高校教学要树立民主的管理理念,营造民主的教育氛围,在教育教学和管理过程中,以情感教育为前提,加强与学生的沟通交流,真正做到尊重学生各种权利,走进学生的内心世界。

最后,要尊重并理解学生的个性和差异。随着社会的不断进步,市场经济的不断发展,大学生愈来愈具有自己独特的个性,不同个体在思维、知识构成和身心发展等方面也存在着差异。理解学生就是要理解学生的思想实际、心理实际和生活实际,由于大学生从小所处的环境和接受的教育不同,这就要求高校教师更应该多加注意和观察学生的个体差异性。作为高校的教育者,更要尊重并理解学生具有的个性,尊重学生独立自主的意识,培养他们的独立能力,善于发现他们的长处,这样才能激发学生的创造思维和创新意识,激发他们学习的积极性和主动性。

总之,尊重学生是教育的前提,理解学生是教育的基础,没有尊重就没有教育,没有理解也就没有尊重。但要注意,教育者树立尊重人、理解的人理念绝不是毫无原则地放任学生自流,也不是对学生所犯的错误不加管制,而是以学生的发展为中心,以法律为准绳,坚持尊重理解学生和严格教育学生的原则,不断使学生正确认识自我和完善自我。

(二)树立关心人、发展人的理念

学生工作是高校教育的重要组成部分,也是高校开展教育活动的主要环节,这就要求高校要转变对学生的教育观念,树立关心人、发展人的理念。关心学生是每一位教师应具备的基本品质。但在现实生活中,一些高校教师和学生之间的关系却很是淡漠。师生只有在课堂上才能见面,甚至个别教师只是完全应付上课。现如今,高校都是大班上课,一个教师要教很多的学生,一些教师对自己所教学生都不认识。这样教师和学生之间就缺乏交流,更不用说关心学生。因此怎样更好地关心学生、怎样促进学生全面发展就成了当前高校教育工作者面对的一大课题。

首先,要关心学生的切身利益。我国社会主义市场经济体制确立的一个重要依据就是要合理利用人们对利益的正当追求,推动全社会前进。随着社会的发展和时代的进步,身处其中的大学生思想也比较复杂,都在不断追寻自己的合理利益。高校教育者要在思想认识上适应时代的变化,关心学生在生活、学习和就业方面的切身利益,帮助学生树立正确的荣辱观和义利观,切实提高对大学生进行教育的实效性和针对性。

其次,要关心学生的内心世界。教师应该帮助在学习中和生活中有困难的学生,只有真正关心学生,才能有效地教育学生,而要做到这样,教师还要不断提升自身素质,在学生中树立良好的形象。与此同时,教师还要放下架子,学会倾听学生,多和学生交流,把学生当朋友来对待,走进学生的内心世界,才能够明白学生的内心世界和他们的真实想法,从而做到切实关心学生,促进学生的发展。

最后,要关注学生的发展需要。高校教育首先要帮助学生学会更好地生存,这就要求高校教育工作者要真正以促进学生发展的教育理念进行教育教学,充分肯定大学生在个体发展中的主体地位。关注学生发展的最终目的是促进人的全面发展,而在高校教育这一特定的教育环境中,更多地强调在教育过程以及教育活动中,把学生的发展愿望放在教育首位,从学生内在发展需要出发,最大限度地满足学生成长成才的需求,使学生掌握适应未来社会的能力,最终实现自我发展。

二、建立以人为本的教育教学体系

(一)确立以人为本的教育教学目标

高等学校的教育教学目标应该体现人本精神,把促进大学生的全面发展作为培养目标,并在此基础上关注学生的个体差异,实现大学生的个性发展,以培养学生的创新精神和实践能力为主要目的。同时,要明确教育目标的制定是教育内容、教育方法和教育教学评价的主要依据,如果教育目标的制定不符合学生发展的需求,那么就会影响教育教学过程的实施和评价。

教育是民族振兴的基石,教育公平是社会公平的重要基础。要全面贯彻党的教育方针,坚持育人为本、德育为先,实施素质教育,提高高校教育现代化水平,培养德智体美全面发展的社会主义建设者和接班人,办好人民满意的教育。这体现了以人为本在教育中的重要地位,要培养以德为先的全面发展的人。大学教育的第一使命应该是使大学生形成完善的人格,而非具体专业技能的培养。

高校的教育培养应以大学生的全面发展为目标,满足大学生的个性发展,从学生自身的实际需要出发,因材施教,使其创新能力和实践能力都能得到充分发挥,而以人为本的教育理念不要求预先设定教育目标,它要求学生培养模式是能动性的,是鼓励学生的创造性和互动性的。然而,我国目前的教育培养目标,更加注重对学生知识结构和接受能力的培养,忽视学生个性的发展,教师应鼓励学生接触新的理论来解决问题,提高学生的学习兴趣,激发学生的创造力。因此,高校要真正做到以学生为本,首先就应该转变教育观念,把以人为本作为第一位的教育观念;其次重视对大学生的创新教育,提高学生的创新能力,以满足学生的创造力和个人发展的目标。

(二)传承以人为本的教育教学内容

高校的教学内容直接反映我国的教育目的和培养目标,是保障和提高高校教育质量的核心环节,而高校教育教学改革的实质内容主要表现在专业、课程、教材、教师等方面。因此,对这方面的改革创新是我国高校教育教学改革的突破口。要改革就要有思想上的创新,就要把以人为本贯彻落实到教育中来,真正使高校教学内容的制定符合学生的全面发展。

1. 加强通识教育和人文教育

早期,我国高校的教育教学偏重于学生对基础知识和基本技能的掌握,强调对高级专门人才的培养。这种教育便于组织学生教学,但过细的专业划分、过窄的课程设置口径和固定的课程结构,无法使学生的素质得到综合发展。20世纪80年代后期,我国的高校教育教学开始从强调培养专业人才转向重视学生全面发展,但纵观我国高校人才培养模式,仍然存在过分重视专业教育的倾向。针对这种现象要加强大学生文化素质教育,课程内容的选择应尊重学生的兴趣和特长,满足学生的需要;同时高校还应提供丰富的课程资源供学生选择,开展通识教育教学改革,淡化专业教育,统一设置通识教育基础课程和学科专业基础课程,并对学生学习的通识教育课程学分进行具体规定。此外,市场经济的发展使得高校教育忽视对大学生进行人文精神教育,在这种情况下更应该对教育教学内容进行改革,既着眼于现实,更注重面向未来。人文精神是一种普遍的人类自我关怀,是对一种全面发展的理想人格的肯定和塑造,人首先要成为一个人,而不是一个工具。因此,要逐步把高等教育的教育模式由传统的传授知识的教育转变为通识教育与专业教育相结合的教育教学模式,加强人文精神教育,从而突出大学生的综合素质,以便在教育内容上贯彻落实以人为本的教育思想。

2. 提高学生自主创新能力

大学的教育内容要贴近实际,在课堂教学中,教师应选择一些具有鲜明时代性的课题，通过讲授这些内容，拓宽学生的视野，使其明确自身肩负的历史责任，进而提高他们的思想认识水平，让他们认识到通过课堂教育能解决他们真正的实际问题，从而进一步提高他们对高校教育内容的认同程度。

另外，学生的学习动机和积极性主要取决于学生自身的学习需要，对学生学习需要的满足就是不断激发学生学习的动力。现在高校教育的一个潜在前提或者说基本立足点就是高校大学生的就业生存问题，要想使大学课堂真正吸引大学生，让大学生参与到课堂活动中，高校一定要加强对学生进行实践创新能力的培养，改革实践教学环节，大幅增加学生自主创新的内容，扩大学生的知识面，培养学生的学习兴趣，全面提高学生的综合素质和创新能力，为大学生走出校门向社会过渡做好心理上和思想上的准备。

(三)运用以人为本的教育教学方式

在教育过程中，教育教学方式是教育者与被教育者进行沟通和交流的桥梁，只有有效的教育方式才能对学生起到良好的教育效果，单一的、枯燥的教育方式显然不利于当今大学生主体地位的体现，也不利于学生全面发展。简言之，良好的教育教学方法与先进的教学手段是保障教学质量的重要方面，因此，只有按照以人为本的教育原则进行改革创新，才能真正体现学生的主体地位和个性发展。

1. 建立以生为本的教学模式

建立一种以学生为中心的教学模式，要对学生进行全面的分析，因材施教，针对不同学生的特点和优势采用不同的教育方式。

教学模式是在一定的教育思想、教学理论和学习理论指导下的、在某种环境中展开的教学活动进程的稳定结构形式。"以学生为中心"的课堂教学模式是指在课堂教学中坚持"以人为本"的价值理念，重视教学过程的探索性，重视教学中师生的交往和对话，积极培养学生创新能力的结构形式。只有这样，学生才能真正成为学习的主体，而教师则只是教给学生如何学习，帮助学生培养学习的兴趣并找到学生自身发展的优势，有助于形成教师和学生之间良好的互动。只有在这种教育方式的引导下，高等教育才能培养出富有活力和创造能力的大学生，有利于大学生自身的长久发展，真正在教育方式上体现以学生为中心的原则。

2. 创新教育教学方式

高校管理者和教师应该采用多样化的教育教学方式，积极探索启发式教学法，如引导式教学法、问题与发现教学法、团结协作法等，调动学生的学习积极性，培养他们分析问题、解决问题以及有效获取和利用信息的能力，并改革实践教学环节，加强实践教学建设，培养学生创新实践能力，从而提高学生的综合素质与能力。

(四)构建以人为本的教育教学评价体系

对教育教学进行评价的根本目的是提高教育的质量，检测教育的成果是否达到了应有的标准，是否符合促进大学生全面发展的要求。在这一教育评价的要求上，我国现行的教育教学评价必须要体现以人为本的价值观念，要以有利于学生和教师的发展为宗旨，注重学生在学习过程中不断取得进步，激发学生内在的学习动力，最大限度地调动学生的积极性与主观能动性，从而实现人的全面和谐发展。

1.创新式教育教学评价制度

到了大学阶段，还以考试分数为主要评价方式的制度不能促进学生的全面发展，也不能体现以人为本的教育教学理念。在这种情况下，要改革现行高校的考试制度，建立正确的高校教育评价制度。树立以学生全面发展的考试观，在评价学生时，多鼓励学生参与社会实践，并把平常的社会实践和课堂表现等按照一定的比例作为最后成绩的一部分，把培养大学生的创新精神和实践能力作为主要的评判标准，从而体现对大学生全面发展的要求，强调教育评价对教学目的的促进作用。

2.多元化教育教学评价方法

现代教育背景下，高校要建立科学的多样化的评价制度，针对不同学生实施不同的评价标准，而不是只使用单一的考试分数来评价学生。由于每个人的兴趣和特长不同，这就要求高校要根据每个大学生的特点和兴趣采取多样化的评价标准，体现对学生全面发展的要求，更加注重对学生人性化的关注，要根据不同的学科门类采用灵活的评价方式。例如，对于普通文科记忆性的学科，可以根据实际情况采取开卷考试的方式，有利于发散学生思维，提高学生的创新意识；而对学习理科的学生则可以主要考查学生的实际操作能力和创新能力。另外，单纯的考试评价不可能十分准确地反映大学生的实际水平和综合能力，因此可采取教师评价与学生自评、互评相结合的方式，结合学生日常表现全面、客观地评价学生的知识和能力，体现大学生主体的个性差异。

3. 多样化教育教学评价方式

目前,大部分高校对教师的评价多注重教师发表的论文和科研水平,可能使得部分教师忽视对学生的教学工作,导致大学课堂个别教师草草应付了事,没有关注学生对知识是否理解,忽视了学生在课堂上的主体性。因此,高校要实现以人为本的教育目标就必须改革对教师的评价方式,建立教师科研与教学相结合的教师评价制度,调动高校教师不断提高创新能力的积极性,加大教师对教学的关注程度。多元评价方式使教师把自己的科研和学术成果融入教学之中,让学生也能参与对学术和科研的研究。同时,在课堂教学上真正做到以学生为中心,考虑学生真正需要,而不是应付上课,培养学生的动手能力,提高学生分析问题和解决问题的能力,这样才有利于教师和学生共同的发展与进步。

三、实施以人为本的管理

(一)确定管理即服务的理念

在高校中要实现民主管理,首先需要领导者转变观念,树立"管理即服务"的理念,完善教育服务管理体系,为被管理者提供可以促进自身全面发展的各种服务,而不是给他们施加控制和管束。

高等教育理念与办学制度是相辅相成的,以人为本的管理还要求管理者学会尊重广大师生员工,坚持一切从师生员工的利益出发,鼓励学生参与学校管理,调动学生参与民主管理的积极性,让学生在广泛的参与中进行自我教育,从而充分体现其在高校中的主体地位和民主权利,切实提高学生的综合素质,增强师生员工对学校的归属感。

(二)建立民主的管理制度

民主管理是人本管理的重要内容和重要手段,是大学民主环境和氛围形成的基础,也是高校管理的重要特征。学校管理归根到底是对人的管理,自然应该做到以人为本,重视并做好人的管理工作,建立民主的管理制度,保证以人为本在高校教育教学管理中的全面贯彻落实。改革高校现行的管理制度,要强调管理制度上的伸缩性,由刚性管理转变为弹性管理,做到在高校中人人都能参与管理,共同促进高校发展。

学籍管理制度是高等学校教学管理和学生管理的重要制度,也是大学生从入学注册取得学籍到毕业资格审查认定获得毕业证书的全过程的管理。如今高校大都实行以学分制为主的弹性学籍管理制度,要求学生修够一定的分数方可毕业,但在实际实施过程中,一些高校的学籍管理制度比较死板,没有体现学生的主体性,也缺少一定的弹性。因此,高校应要建立灵活的学籍管理制度,具体如下:

第一,允许学生根据自己的实际情况和爱好选择专业,以激发学生学习的主动性。很多大学生在进入高校之后才发现自己对当初选择的专业一点都不感兴趣,特别是对调剂去的专业更没有一点兴趣可言,这就严重打击了学生学习本专业知识的积极性。因此,高校要在学籍管理上允许学生在一定条件下转专业,通过转专业让学生转入自己更感兴趣或更擅长的专业学习,使其个性与特长得以发挥,最终成为社会有用之才。

第二,允许学生有自由选择课程的权利,让学生根据自己的兴趣选择相应的课程。高校应适当控制必修课的比例,增加选修课的比例,建立完善的选课系统,因材施教,让学生建构自己的知识体系,使学生在跨学科、跨年级乃至跨学校间都能达到自由选课,做到课程资源共享。同时,允许学生在满足专业培养的前提下,自主选择自己喜爱的教师,选择不同层级的课程,让学生积极学习,主动建构自己的知识结构。在课程设置上,让学生有选择自己喜欢的课程的权利,如学工科的学生可以选择经济和管理方面的课程,学经济管理的学生可以选择法律方面的课程,即从制度上帮助学生完善知识结构,使学生成为具备多种知识技能的复合型人才。

(三)实施民主的管理措施

在高校管理中,有了民主的管理制度,还需要有具体的办法和措施,才能使制度得到实实在在的落实。因此,要建立教职工和学生代表大会,实行校务公开,创建师生员工参与民主管理的环境,搭建师生表达民主意见的平台,给学生和教师充分自由治理高校的权利。具体而言,高校要让广大师生员工从学校和自身的发展出发,通过教代会、学代会等高校民主管理的形式积极主动地参与到学校的各种事务管理中来,从而增强师生成员的归属感,提高广大师生员工参与民主管理、民主决策和民主监督的积极性和主动性。

大学生作为社会中的高知识群体,其自我意识和民主意识明显增强,因此就迫切需要更多参与学校管理的权利。目前大学生已经成为高校不可忽视的参与民主管理的新力量。一所高校民主化的程度在一定程度上决定着学生参与高校民主管理的程度,高校能否为师生员工搭建好顺畅的参与平台,让民意有良好的渠道得以表达,直接影响着高校的管理者在学生心目中的威信,也影响着学生参与管理的热情和信心。因此,高校要坚持以人为本,坚持以学生为主体,让学生有表达心声的平台,为学生创造自由民主的环境,遵循教育教学发展规律,才能进一步健全和完善高校的管理制度,把各项具体管理措施落到实处。

四、增加人本化教育课程的设置

(一)增加经典导读课程

教师应以经典文本阅读为中心进行导读教学,并教会学生阅读的方法,指明领悟、实践的途径,尤其应注重精神的历练与思维的操作实践。比如,国学经典是中华民族传统文化的优秀代表,教师应该引导大学生多读书,读好书,尤其是国学经典系列的图书。大学生的阅读能力、理解能力较强,非常适合读书,读书就是同伟人交谈,能够凭借伟人的视角帮助大学生看清世事,能够在伟人的人格魅力的影响下净化大学生的思想境界,从而在潜移默化中有效提高大学生的觉悟认识。在阅读经典过程中,大学生能够从经典文本研读中获得思想、智商、情感方面的启发,在经典文本承载的优秀精神感召下深刻自省自检,从而实现个人的发展。需要明确的是,读书虽然不能取得立竿见影的速效作用,但是经典文本中的优秀精神财富会在潜移默化中一点点影响大学生,使大学生慢慢转变,走向成熟。

(二)营造教育教学的人本氛围

在大学生教育教学工作过程中,教师应积极开发人本化教育课程中的人本因素,让"以人为本"的观念深入人心。通俗地说,大学生是教学活动的实施者和体验者,是教师教学意图的实践者。在此过程中,教师如同自助餐厅的老板,为大学生的自主学习和合作探究准备好各种食材和工具,然后教师就退居二线,大学生就成为食材和工具的主人,开始利用教师准备好的食材和工具制作各种自己爱吃的食物。其实,无论大学生如何制作自己喜爱的食物都会吃掉教师准备的食材,都没有脱离教师划定的活动范围。例如,在思想政治教育过程中,教师经常利用优秀人物的光荣事迹教育和教导大学生应具备助人为乐、扶危济困等优秀品质,但简单的说教活动可能无法使大学生真正接受,教师可以让大学生通过角色扮演将优秀人物的经典案例表演出来,让大学生在活灵活现的经典案例中现场分析、现场讨论,从而取得较好的教育效果。总之,让大学生积极参与课堂教学是构建人性化课堂的首选途径,是体现大学生学习主体地位的必然形式。

大学生是课堂学习的主体,这一观点已经达成共识,大学生的身心发展已经成熟,拥有足够强的自学能力、合作能力和探究能力,因此,大学生完全能够凭个人能力成为课堂学习的主人。在大学生教育教学过程中,教师要积极向课堂教学的"导演"转型,为大学生的课堂活动确定好活动主题、活动顺序、时间安排、活动要求等内容,为大学生提出参与课堂活动的具体要求,让大学生保质保量地完成各项学习活动,而教师就像导演一样及时关注大学生的现场表演,将大学生课堂扮演过程中存在的问题记录于心,为以后课堂活动要求的制定提供足够多的参考信息。大学生在参与课堂教学过程中心情愉快,从而让大脑处于亢奋状态之中,因而对课堂活动的记忆效果较好,也能够实现对课堂内容的深层次理解。

五、建设以人为本的校园文化

校园文化是以社会先进文化为指导,以师生文化活动为主要内容,以校园精神为核心,由校园里广大师生员工在长期的管理、教学、科研、学习及服务等活动中共同创造的学校物质文明和精神文明的总和及创造这种文明的过程。在高校中建立浓厚的人本文化就是指让校园物质和非物质的文化都能体现出人文的内涵,体现以学生为本的教育理念。

(一)建设浓厚的人本文化

校园文化的构建必须坚持以人为本,并与维护和实现广大师生的切身利益紧密结合,要合理进行校园环境规划,同时优美的校园环境和民主的校园文化设施都要体现本校的特色。

1.建设人性化的校园环境

人的存在离不开环境,培养全面发展的人需要营造积极向上的教育环境。校园的物质环境是大学生在学校生活的基本条件,对学生的终身发展有着重要的作用。大学校园环境是校园文化建设的重要组成部分,学生日常生活在大学校园里,因而它是高校学生直接接受熏陶的地方,对学生的德、智、体、美发展都有很重要的影响。校园的景观设置还要对学生有启示性,发挥其育人的功能,使受教育者的身心获得自然美的熏陶,不仅要给大学生一种舒适的感觉,更要时刻提醒大学生要珍惜美好时光、不要虚度光阴,让学生在校园生活中感受文化的魅力。人性化的校园环境可以提供很强大的精神力量,因此建设优美、和谐的校园环境,并在其中体现以人为本的内涵,有利于提高大学生的素质,使大学生能拥有健康的体魄和良好的心态。

2. 构建校园网络交流平台

随着信息网络技术的快速发展,网络已经成为人们生活当中不可或缺的一部分,而处于社会发展前沿的高校也就成为社会信息化程度最高的场所,其自身的发展是离不开网络的,身处其中的大学生也成为接触互联网最为频繁的人。网络已经遍布高校师生工作、学习、生活等各个领域,在其影响下,大学生的价值观念和生活方式等正悄然发生变化,这些变化都给高校的校园文化建设带来了新的课题。

网络是校园文化建设中比较重要的物质载体,高校发展需要有网络作为物质基础,因此加强网络硬件建设能够为网络环境下的校园文化建设提供物质保障。校园网就是在新形势下衍生出来的新型高校区域网络,其在学生和教师的工作学习中发挥着很大的作用。正确使用校园网,能充分发挥大学生在校园网中的主体作用,丰富学生网络资源,建设校园网络交流平台,使之成为教师和学生表达心声的网络平台;能发挥网络环境下校园文化在加强和改进大学生思想政治教育、全面提高大学生综合素质中的作用,引导师生树立优良的道德品质和健康文明的行为方式,使得师生更好地参与到学校教育教学管理中,从而体现出以人为本的教育理念。

3. 建构洁净的网上精神家园

校园文化是一种非常具有教育能量的潜在教育资源,能够在潜移默化中对大学生的思想发展和健康成长产生积极的促进作用。建设和谐校园文化是塑造大学生的健康人格,提高大学生的思想道德素质,培养大学生的创新能力和实践精神的需要。校园文化建设的目的就是通过营造积极健康的人文环境,提升大学生的道德情操与思想修养,帮助大学生形成积极健康的完美人格,从而有效提高大学生的思想素质。在校园文化建设过程中,大学生是校园文化建设的中坚力量,也是校园文化建设的实际参与者和过程组织者。大学生在形式多样、内容丰富的校园文化活动过程中可以有效培养个人的兴趣爱好,也可以在展现自我能力的过程中获得较为愉悦积极的良好情感体验,进而产生主动参与、快乐合作、敢于探究、勇于创新的可贵动机,直接促进大学生组织能力、交流能力、交际能力、管理能力等方面的全面提升,进而为大学生成为国家建设的栋梁之材奠定坚实的基础。

校园文化中的网络文化建设是非常重要的内容之一。基于此,高校必须认真分析当前网络环境下大学生教育存在的问题,并根据网络的特点,要做到以人为本,创新观念,优化网络资源,不断丰富网络文化。网络是大学生打发闲暇时间的至爱,很多大学生已经形成没事就上网的习惯,尤其是晚上,上网的大学生会更多。然而,良莠不齐的网络内容在帮助大学生获得有益信息的同时,又携带很多不良信息,诱惑和腐蚀着个别自制力较差的大学生的思想与灵魂。因此,少上网、上好网就成为改善大学生上网环境的首选。针对上述问题,教师可以组织大学生建立 QQ 群或微信群,像组织社团一样,有篮球群、足球群、乒乓球群等,将现实版的社团活动转移到网络上,让大学生在网络上继续进行社团活动,从而让大学生的闲暇时间更有意义。喜欢看时事的大学生可以在时事群里或微信里看新闻,从而有效避免网上不良信息的干扰。另外,大学生也可以组建班级群,强化本班同学课外的即时联系,一旦有人遇到困难,就会有人出谋划策,从而能够营造出团结友爱、互帮互助、休戚相关的幸福大家庭氛围,真正实现相互关爱、温馨成长。

4.建设良好的校风

校园的精神文化建设要坚持以人为本的理念,尊重学生的主体地位,为学生的健康成长和全面发展创造良好的精神氛围,创造人文化的环境,处处体现人文关怀。建设以人为本的精神文化要从办学理念、校风、校训等方面入手。其一,构建以人为本的校园环境,不仅要把以人为本作为高校发展的理念,还要建设良好的校风,体现高校自身的特色。其二,校风是一个学校各种风气的总和,是学校在办学过程中长期积淀而成的具有行为和道德意义的风气,也是在校内乃至社会上具有极大影响并被普遍认可的思想和行为风尚。良好的校风是一所大学精神文化中的核心,高校自身的校风一旦形成,就会对全校师生的思想、行为和精神面貌等产生潜移默化的影响,可以说培育优良的校风是校园文化建设的重要任务。综合而言,高校领导要将以人为本的理念贯穿到建设校园文化的全过程中,建设优良校风的关键是领导要以身作则、树立为师生服务的理念,允许学生犯错,拥有博大的胸怀,严以律己、宽以待人;教师也应做到为人师表,增强道德修养,正确引导学生的行为规范,处处发挥模范带头作用。

(二)营造和谐民主的新型师生关系

在高校中营造和谐的人际关系是以人为本的校园精神文化建设重要的组成部分。高校的活动主体包括高校教育管理者、教师和学生,而这些关系中,教师和学生是教育活动的主体,因而师生关系就成为最主要的人际关系。

现代教育提倡的是教学民主和教学自由,营造和谐的师生关系就必须从师生关系的重建入手,关注教师和学生的需求以及师生之间的情感与精神交流,以确保学生在教学活动中的主体性,这样才能够建立和谐民主的新型师生关系。高校和谐师生关系的构建要以"人"为出发点,教师和学生是主体,两者虽然任务和角色有所不同,但都作为"人"存在于教育教学活动中,两者互相依存,缺一不可。在教学过程中,高校教师不仅要做教学生知识的传授者,还要做学生的朋友倾听学生心声,这种关系才是民主、平等、友好、和谐的关系,可以更好地发展学生的主体性和创造性,充分发挥学生的创新潜能。教师传授知识时,更应该鼓励学生主动学习,进行创新性学习,而不能只有自己滔滔不绝地讲解,不顾学生能不能理解,应该建立宽松自由的课堂环境,让学生勇于发现问题,调动学生学习的积极性。

新形势下,要营造以学生为本的新型师生关系,就应该首先抛弃那种教师高高在上、灌输式的课堂教学方式,把教学过程看作一个师生实践双向互动的过程。对教师特别是高校教师来说,教师的责任绝不应是培养出高分低能的学生,而是应该培养出个性鲜明并富有创造性的人,要多和学生交流,注重保护学生隐私,维护学生的合法权益。由于大学生都是有独特思想的成年人,因此在高校教育教学中要真正体现学生的主体地位,教师自身首先要转变观念,树立以学生为本的理念,从而建立民主平等的师生关系。

随着以人为本思想的提出及深入,在高校教育中坚持以人为本也成为高校发展的必然要求:一是有助于让更多的人了解以人为本的内涵及价值,既要了解把握其理论内涵又要挖掘掌握其事实的价值目标;二是有助于发展完善以人为本在高校教育中的意义;三是有助于大学生主体性理论的进一步发展,也有助于进一步推动高校教育中以人为本的研究,以巩固高校教育中学生主体性的地位,并为高校培养全面发展的创新型人才提供理论依据。

第七章

智慧课堂背景下混合式教学模式改革策略

随着互联网技术在我国的飞速进步,我国各行各业的发展都已经与互联网技术捆绑在了一起,可以说互联网技术的提升对我国经济的快速发展起到了重要的作用。"互联网+教育"顾名思义,是将互联网技术与传统教育充分结合的一种新型的教育方式。这种教育方式的优点是可以不受时间与空间的限制,目前已经成为很多学校在教育过程中的重要手段与方法,是提升学生成绩的重要手段之一。如今,"智慧+"是社会发展的大趋势,智慧课堂是大数据环境下课堂教学的重要发展方向。高校在互联网背景下建立智慧课堂已经是大势所趋。

智慧课堂作为信息技术快速发展条件下的必然产物,采用信息技术对教学方式方法进行改革,将信息技术的创新与教学两者融合,从而构建个性化、数字化、智能化的教学课堂环境与内容,这种全新的教学方式主要培养方向是在传授知识的同时,促进学生的智慧思维和信息素养的发展,培养符合社会需求的高素质复合型人才。

当前国内各基础教育与高等教育均已开展大量以智慧化手段辅助教学的改革活动,截至 2019 年 12 月,国内采用智慧课堂教学模式的学校已超 3000 所,智慧课堂教学已超 60000 课时。这些数据说明在现今的中国教育领域,智慧课堂教学模式已经成为诸多教学改革的重要研究领域,越来越多的学校正在尝试通过智慧课堂教学模式展开教学工作。对智慧课堂中的教学模式进行设计,从应用角度进行研究,能够保证教师通过互联网、大数据和通信技术与学生进行沟通交流的同时,确保课堂的教学质量,减少为了追求新颖教学方法而忽略实际教学质量的情况,进而达到提升人才培养质量的目的。

本书在研究过程中采用文献分析法,调研了大量的相关文献,对智慧课堂背景下教学模式的设计进行总结,并分别设计智慧课堂教学模式的实现条件、教学目标、教学活动和教学评价四个方面。将设计的教学模式应用到作者所在高校的"管理信息系统"课程中,最后采用问卷调查法对教学效果进行了调查、反馈,继续完善教学各环节。

第一节　智慧课堂与智慧学习环境

一、智慧课堂

学校的教学模式从传统教学模式至Web3.0技术支持的智慧教学模式走过了很多道路。从初始的传统面对面教学模式,教师在课堂内面对面地向学生传授知识,教学内容以教材为主;发展到Web1.0技术支持的阅览式教学模式,教师通过互联网技术手段将知识点文本撰写在网页中,学生通过网上阅读对知识进行学习;接下来进入Web2.0技术支持的信息化教学模式,教师可以将视频、动画等多媒体融合到教学中,学生可通过留言的方式与教师互动,教学手段的信息化应用更加增强;目前已进入Web3.0技术支持的智慧教学模式,教师可通过实时信息传输了解学生学习的知识点,将信息进行筛选并分配,使学生获得较好的学习信息,并通过移动设备与教师、同学进行实时交流。

随着教育改革的不断推进和课堂教学改革的不断深化,学校和社会对教师应对教学活动的多变性、不确定性的能力,以及教师对课堂的掌控都提出了更高的要求。著名教育专家、原国家督学、江苏省教育科学研究所原所长成尚荣教授指出:"课堂教学改革就是要超越知识教育,从知识走向智慧,从培养'知识人'转为培养'智慧者';用教育哲学指导和提升教育改革,就是要引领教师和学生爱智慧、追求智慧。"让智慧唤醒课堂,让智慧引领教师专业成长,是时代的呼唤,是教师专业成长的需要,是课堂教学焕发生机与活力的契机,也是新时期教育教学改革的重大使命,目前进行的"建构智慧课堂"的课题研究有着鲜明的时代意义。

智慧课堂是以建构主义学习理论为依据,以"互联网+"的思维方式和大数据、云计算等新一代信息技术打造的智能、高效的课堂。其实质是基于动态学习数据分析和"云、网、端"的综合运用,实现教学决策数据化、评价反馈即时化、交流互动立体化、资源推送智能化,创设有利于协作交流和意义建构的学习环境,通过智慧的教与学,促进全体学生实现符合个性化成长规律的智慧发展。

(一)智慧课堂功能

第一,智慧课堂软硬件部署简单,可进行跨平台教学,对学生在各种智能平台的使用兼顾性较强,可进行个性化配置,搭建智慧课堂环境较为容易。

第二,智慧课堂能对各教学环节进行覆盖,教师的课前准备、课上教学、课下辅导、课后测验等功能齐全,课前、课中、课后三个阶段教师都可以对学生的学习活动进行监督,使教师与学生之间形成纽带,促进学生学习效率的提升。

第三,平台资源众多,可通过智慧学堂进行互通,通过教育资源公共平台共享,同时可以建立专属的教学资源与学习教程,使学生能够在短时间内获取海量的教学资源,教师可通过互联网将课堂资源上传至教学平台,实现各区域间的教学资源共享。

第四,具有独特的数据分析功能。由于教学过程中存在着大量的数据交互,智慧课堂能够为教师提供足够的有关学生学习情况的数据,为教师提供可行的教学建议,提供个性化辅导。

(二)智慧课堂特征

智慧课堂是以"互联网+"的思维方式,利用大数据、云计算等新一代信息技术打造的智能、高效的现代化课堂,具有以下特征。

1.教学决策数据化

智慧课堂的教学需要以互联网传输作为起点,以信息技术平台作为教学辅助支撑,在学生学习的动态时间内,收集学生的学习过程数据并加以分析,通过可视化的方式将其呈现。智慧课堂模式使传统教学中教师仅通过课堂效果、答题分数等对学生的学习效果进行把握,转向为通过学习数据更加精准地掌握学生实际的学习情况,使教师在教学过程中能够根据数据反馈,更有效、及时地调整教学内容和教学方法。

2.评价反馈及时化

智慧课堂教学当中采用的是动态学习评价模式,在整体的教学过程中能够对学生的整体学习环节,包括课前预习、课中学习、课中测试、课后作业等都进行即时监测和实时反馈,可根据设置的阈值对需要预警的学生及时提醒,这种行之有效的反馈方式重新组建了现代教学的评价体系。

3.交流互动立体化

智慧课堂使得师生交流沟通的途径变得丰富多样,学生与教师、学生与学生之间都可以利用网络实时沟通,除在课堂内与教师进行沟通外,学生也可以在课后的时间通过云端平台等方式与教师交流,模糊了时空的界线,实现了师与生、生与生之间的全天候异地交流,这也是智慧课堂的重要特征。

4.资源推送智能化

智慧课堂在学生可使用的学习资源方面提供了更多的选择,可在课程平台上共享各类多媒体资源,如视频、电子文档、图片、声音等关于课后复习资料、拓展资料等的学习资源,并可根据学习进程设置有针对性的信息推送方案,根据不同学生的个性化需求推送不同类型的学习资料,增强学生的学习效果。

(三)智慧课堂的优缺点

1.智慧课堂的优点

智慧课堂的教学环节紧凑顺畅、科学合理,辅之以多媒体手段,使学习过程更加直观、形象、具体,学生易于接受;同时在知识传授时,将方法指导融入教学过程,使学生学会知识、学会学习,将课程知识与实际相联系,提升学生的实践动手能力。

2.智慧课堂的缺点

智慧课堂中,学生的自主性得到了发挥,但对不能完全保证自主能动性的学生来说缺乏监管;教师能够通过数据看到学生的学习情况,但数据的传递无法反馈到课上,无法像传统课堂中教师能够通过学生的表情、神态、语言等,直接感受到教学效果,继而调整教学内容和教学重点。

(四)传统课堂教学与智慧课堂教学的区别

1.教学理念不同

传统教学采用"三中心"思想,即以教师为中心、以教材为中心、以课堂为中心。这种教学理念重点强调教师、教材、课堂的重要性。学生在学习过程中主要跟随教师的教学内容,以书本教材为中心学习知识。

智慧课堂教学采用"以学生为中心"的思想,通过在云端进行课前预习、课中互动、课后复习的方式进行学习,使课堂整体的中心点从教师转向学生,使教学具有强烈的主观能动性,强调实践认知。

2.学习内容不同

传统课堂由于教学环境的限制,只能由教师在课堂上通过教材对学生进行知识传递,学生是知识的接受者,被动接受教学内容,缺少对知识的思考内化过程,对于将所学知识运用到实际中的能力不足。

智慧课堂则采用智能设备平台对学习内容进行海量推送,使学生能够在课前充分预习、课中进行互动交流、课后复习信息回馈,通过智能设备培养学生在学习方面研究、分析、创造的能力。

3. 学习方式不同

传统课堂学习方式主要是教师讲授,学生被动接受,这种学习方式对学生的好奇心、求知欲激发不足,学生对学习的兴趣不强,学习动力持久度不高。

智慧课堂学习方式在教学过程中更加注重学生的实践能力、思维能力和创造能力,通过案例分析、翻转课堂、小组讨论等多个环节激发学生的求知欲。

二、智慧学习环境

智慧课堂的学习环境与传统教学相比有着本质的区别,传统教学是在课堂内通过教师、学生和黑板这三个角色进行沟通的方式进行,师生之间的教学效果完全依靠教师的教学水平与学生学习的认真程度。而在"互联网+"这个大背景下,智慧课堂的教学方式具有极大开放性,通过各种学习应用软件的不断完善,已经形成能够做到集平台学习签到、学习任务推送、师生互动、作业部署与评价、教学反馈等多功能于一体的各种学习平台,如表7-1所示。

表7-1 当前智慧学习平台汇总

平台名称	功能介绍
雨课堂	智慧教学软件
腾讯课堂	教学与会议平台
猿辅导	智慧教学软件
课堂派	课堂管理工具
钉钉	互联网网课
蓝墨云班课	手机课堂
超星学习通	在线学习

在"互联网+"的大背景下,智慧课堂已经拥有了具有极大开放性的教学方式,已经形成了平台学习签到、完成学习任务,教师与学生之间互动、作业部署,教学评价等多功能为一体的各种学习环境,部分智慧学习平台的特色如表7-2所示。

表7-2 智慧课堂部分软件主要特色

平台名称	主要特色
雨课堂	对名校的课程进行采用,线上运用较为简单;便携性强,可通过弹幕进行实时反馈;覆盖课前、课中和课后的教学数据
腾讯课堂	拥有海量的教学资料,大量视频教学内容可在课堂上使用;登录方式轻松,可用微信或QQ号直接登录;可进行线上直播,学生亦可收看录播的课程,授课方式灵活
智慧树（知到APP）	提供辅助教师线上线下教学等服务支持;平台上已汇聚共享课、实践课、虚拟实验课等多种类上万种优质课程
猿辅导	大量学习资料、解题攻略与视频
课堂派	在线批改、师生互动、数据统计、课堂管理、资源管理、互动社区
钉钉	中国领先的智能移动办公平台,新冠肺炎疫情期间使用频率较高的网课手段,具有签到、实时了解学生动态、在线交流等功能
蓝墨云班课	辅助教学工具,包含课堂过程监控、测试、作业评分、课堂表现、小组合作等功能,激发学生在智能移动设备上的学习兴趣,以数字教学方式为基本点对学习过程进行跟踪与评价
超星学习通	面向智能手机、平板电脑等移动终端的移动学习专业平台。用户可以在学习通上自助完成图书馆藏书借阅查询、电子资源搜索下载、图书馆最新资讯浏览,学习学校专业课程,进行小组讨论,查看本校通讯录,同时平台拥有超过百万册的电子图书、海量报纸文章以及中外文献元数据,提供方便快捷的移动学习服务

第二节　教学方法

一、课前预习效果实时反馈

在智慧课堂教学模式下可以对学生课前预习效果进行实时的反馈与评估,通过互联网数据分析,能够有效地将任意一名学生在课前预习当中遇到的问题以及对知识的掌握程度进行计算并反馈。教师在进行教学设计的过程中,可以对学生掌握不够充分的知识点进行答疑讲解,通过智能移动终端推送给对应的学生,提升学生的课前预习效果。

在智慧课堂教学模式下,课前预习环节,教师应首先制作具有个人特色的预习材料,其中主要包括知识点微课、慕课,精心设计的课堂内容,检测预习效果的相关测试等。通过这些教学环节,可以使学生在正式进入课堂教学之前,就充分地了解本次课堂需要学习掌握的知识要点。由于微课的时间短、容量小、主题突出和针对性强等特点,其总时长往往在 5~10 分钟,使学生更加容易掌握。通过预习,学生能够带着待解决的问题和个人的思考有针对性地展开课堂学习,能使课堂学习效果最大化。

二、课中学习师生持续沟通

在传统的教学模式下,教师与学生的之间的交流沟通一般是课堂上教师提出问题由学生举手回答,或是布置作业由学生课后完成,教师是互动行为的发起者,学生主要处于被动状态,降低了学生自主的学习积极性。在智慧课堂教学模式下,更加强调学生学习的自主地位,在教学过程中可以实时进行师生互动,学生遇到不懂、不会的问题可直接通过留言的方式发送给教师,教师在进行一段教学之后可以直接对所有的智慧课堂学生提出问题,学生可采用匿名或实名的方式回答,教师通过学生的信息反馈,调整课堂内容,具体可采用以下几个方法。

第一,整理学生学习中遇到的问题,分组进行讨论,如果在学生之间无法解决,则可以通过互联网与教师进行沟通。

第二,由于学生已经对课堂内知识点进行了预习,教师可以在课中对之前学生分组讨论的问题进行详细讲解,并通过对预习答题的结果的分析直接掌握学生学习的薄弱点。

第三,采用多屏教学的方式,让学生可以通过各种多媒体的教学方式对课中学习内容进行反复学习,利用教师与学生互动交流的平台,得到更准确的回答。

第四,课中教师可以下达新的学习任务,通过学生小组之间的互动研究得到答案,增强学生的学习与分析能力。

第五,课中可随时进行测试,由于智能移动终端的便捷性,教师可以将内容实时发送到学生端,由学生立即回答,答题结束后教师可展示所有学生答题的准确情况,根据答题情况进行讲解,塑造良好的教学氛围。

三、课后个性化辅导

传统教学模式的课后作业,往往是在第二次课前由学生上交纸质版,教师评阅后进行讲解。在智慧课堂教学中，教师已通过互联网数据掌握学生课前预习、课中学习两个阶段的学习情况，因此在课后学习巩固环节中，教师可以有针对性对学生布置不同的课后作业，做到每个学生的课后作业与学生需要锻炼的技能个性化匹配。

第三节 智慧教学评价

教学效果评价在智慧课堂教学中尤为重要，在"互联网＋"的背景下，教学效果评价可以通过数据平台直接进行统计，其中包括教学效果、学习态度、学习行为等，这些评价都可以在智慧课堂教学中的课前预习、课中学习、课后复习三个维度分别展开。教学评价的目的是反映学生真实的学习效果，另一方面也是为了激励学生在接下来的课程中能够更加努力。在新课改的背景下，教学的主要目的更加侧重于学生综合能力的培养，这就必须对传统的教学评价做出一定的改革，增加线上评价这一关键部分。

线上评价是对学生在智慧课堂学习中使用智能移动终端后留下的学习轨迹与学习行为数据进行分析，综合分析结果得出评价。同时也会分析出学生的学习偏好和学习习惯等，可以说这些内容详细地记录着一个学生的学习人生，塑造每个学生的学习画像，一般来讲主要指标如表 7-3 所示。

表 7-3 线上评价指标

A 级指标	B 级指标	C 级指标	评价内容
课前	学习态度	预习情况	预习量、学习时长、测试成绩、问题反馈
		预习心得	学习笔记
课中	学习投入情况	出勤情况	考勤情况
		课堂情况	课堂回答问题情况、课堂测试成绩
	学习参与情况	师生互动情况	发言情况、留言情况、分组讨论情况
课后	学习效果	作业成绩	作业得分、答题步骤、考试成绩
		期末考试成绩	

通过表 7-3 可以看出，智慧课堂对学生的课前、课中、课后三个角度的教学评价都非常准确、具体，同时具有强大的实时性，对于整体的教学任务完成可以起到极为关键的作用。

第四节　混合式教学模式改革方案

学生学习成绩的提高是一个缓慢持续的过程,需要遵循教育教学规律循序渐进。智慧课堂教学模式是与传统教学模式完全不同的一种新型教学模式,智慧课堂教学利用信息化手段引导学生由浅入深地进入学习状态,培养和增强学生自身的学习能力,达到人才培养的目的。智慧课堂教学更多的是采用学生自主自发学习的方式,这与讲授式传统教学方式相比更有利于培养学生的自制力与终身学习的能力,但同时也是对学生自律能力的一种挑战。智慧课堂教学模式下的教学目标是按照层级分步骤的,首先需要完成课时目标,通过各课时目标的完成进而达成单元目标,在各单元目标全部完成之后相当于完成了整体的课程目标。

一、混合式教学模式改革思路

以高等教育中的智慧课堂为例,为实现全面育人的根本目的,设计从以下方面开展混合式教学。

(一)在线学习与考核

1. 在线讨论

在课程教学平台中设计专门的在线讨论区,针对教学内容,由教师给出与知识点相关的讨论主题,学生可以在讨论区内自由发表相关观点,课程组老师参与点评,实现教与学的有效互动。

2. 在线提问

在线授课过程中,针对重点知识点,设计师生交互内容,提出问题要求学生实时回答,既加深学生对知识点的理解,又能提升学生学习的注意力。

3. 在线考核

建立在线考试系统,丰富考试题库,实现在线章节测试与期中、期末考试,学生的期末最终成绩由在线成绩和线下成绩共同构成,其中在线成绩由在线学习时间、在线提问回答情况、在线讨论参与次数和在线测试成绩等共同组成。

(二)知识辩论

依据在线学习进度,设计有关知识点的辩论环节,特别是对于比较容易引起争议的话题。学生预先分组、讨论、查找相关辅助资料,在线下课堂以辩论的形式针对该问题展开讨论,在此过程中,可以加深学生对知识点的理解,增加学生学习的广度和深度,锻炼学生从多角度认识问题、思考问题,激发学生的积极性、能动性和创造性,有助于培养和提高学生的综合能力。

(三)拓展训练

依据学习进度,结合社会实际需求、发展情况,启发学生将所学知识点应用到社会实践中。该环节主要由确立研究对象、基本情况调研、提出问题、分析问题、提出解决方案、未来展望等多个环节组成,锻炼学生学以致用的能力。在此过程中,不仅使学生的实践能力得到锻炼,同时通过调研使学生更加清晰地了解当前专业发展动态,明确未来职业发展方向,制订职业生涯规划,为未来就业打下坚实基础。

(四)综合实践

此环节在临近期末时开展,要求学生将课程所学知识应用到某一具体实际项目实例中。以《管理信息系统》课程为例,要求学生以某一企业为背景,为其分析并设计适合的多元化管理信息系统,包括系统需求分析、系统可行性分析、系统分析、系统设计四个主要知识环节,这些环节均需要学生结合课程知识将所学内容应用到实践中。综合性实践能够加深学生对课堂理论教学内容的理解和运用,做到活学活用、学以致用。

(五)学习和成长效果反馈研究

在上述学习环节中,收集学生的在线学习与线下学习数据、教师的教学情况、学生反馈等基本信息,通过问卷等设计调查影响学生学习效果的各项因素,研究提高学生学习效果的关键因素,并据此提出相应的改进策略,在下一轮的教学过程中逐步调整、更新、完善。

二、混合式教学模式改革举措

改革以培养高素质、复合应用型人才为目标。课程采用线上线下混合式教学模式,实现在线课程多种形式的应用与共享,实现以教为主向以学为主,以课堂为主向课内外结合转变,实现优质课程资源的共享共用,提升教育教学质量,将知识、能力、素质有机融合,培养拥有系统化思想和较高素质,具有一定的分析能力、实践能力、创新创业综合能力与高级思维能力的卓越人才,形成"互动共享、通力协作、自主探究"的学习共同体。

(一)全覆盖教学资源

1. 优化课程内容

在传统线下课程基础上,根据线上信息化的特点优化课程内容。课程的授课对象分为多个不同专业的学生,根据各专业的培养目标要求与职业需求,重新梳理课程章、节和知识点的内容。以学生职业能力要求和实践能力提升为导向对课程教学进行整体规划,以专业知识为基础进行课程内容优化,同时将思想政治教育元素有机融入教学中,发掘运用专业历史和人物教育作用,注重学科文化育人,崇尚科学精神,推进大学生素养培育,培养学生利用所学知识解决复杂问题的综合能力。

2. 完善教材建设

遵循教育教学规律,坚持高起点、高标准和严要求,参考国家规划教材和国内外经典教材,将在线授课中的知识点与线下课堂中的实际案例、社会热点等资料相结合,充分体现知识的系统性、科学性和前沿性。随着课程建设的不断优化,教材内容将随之完善更新。

3. 丰富行业案例

结合国家和当地的社会发展现状,收集具有较高应用性、实践性和真实性的社会实际案例,结合课堂知识点对其进行集中整理和深入加工,构建课程教学案例库,作为教学内容的有效补充,提升学生理论联系实际的能力。

4. 与研究前沿相结合

结合本学科科学研究前沿问题和进展,将教师最新的科研成果与课程内容融合,增加课程的科技前沿性,提升学生的创新能力。

(二)全路径教学方法

1. 采用线上线下融合的教学模式

依托优质在线开放课程平台以及现代信息技术,实践和探索线上多元化教学与线下多模式教学的有机结合,使课堂教学向课堂外教学延伸。设计并录制MOOC、微课视频作为线上学习内容,确保课程内容的前沿性和实时性,拓展线上平台学生自主学习资源,增加行业信息动态信息,促进学生学习过程中对知识的消化吸收;构建师生网上实时立体化互动交流平台,提高师生交流互动,提高教学效率。

2. 牢记以学生为中心的教育思想

综合应用翻转课堂、基于项目的教学方法、基于团队的教学方法等教学方法进行教学,运用平行互动、以练带讲、案例点评、生问生答等多种线下课堂教学模式,探索培养信息领域创新人才的教学方法。

3. 注重学生个性化培养

实施"个性化—专业化"课程教学形式,根据课程性质,若课程面向多类专业方向不同的学生群体,依据专业方向设置课程内容及教学方法,分为信息技术类、系统管理类及企业组织管理类。通过对课程内容重组,满足经济、管理、工学等不同背景学生的学习需求,促进教学过程中师生间的深度互动交流。

(三)全过程评价机制

1. 强化考核过程化

课程采用过程性考核与实践性考核相结合的考核形式,重点在于考核学生对知识点理论的掌握和对知识点应用的实践能力。结合课程的内容框架体系,分章节分别布置学习任务,使学生在学习过程中熟练掌握内容的前后关联并时刻思考如何利用所学知识分析和解决社会生产生活中的实际问题,最终能独立设计解决方案。授课过程中,通过课后作业等形式,引导学生将前沿技术发展现状融入课程内容中,提升学生自主构建知识体系的能力。全过程评价引导学生全过程、全身心投入学习,根据学生日常考勤、课堂表现、平时作业、阶段考核、期中和期末考试等多方面综合评定课程最终成绩,引导学生注重课程学习过程,加强其自主学习能力。

2. 考核标准精细化

采用标准与非标准考核相结合、灵活考查与基础考核相结合、个人成绩与团队成绩相结合的原则。通过基础标准化考试,倒逼学生回归基础,理解和掌握信息系统建设核心理论、基本原则等基础知识,加强对学生专业素养的培养。通过灵活的非标准考核方式,打破认知局限,培养学生的创新意识、团队协作精神和创造能力。

3. 考核形式多样化

建立多元化学习评价体系,探索线上与线下融合、过程性评价与终结性评价相结合的多元化考核评价模式,如课程设计、调研报告、实践活动、文献研读、案例分析等,均可作为考核评价内容,课程成绩由过程性考核和终结性考核综合评定。促进学生从关注考核的最终结果到关注考核的具体过程,从期末死记硬背的"背诵式"学习向"思考式"学习转变。

(四)全方位教学实践

1.引入项目实战,深化"政—校—企—行"合作交流,实现校企"共育"人才

依托学校和专业校企合作人才培养实践基地,将企业真实案例引入课程实践教学环节,依托校内实验室、企业实验室等实践环境,通过工程项目实战、角色扮演,使学生体验项目研发全流程,强化学生理论知识基础、提升项目综合设计和实践能力,增强科研素养和团队协作能力。

2.提升校企协同,接轨产业发展,深化校企协同

聘请企业实践专家参与课程体系建设论证,构建课程标准和职业标准联动开发机制,推动课程内容与职业标准相衔接,重新规划课程内容,建立符合产业导向和企业需求的课程体系。开展校企联合培养的人才培养基地建设,聘用企业实战专家为实务导师,推进校企协同的育人模式,形成双向参与、双向评价、双向反馈的课程教学质量保障体系。

3.促进创新创业能力发展,引导学生将课程中学习到的知识用于实践

学生通过参加"互联网+"大学生创新创业大赛、大学生创新训练计划项目等多类型学科竞赛可以锻炼自身的综合能力。竞赛项目成为促进学生全面发展的展示平台,成为推动产学研融合的纽带。根据学生的兴趣,可组建项目孵化团队,结合大数据分析、人工智能等技术,培养具有敢闯会创、百折不挠的创业精神和创新能力的应用复合型人才。

(五)全师资教书育人

1.师资队伍建设梯队化

由学术卓越、教学经验丰富的教师主导梯队建设,专家学者领衔学术研讨,教学能力强的教师进行日常教学。针对青年教师、骨干教师、领军人物三类不同群体分别开展有针对性的进阶式培训,实现青年教师科研启动经费、导师制和海外经历全覆盖,充分发挥教师的特长和优势。建设"国际化"师资队伍,选派教师出国访学进修学习,进行信息技术与学科知识及教学方法三融合的高阶培训,紧跟时代脚步,学习本课程的国际前沿理论和方法,将课程教学团队打造成省级乃至国家级的优秀教学团队。

2. 培养教师信息化能力

将师资培训贯穿教师发展全过程，提升教师使用各类信息化软件的能力，创造各类培训机会，培养教师信息化条件下的教学能力和创新意识，助力教师成为将学术、技术和艺术深度融合的信息化时代优秀教师。学术指扎实的专业知识；技术指熟练使用信息设备和资源的能力；艺术指的是信息化教学的设计和组织。

3. 组建多元化教师团队

将企业专家加入教师团队中，形成由教学名师、专任教师、企业专家和技术骨干等人员组成的教学团队。让教学团队专任教师到企业实践锻炼，参与企业的实际工作，深入了解企业对专业人才的技能需求，理解课程知识的应用现状；安排企业技术骨干担任学校兼职教师，指导教学实践，将企业第一手业务资料应用于教学，使学校的教学及实践操作与企业无缝对接。

（六）全反馈优化机制

混合式教学中的线上课程并不意味着将课程学习环节完全交给学生独自完成，需要教师对学生学习数据信息进行全方位搜集、整理、分析和监督，有针对性地对存在的问题加以改进，力争打造符合学生培养需要的高水平一流课程。

1. 在线学习数据分析

搜集学生在线课程学习的具体时间段、频率、时长、操作次数、答题准确率等信息，分析学生是否全身心、有效地投入在线学习，是否存在突击学习的现象，是否能够有效利用碎片化时间进行学习等。如果出现不理想的学习状态，可以对每一节课设定一定的学习期限，在后台适时发出提醒信息等方式督促学生在规定时间内完成学习任务。

2. 学习效果反馈

搜集学生在线学习后完成课后作业及测验的情况，分析学生是否找到有效的学习途径，主要采取的学习策略有哪些，是否能够充分利用拓展资源开展深度学习等。对投入时间和精力较多的学生进行深度访谈，了解课程投入是否给他们带来了较大的压力或负荷。建立相应的评价机制，分析学生面对学习中遇到的问题如何选择解决方案，充分吸纳学生的评价意见，从而采取有力的解决措施，适时调整教学方法和教学要求，加强学习过程监管，提供相应的学习方法指导，帮助学生更好地学习。

3. 优化教学方案

对学生在线课程学习的状态数据进行分析，根据实际情况判断是否需要配备相应的课程学业导师，对学生网络课程的学习提供全方位指导；是否需要提供详细的平台功能的介绍和使用指南。定期进行网络问卷调查，搜集学生对本门课程线上和线下的评价，了解学生是否对全新的学习模式存在一定程度的不适应，搜集从学生的角度给出的改进意见和建议，以便教师采取相应的积极改进措施，为学生更好地线上线下混合式课程学习提供帮助。

参考文献

[1]冯程,李瑞海.高校教育教学模式创新研究[M].成都:四川大学出版社,2023.

[2]何晓.高校创客教育教学管理优化研究[D].武汉:中南财经政法大学,2020.

[3]黄祥玲.在线教育对我国高校教学影响与对策研究[D].长沙:湖南师范大学,2021.

[4]李平.推进虚拟现实技术应用 提高高校教育教学质量[J].实验室研究与探索,2018,37(1):1-4.

[5]李旋.双创背景下高校教育教学改革探索的研究[J].湖北开放职业学院学报,2022,35(19):1-3.

[6]洪明.教师教育的理论与实践[M].3版.福州:福建教育出版社,2021.

[7]陈时见,王远,李培彤.教师教育研究[M].福州:福建教育出版社,2021.

[8]朱文辉.指向深度学习的翻转课堂的教学设计[J].教育科学研究,2020(5):72-77,83.

[9]杜玉霞.基于"互联网+"的中小学教师信息化教学能力提升研究[J].中国电化教育,2017(8):7.

[10]王玉国.学校教学改革研究[M].重庆:西南师范大学出版社,2020.

[11]石虹.基于混合式教学的学术英语学习自主性及促进对策研究[J].语言与翻译,2021(1):67-72.

[12]马一.线上线下混合式教学行动研究——信息技术与思政课教学融合创新[J].教育学术月刊,2020(7):97-105.

[13]韩佳伶.智慧课堂背景下混合式教学模式改革研究[M].长春:吉林大学出版社,2021.

[14]张瑞敏.大数据时代的高校思想政治教育研究综述[J].四川理工学院学报(社会科学版),2017,32(3):68-84.

[15]刘洋,沈佩翔.关于提高高校思想政治理论课在线教学质量的思考[J].思想理论教育,2020(4):64-69.